当代城市规划著作大系

城市设计运作的制度与制度环境

唐 燕 著

中国建筑工业出版社

图书在版编目（CIP）数据

城市设计运作的制度与制度环境 / 唐燕著.—北京：中国建筑工业出版社，2011.9
（当代城市规划著作大系）
ISBN 978-7-112-13363-5

Ⅰ.①城… Ⅱ.①唐… Ⅲ.①城市规划-设计-研究-中国 Ⅳ.①TU984.2

中国版本图书馆CIP数据核字（2011）第156672号

事物的发展往往都有一个从物质基础到上层建筑的过程，城市设计也不例外。技术层面的城市设计实践已经发展到一个相对成熟的阶段，却始终难以破解当前我国城市设计工作面临的诸多门槛性难题，城市设计的未来发展需要从制度层面寻找新的突破。本书从我国城市设计活动的现状问题出发，通过剖析我国城市设计的运行程序、城市设计运作的制度与制度环境、城市设计制度建设的国际经验等内容入手，探索基于制度视野的我国城市设计的有效运作之路。以制度为导向，本书从政策、法律、行政、管理等多个维度切入研讨城市设计的整体运作机制，通过建立城市设计的制度研究框架和分析方法，全书既讨论了“制度环境”对城市设计运作的影响与制约作用，又通过辨析“正式制度”和“非正式制度”的不同揭示出城市设计制度建设的矛盾性和多样性。

* * *

责任编辑：焦 扬 陆新之
责任设计：董建平
责任校对：肖 剑 赵 颖

当代城市规划著作大系
城市设计运作的制度与制度环境
唐 燕 著
*
中国建筑工业出版社出版、发行（北京西郊百万庄）
各地新华书店、建筑书店经销
北京嘉泰利德公司制版
北京中科印刷有限公司印刷
*
开本：850×1168毫米 1/16 印张：13¾ 字数：330千字
2012年2月第一版 2012年2月第一次印刷
定价：38.00元
ISBN 978-7-112-13363-5
（21215）

序

城市规划的制度建设是近年来学术研究的重要课题。从已有成果看，既有研究如何解决城市建设中经济社会发展、空间布局、社会公平等政府干预问题，也有研究如何动员公众参与、部门合作、共建共享等沟通协调问题。就政府干预而言，一般认为经济发展以市场为主，政府作为守门人，为相应的社会问题提供补救。第二次世界经济危机后美国实施新政，战后英国为伦敦的区域发展采取新城战略，欧美等国为战后重建启用的重建措施等，都直接或间接地采取了政府干预措施。到了1973年出现石油危机，经济衰退，国家财政出现效益不高、包袱大等问题，政府干预广受质疑。1982年英国撒切尔政府上台，采取私有化、促进国有企业转型、下放城市规划权以推动经济发展等，政策转向依赖市场，趋于保守。

这时期两个方面的思潮对城市规划起了重要影响：一是新马克思主义研究，规划中表现为倡导沟通规划及其规划过程的各阶层参与；二是环境问题和经济全球化，规划研究中表现为重视城市可持续发展、城市治理、城市和区域竞争等。全球化和地方化的对立使得规划越来越重视地方和社会个体，重视地方民主。由于城市行政架构的复杂性、问题的多样性，规划管理迫切需要解决各个利益攸关方合作的问题，使得规划实施需要更多的弹性，讲究实效。

我国改革开放以来，推行社会主义市场经济体制，对规划制度进行了一系列改革，城市规划是地方政府的一项重要职责成为社会共识。1990年《城市规划法》颁布实施，完善了包括城镇体系规划、城市总体规划、详细规划在内的规划内容，明确了城市规划的实施主体，以及编制、审批程序。2008年《城乡规划法》颁布实施，将城市、镇、乡、村的规划统一起来，规范了“城乡规划”实施行为的严肃性和法律约束性。但是，城市规划仍然需要面对一系列问题，包括如何进行不同行政区、行政部门之间的规划协调，政府调控之外如何将市场和社会力量融入城市建设中来等等。再者，中国的政治现实中，国家、地方政府扮演了经济社会发展引领者的角色，与其他国家相比，城市规划在表达执政理念方面的作用更加强烈。一些地方政府直接将规划延伸到决策前期，或者甚至就将规划作为政府的决策结果。然而，城市规划远非这么简单。规划不只是决策，还是一种政策意图的沟通和实施过程；规划的实施除了依托规划确定的政策意图、空间安排之外，更依赖国家规定的规划制度的保障。规划显然不只是一种建设蓝图的编制，也不只是一种执政意图的宣示。

近年来中国经济快速发展，高度融入全球化进程，政府干预对应对全球危机、保障经济稳定具有越来越重要的作用。在这样的背景下，如何使规划成为调整各个利益攸关方关系的政策工具，如何建立一套制度使城市规划在整体的政治意愿下发挥更大的作用，使城市健康发展，就更加重要了。

在城市设计方面，我国数千年文化形成的独特的城市形式，在世界上有着重要的地位。无论是南京、北京，还是苏州、扬州，它们的古城都有自己独特的城市设计格局。但是，随着城镇化的快速发展，我们的城市也出现了千城一面、缺乏特色等问题。为了追求特色，一些人向外国求救兵，鼓吹新城的欧美化；以房地产为主导的城镇住宅建设，或者缺少地方特色，或者相互抄袭，所有这些也使得城市越来越缺乏个性。

什么是今天城市的城市形式？我们的城市设计怎样反映国家和地方特色？这是我国城市设计特别需要关注的重要课题。

一般认为城市设计是一种集体艺术。城市建筑是整体艺术的结晶。意大利文艺复兴时期，由二流建筑师组成的规划设计团队创造了当时许多大师都完成不了的城市建筑作品，究其原因就在于城市设计是一种整体艺术，需要集体的力量，需要一代又一代的代际合作。正因为如此，城市设计与建筑设计有本质的差别，城市设计要从城市整体角度、从制度保障的角度使城市的整体设计意图不断得到贯彻、强化，不断完善。

与一般设计相似，城市设计的整体艺术也与艺术的创造性活动密切关联。一些设计大师很有本事，他们创造的作品能够贴近生活，与当时当地的生活脉络契合，被后人模仿，成为一个国家、一个地区的普遍接受的形式，成为城市空间和城市建筑的基本模式。在这个形式的创造和学习过程中，城市空间的基本模式是关键。城市设计的制度建设，就是要吸引和鼓励城市设计团队对这些城市空间和城市建筑的基本模式开展研究，并保护这些模式得到正确运用和持续推广。

还有另一方面，就是普通老百姓生活空间的城市设计尝试。既然城市设计是集体艺术，就要让城市建设的各个方面都参与到城市设计中来，使城市空间成为城市市民的生活空间。这就面临着如何把城市美学转化为大众生活方式，或者将大众的生活鉴赏提升到城市美学的难题。比如说美国，几十年来城市设计一直难以成为法庭的判案依据，主要在于城市美学没有客观标准。一般认为美是特殊的，是个人的鉴赏行为。判定建设项目的城市设计质量水平如果只以美学为标准，肯定难以满足客观性的要求，在法律诉讼中难以得到支持。因此，城市设计需要多做一些工作，研究城市美学背后具有社会共性的价值标准。比如说安全，你把广告做得太大，风一吹就倒，不安全，需要统一控制广告牌的尺寸；你把住房搞得过高，或者过于奇形怪状，不利于消防，需要控制住宅的高度或形状，等等。通过这些工作，可以将城市设计的成果加入到社会的标准和准则中去。

遗憾的是，虽然详细规划成为我国城市规划建设的法定规划已有多年，但是在民法通则中，还没有制定规范城市规划实施中不同利益主体的行为准则的法律规定，例如不同利益主体在保持用地功能和划分地界等方面的责任和义务；更不用说涉及城市设计的美学标准了。在德国，除非有明确规定，住宅颜色必须与左邻右舍保持一致，以维持社区建筑形式的统一性。事实上我们国家也是这样，农民们对邻居住宅的高度就非常关心。对于这方面我们确实研究不多，对普通百姓的美学或者与生活有关的城市设计问题研究不够；有时甚至闭门造车，在自己的想象中做城市设计。这样，城市设计的价值标准问题就更难拿到公共场合进行讨论了。

城市设计由于它的设计含义，易于被人们认为是一种图示语言的表示，或者被看作是某种政绩的表现。显然，城市设计与城市规划不太一样，它更多地被用作提升城市文化、生活品质竞争力的手段。改进城市设计制度，就是要使城市规划建设管理对提升城市空间文化品质更具针对性、战略性能力，使城市特色更加突出、更鲜明，更适合于城市居民的居住。提高城市设计水平，需要各种手段，包括鼓励高质量的城市设计、完善高水平的管理等。

总结一下，我认为城市设计肯定不只是一般意义上的设计，与建筑设计也有很大差别。城市设计涉及城市的过去和未来，涉及与城市建设过程相关的每一个个体与整体，一般与特殊等的关系，有许多新的问题需要解决。解决问题的核心，在于怎样使参与城市设计的各个方面能够进行更加有效的合作。另外，城市设计需要对生活进行更多的观察，要贴近百姓的生活。城市设计是改变生活的先锋，但是要推动大家来改变，而不是设计师自己。最后，在我看来，城市设计还有承担建设中国特色城市、塑造国家形象的责任。

本书是唐燕博士的博士论文研究成果，是在前面讨论的问题基础上，开展的城市设计的制度问题研究。本书的主要意图在于从城市设计的现实问题出发，基于适应现代城市管理原则的基础，看看需要采取何种城市设计的制度方法，来发挥城市设计的作用，提高我国城市设计的水平；同时也有利于改进政府管理活动，通过完善城市设计管理，提高城市的建设水平。

本书分析了我国城市设计中存在的各种异化现象，以及来自设计层面与管理层面对城市设计的困惑，指出研究城市设计运作及其制度环境、加紧城市设计的制度建设的紧迫性和必要性；讨论了制度、制度环境与城市设计运作机制的关系问题，界定了城市设计制度的特点，主张通过建立城市设计中的政治、经济和社会互动关系的约束机制，包括“非正式的制度（风俗习惯、道德标准等）”和“正式的制度（法规、政策、契约等）”，结合城市设计的特点，组成规范城市设计建设过程的基本政治、社会和法律基础规则。

本书认为：城市设计是一个动态开放的社会实践过程，包括“前期策划、设计组织、管理实施、运作维护”诸多阶段。城市设计制度包括“正式”的法律规章、管理政策、审批程序，以及“非正式”的文化传统、行业习惯和行为共识等。各地的城市设计实践通常是结合已有的城市规划体系和制度环境，在“正式”与“非正式”制度的共同约束下展开的。“城市设计导则 / 政策”和“规划 / 建筑许可制度”是落实城市设计控制的有力工具。然而，由于城市设计具有设计、创作特点，对城市设计是否需要规范性的审批和实施许可制度等也有不同看法。城市设计管理不仅仅是一种程序管理，也是对设计产品的质量控制，城市设计管理离不开审美价值的主观判断。研究提出要以地方政府为主导，从法律法规、公共政策、行政管理、公众参与四个主要方面逐步改善城市设计的管理体制。

当然，城市设计的制度设计是否能够像大量现行的制度改革那样，在关键地方通过具体方法降低城市设计活动中的“交易费用”，提高城市设计的运作效率，促进城市设计的“成本—收益”关系向“低成本—高效率”方向变化，则是一个值得继续开展科学研究的内容。

近年来，有关城市设计的研究论文众多。本书从城市设计的制度建设出发，在研究对象和内容等方面，都能够做到言之有物，晓之以理，摆脱了城市设计研究中大多容易出现的空泛、抽象等问题，是很不容易的。希望本书能够为我国城市设计管理制度的建设贡献微薄之力。

是以为序。

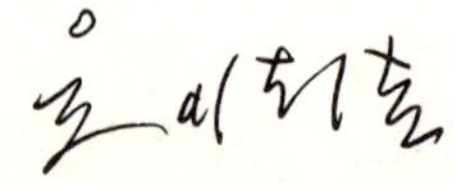

2011年12月31日，清华园

目　录

导 言

为什么要从制度角度研究城市设计运作？这是因为当前我国城市设计活动中出现的许多问题，大都可以从城市设计的“运作程序”和“体制建设”上找到原因：一方面，城市设计注重编制，忽略整体策划、公众参与、管理实施环节的现象造成设计成果的失效；另一方面，城市设计地位如何、怎样组织和审批、管理实施如何进行等相关制度问题始终没有定论。所以将城市设计的整体运作与制度研究相结合，是探讨解决上述现实困境的积极途径。

改革开放以来，中国的城市面貌发生了翻天覆地的变化，摩天楼、轻轨、高架桥、地下隧道……即使与发达的西方国家相比，中国都市的繁华也毫不逊色。但是城市面貌的巨变不完全等同于城市空间质量的提升，伴随城市的急速发展，城市环境质量下降、空间杂乱无序、形象特色趋同等问题越来越突出。城市正在逐步丧失它在空间、文化、形态及可识别性等方面的个性特征。可见，尽管致力于塑造“城市三维空间形体”的城市设计近30年来在我国取得了长足发展，但城市设计的实施运作成效却不容乐观。城市设计停留在编制阶段难以付诸实施、城市设计沦为招商手段、城市设计变成形象工程等各种问题引起了从业者的认真反思，城市设计的发展似乎面临着越来越多的“门槛”性难题。

胥瓦尼（Hamid Shirvani）指出“虽然必须配合城市的行政框架，都市设计的制度化问题仍然是城市设计成败的关键”[1]。进入新世纪，曾经卓见成效的“技术创新”对我国城市设计发展带来的巨大推力有所减弱，从制度建设层面探索城市设计的新出路成为当务之急。目前，“制度困境”似乎已经成为阻碍城市设计进一步发展的瓶颈：为什么城市设计长期徘徊在城市规划建设的程序与体制的边缘？“无章可循”、“无据可依”的城市设计成果如何用于规划管理？城市设计工作的“权威性”和“合法性”在哪里？种种考问暗含的是对城市设计实践的制度改革诉求。然而，什么是城市设计运作？城市设计运作与制度（制度环境）的关系如何？我国的城市设计运作需要建立制度吗？城市设计制度创新的时期已经成熟了吗？怎样进行城市设计制度建设？……一系列问题都亟待深层次的理论解答。

因此，本书从我国城市设计活动的现状问题出发，查找其失效的症结所在，并通过剖析城市设计运作程序、解读国内制度与制度环境、借鉴国际先进经验等途径，探索我国城市设计的有效运作之路。研究以制度为导向，从政策、法律、行政等多个维度探讨城市设计的整体运作机制，为“是否”以及“如何”通过“制度建设”推进我国城市设计发展寻找可能的答案。

本书共八章。第1章在重新辨析和认识城市设计的基础上，探讨了城市设计运作的程序和动力机制；第2章从理论层面分析了制度、制度环境与城市设计运作之间的关系，提出城市设计运作的制度理论框架；第3章从实践层面入手，分析总结我国城市设计的发展历程和现实问题，并将它放到我国特殊的政治、经济、社会等制度背景下进行考察；第4章对比研究了英美等西方发达国家的城市设计运作机制，评述了西方城市设计实践的制度创新对我国城市设计发展的适用性与借鉴意义；第5章重在揭示城市设计制度建设中的争议和悖论，为我国城市设计的制度建设问题提供更加严密、谨慎的思考；第6、7章是针

[1] 胥瓦尼.都市设计程序[M].谢庆达译.台北：创兴出版社，1990：209.

对问题设定给出的具体解答，综合回答了我国城市设计运作是否需要制度及怎样进行制度建设等相关难题；第 8 章研究了嘉兴和北京大栅栏两个具体的城市设计运作案例，从实证角度剖析我国城市设计制度创新的前景与挑战。

本书的落脚点并非试图构建一个理想化的、完整的城市设计运作的制度体系，而是具体针对我国城市设计运作的现实困境，提供一种基于制度视野的研究分析方法，并围绕我国城市设计的制度创新问题给出多种可供选择的途径。全书的写作主要从三个角度切入，它既是著作的逻辑主线，也是作者对城市设计制度研究所持的价值观和认识观：

（1）城市设计运作的制度环境——“制度环境”是影响和制约城市设计发展的重要外部条件，是研究城市设计制度建设问题的基本前提。考察城市设计制度不能脱离一个国家或地区基本的社会、政治、经济环境，以及城市规划和土地利用等关联制度的影响。我国城市设计未来出路的选择与我国的基本国情和制度环境状况密切相关。

（2）区别“正式制度”与“非正式制度”——制度作为一系列的行为规则，它由“非正式的制度（风俗习惯、道德标准等）”和“正式的制度（法规、政策、契约等）”共同组成。城市设计运作程序中涉及的自身制度选择既包括作为正式制度的法律规章、管理政策、行政文件等，也包括作为非正式制度的内部习惯、行为共识和惯常做法等。区别“正式”与“非正式”制度的意义重大，它拓展了城市设计制度研究的范畴，澄清了城市设计制度理解的诸多误区。本书在认同法规政策、行政管理等“正式”制度可以强制规范城市设计运作的同时，也肯定了观念共识、行为约定等“非正式”制度对城市设计运作的重要影响。

（3）城市设计制度建设的矛盾性——考察城市设计制度的内部发展规律可以发现：城市设计制度建设具有明显的“矛盾性”和“两面性”。实践证明，度量与不可度量性、主观与客观、艺术性与创造性等多重特征使得城市设计制度内部充满“争议”和“悖论”。因此，正式制度对于城市设计运作来说尚是一把双刃剑，城市设计的制度建设需要在矛盾和冲突中找到平衡和协调点。

我国正经历着社会、政治、经济等多领域、全方位的综合转型。在经济体制从计划走向市场、政府职能转型、中央与地方关系重构等过程中，城市设计需要顺应改革与转型的整体趋势，在制度环境的约束中找到自己的发展方向和发展途径。中国国情的多样性、复杂性和不平衡性，以及巨大的城乡差距、地区差距和社会差距的存在，使得城市设计的制度建设在我国不宜作“一刀切”的统一规定，而要走渐进式、地方化、多样化的道路。从我国城市设计发展的总体状况来看，城市设计“正式”制度的建设将主要发生在法律法规、公共政策、行政管理、公众参与等领域，来自这些方面的制度变革是推动我国城市设计逐步走向系统化、规范化的重要突破口。

1

城市设计与城市设计运作

什么是城市设计？什么是城市设计运作？这似乎是一个老生常谈的问题。通常我们会把设计城市公共空间与场所的任务称之为城市设计，它与视觉感官、心理认知、使用行为、环境质量、社会关系等息息相关。在建筑设计专注和局限于单个项目，城市规划越来越倾向于土地利用、空间地理和产业经济的今天，现代城市设计作为两者之间的桥梁日益被各界所接受，并发展成为塑造城市三维空间环境的重要领域。

然而颇具讽刺意味的是，城市设计发展至今仍是一个饱受争议和质疑的话题，无论是概念内涵，还是地位与特性，城市设计作为一门学科或者一种职业始终无法被清晰地阐述界定。斯奇（Thomas W. Schurch）无奈地写道："城市扩张的种种影响并没有导致完善的城市设计理论体系或城市设计工作核心的出现，而与缺乏理论和实践方向明显矛盾的是，'城市设计'这个术语却获得了环境设计行业的充分认可……甚至成为主流词汇的组成部分。"❶库波特（Alexander R. Cuthbert）则批判性地指出"迄今未发展出真正的城市设计实质性理论。城市设计始终在历史主义、折中主义和经验主义中徘徊，这种状态又进一步阻碍了其发展"❷。城市设计"没有简要、单独、广为接受的定义"❸，松散的理论、片面的理解和繁冗的歧义给城市设计造成了太多的困惑，以致影响到城市设计的实践操作，因此对"城市设计"和"城市设计运作"的认识与再认识显得迫切而必要。

1.1 城市设计的再认识

1.1.1 定义的危机

从认识论来看，概念是思维和分析的基本工具，具有统一、界定明确、逻辑结构严密的概念体系是一门学科成熟的标志。显然，"缺乏共享的意义破坏了城市设计的理解，阻止了城市设计的发展，进一步的探索因被限制在狭窄的认同范围中而备受阻碍"❹。当人们开始质疑城市设计作为严谨学科领域的成熟性时，寻找共同的定义或解释就变得尤为重要。许多城市设计文献尝试通过说明本质特征、列举工作内容、解释方法程序、进行比较对照等途径来阐述城市设计的概念内涵（表 1-1）。然而试图通过提供定义来去除混淆，使城市设计专业化、严谨化的很多努力，常常只是引发了更多的争议，以至于唐纳德（Appleyard Donald）认为"城市设计永远不会，也不应只存在单一的视角"❺。

---

❶ Thomas W. Schurch. Reconsidering Urban Design：Thoughts about Its Definition and Status as a Field or Profession[J]. Journal of Urban Design，1999，4（1）：5–38.

❷ Alexander R. Cuthbert. The Form of Cities：Political Economy and Urban Design[M]. MA：Blackwell，2006.

❸ Francis Tibbalds. Mind the Gap[J]. The Planner，1988，74（3）：11–15.

❹ Alan Kreditor. The Neglect of Urban Design in the American Academic Succession[J]. Journal of Planning Education and Research，1990，9（3）：157.

❺ Appleyard Donald. Three Kinds of Urban Design Practice[M]//M. Pittas，A. Ferebee，eds. Education for Urban Design. New York：Institute for Urban Design，1982.

城市设计的定义探讨　　表 1-1

定义方法	定义途径	概念举例
说明本质特征	通过说明城市设计的特征与本质来定义城市设计，这需要精炼、准确地概括城市设计的本质特征与核心内涵	■《大不列颠百科全书》：城市设计是对城市环境形态所作的各种合理处理和艺术安排。 ■《城市规划基本术语》GB/T 50280—98：城市设计是对城市体形和空间环境所作的整体构思和安排，贯穿于城市规划的全过程
列举工作内容	通过列举城市设计的工作内容来定义城市设计，借助确定城市设计的外延和划定城市设计的工作范畴来解释城市设计	■《中国大百科全书》：城市设计的任务是为人们各种活动创造出具有一定空间形式的物质环境，内容包括各种建筑、市政公用设施、园林绿化等方面。必须综合体现社会、经济、城市功能、审美等方面的要求。 ■ Francis Tibbalds：城市是由建筑、街道、交通和公共工程，以及劳动、居住、游憩和集会等设施系统装配而成，把这些内容按功能和美学原则组织在一起，就是城市设计的本质
解释方法程序	通过解释城市设计的方法程序来定义城市设计，借此说明城市设计的工作特点和职业内容	■ Uarkki George：城市设计是“二阶设计”，城市设计者只是间接地为其创造的实体与空间担负责任。城市设计师们极少设计人工建造物，他们更致力于设计决策环境，让别人在这个环境中去决断如何改变或建造建成环境。 ■ Jonathan Barnett：城市设计是一连串的行政决策过程和形体环境的塑造过程
进行比较对照	通过解释说明城市设计与其他学科的区别提供概念诠释，指出城市设计同城市规划、建筑设计等学科的不同之处	■ Brian Goodey：城市设计是建筑学和城市规划的扩展和补充。城市设计是在城市环境中创造三维的空间形式。城市设计相对于传统的城市规划，偏重三维的、立体的、景观上和城市结构形式上的设计。 ■ Frederick Gibberd：城市设计与城市规划的主要区别在于城市规划不需要研究美的感受问题，而城市设计则关注设计素材的美感，如形式、色彩、质地等问题

经历近半个世纪理论和实践的发展，现代城市设计已经成为一个内容丰富、含义广泛、多学科交叉、设计与管理并重的有关城市建设发展的研究领域。归纳分析城市设计纷繁的概念不难发现，从实践角度理解和认识城市设计，它至少具有五方面显著特点：

（1）城市设计是对城市“三维物质空间形体”进行的设计（加上时间则是四维），因此城市设计不同于城市规划（侧重对城市进行二维的社会、经济、空间、地理等的研究分析和土地利用布局规划）和建筑设计（直接对单个建造物的内外部空间和建筑形式进行终极产品式的设计）。

（2）城市设计工作具有多重维度。城市设计主要是“人们为某特定的城市建设目标所进行的对城市外部空间和形体环境的设计和组织”[1]，脱离不开对历史文脉、空间设计、景观艺术、心理行为、美学认知、社会结构形态等层面的问题探讨[2]。

（3）城市设计是针对城市中与“公共价值领域”相关的实体与虚体空间进行的设计[3]。

---

❶ 王建国. 城市设计 [M]. 南京：东南大学出版社，1999.

❷ Matthew Carmona，Tim Heath，Taner Oc，Steve Tiesdell. Public Places，Urban Spaces：The Dimensions of Urban Design[M]. Oxford：Architectural Press，2003.

❸ 实体空间指的是真实可见的物质形体空间，虚体空间是指与之相关联的历史、文化、社会关系网络等“看不见”的空间。

虽然城市设计的规模大可至区域，小可至社区或几组建筑，其共同的本质都是对影响公共利益和公共需求的各种空间要素进行设计，城市设计由此与详细规划和建筑群体设计区别开来。

（4）城市设计是“二次设计”（图 1–1）[1]，其目的是“设计城市而非设计建筑”[2]。通常城市设计构建了城市建设需要遵循的整体设计原则和框架，具体的项目开发需要在满足城市设计要求的前提下进行进一步的设计和建造。因此，城市设计是一个长期的动态实践过程，不是静止的工程蓝图。

（5）城市设计是政府对城市建设进行的一种公共干预，城市设计应当成为城市公共政策的组成部分。城市设计的成功运作与规划管理、政府行政、法规建设等息息相关，涉及行政管理者、设计技术人员、公众、开发商等的多角色参与。

整体概括起来，城市设计是从美学、形式、功能、社会、认知等角度出发，研究城市三维空间形体（实体 + 虚体）的环境品质、公共价值、心理行为等问题，通过具体设计或建构政策及行为框架来指导城市建设的实践活动（图 1–2）。“从城市设计的作用实质来看，它是控制城市建设环境目标偏离的一种作用过程”[3]。

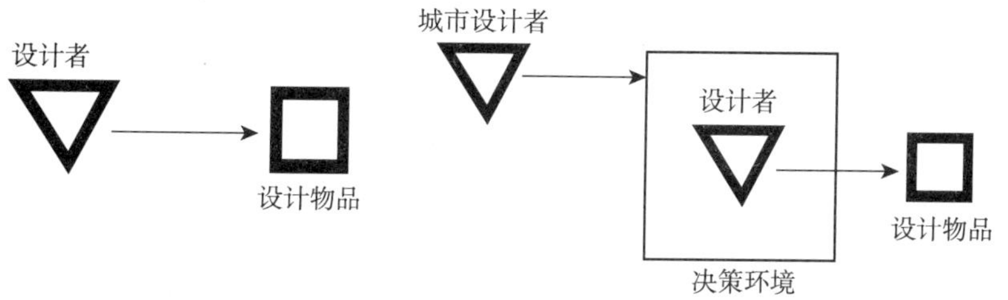

左：一般设计者与设计物品之间的关系（一次设计）；右：城市设计者与设计物品之间的关系（二次设计）

图 1–1　作为“二次设计”的城市设计

（资料来源：George R Varkki. A Procedural Explanation for Contemporary Urban Design[J]. Journal of Urban Design，1997，2（2）:143–162）

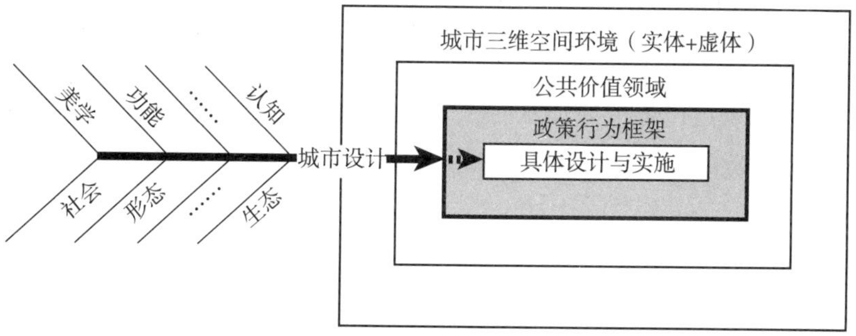

图 1–2　“城市设计之箭”——实践角度的城市设计诠释

---

❶ George R. Varkki. A Procedural Explanation for Contemporary Urban Design[J]. Journal of Urban Design，1997，2（2）：143–162.

❷ 乔纳森 · 巴奈特 . 都市设计概论 [M]. 谢庆达，庄建德译 . 台北：创兴出版社，1987.

❸ 庄宁 . 城市设计的运作 [M]. 上海：同济大学出版社，2004：49.

1.1.2 城市设计的价值："设计"比"规划"更重要？

虽然城市设计被松散地认识和定义，但城市设计实践却在许多国家获得了长足发展，一个好的城市设计所能创造的整体价值不断被争论和探讨。20 世纪 80 年代，索斯沃斯（Southworth Michael）在考察美国 40 多个城市的 70 个城市设计案例中发现，三分之一的城市设计实践与振兴经济和文化发展相关，而通过设计控制来保持城市特性、提升城市形象始终是至关重要的城市设计目标 ❶。20 世纪 90 年代，芒福汀（Cliff Moughtin）分析绿色可持续的城市设计案例时，证实了城市设计具有"促进发展和保护环境两方面的能力"❷。20 世纪 60 年代末，日本立足城市设计实践提出"城市创造"理论，英国自 20 世纪 90 年代起坚持通过城市设计推行"城市复兴"策略等，都充分表明了城市设计的价值重要性。1997 年，弗兰克 · 盖里（Frank Owen Gehry）设计的古根海姆博物馆在西班牙毕尔巴鄂横空出世，它以奇美的造型、特殊的结构和崭新的材料博得世界瞩目，成为城市发展的新触媒。显然，高品质的建筑和城市外部空间环境已经成为城市进步和成功的标志，在建筑和城市设计领域引起了越来越强烈的公众意识和政治家兴趣。

进入 21 世纪，城市发展的动力机制继续受到经济全球化的强烈影响。无论城市参与全球经济的程度如何，全球化改变和重塑了城市网络，重新安排了城市的机遇和收入分配❸。根据城市在不同部门和不同活动中的特殊表现，及其对区域、国家和国际的影响，一个灵活搭接的全球化城市层级被建构起来❹。这个层级系统的核心运动是正在增强的城市之间的竞争，城市正是通过不断赢得竞争来提升它们在全球城市系统中的地位（图 1–3），因此城市的开发和再开发计划在世界各地被广泛采用，用以改善城市空间品质和增强城市竞争力（图 1–4）。然而事实上，这些开发计划几乎在每个城市都出现，如果这种"规划 / 计划（Plan）"最终导致零和竞争结果，那么只有通过"设计（Design）"能够产生不同的效果❺。故而哈维认为在后现代的条件下，应当放弃长时期的"规划"，唯有通过"设计"才可以正确处理资本的流动，应对快速变化的市场❻。

2001~2002 年间，中国城市规划学会城市设计委员会与城市规划编制办法修编小组调查了我国近年来的城市设计发展状况。结果显示在被调查的 57 座城市中，82% 的城市进行过城市设计，半数以上的规划主管单位认为城市设计对于引导城市的旧区改造和新区建

---

❶ Southworth Michael. Theory and Practice of Contemporary Urban Design: A Review of Urban Design in the United States[J]. TPR，1989，60（4）：369–402.

❷ Cliff Moughtin，Peter Shirley. Urban Design：Green Dimensions[M]. Oxford：Architectural Press，2005.

❸ Shaw D. V. The Post–Industrial City[M]// Paddison R. eds. Handbook of Urban Studies. London：Sage，2001.

❹ Peter Hall. The World Cities[M]. London：Weidenfeld & Nicolson，1966.

❺ Gospodini Aspa. European Cities in Competition and the New "Uses" of Urban Design[J]. Journal of Urban Design，2002，7（1）：59–73.

❻ Harvey D. The Postmodern Condition[M]. Oxford：Blackwell，1989.

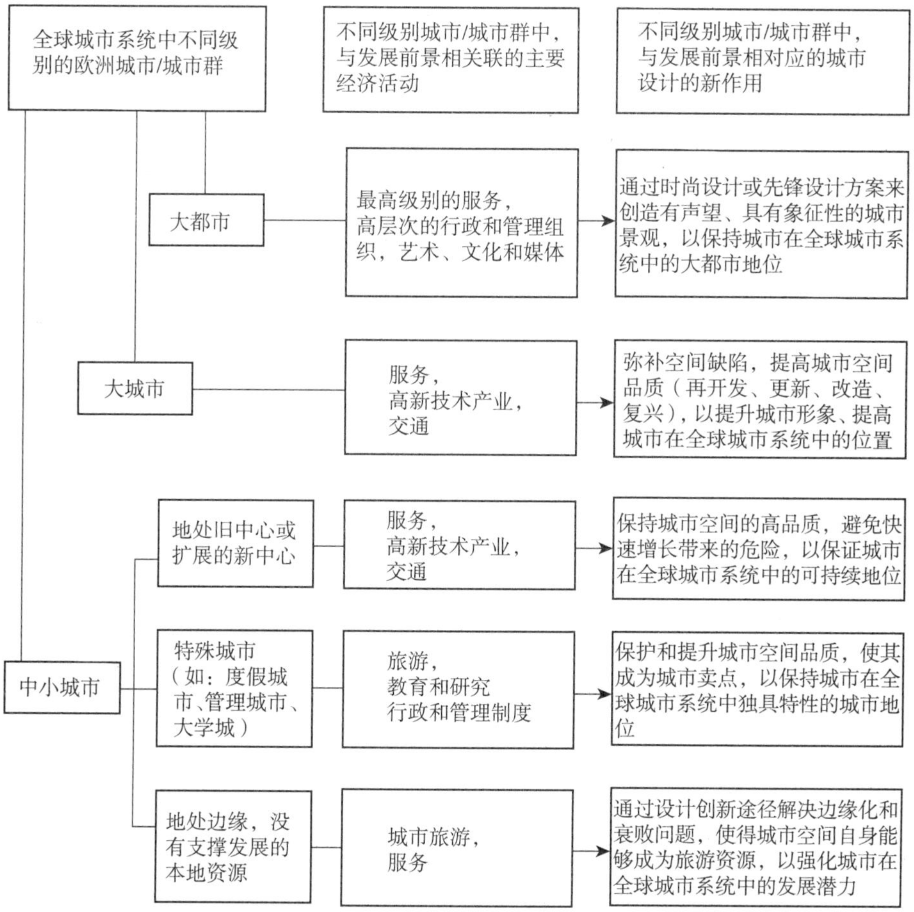

图 1-3　欧洲不同层级城市的城市设计潜力：大都市、大城市和中小城市
（资料来源：Gospodini Aspa. European Cities in Competition and the New "Uses" of Urban Design[J]. Journal of Urban Design，2002，7（1）：59–73）

图 1-4　德国汉堡的港口再开发计划
（资料来源：HafenCity Hamburg GmbH. HafenCity Hamburg：Der Masterplan[R]. Hamburg,2006）

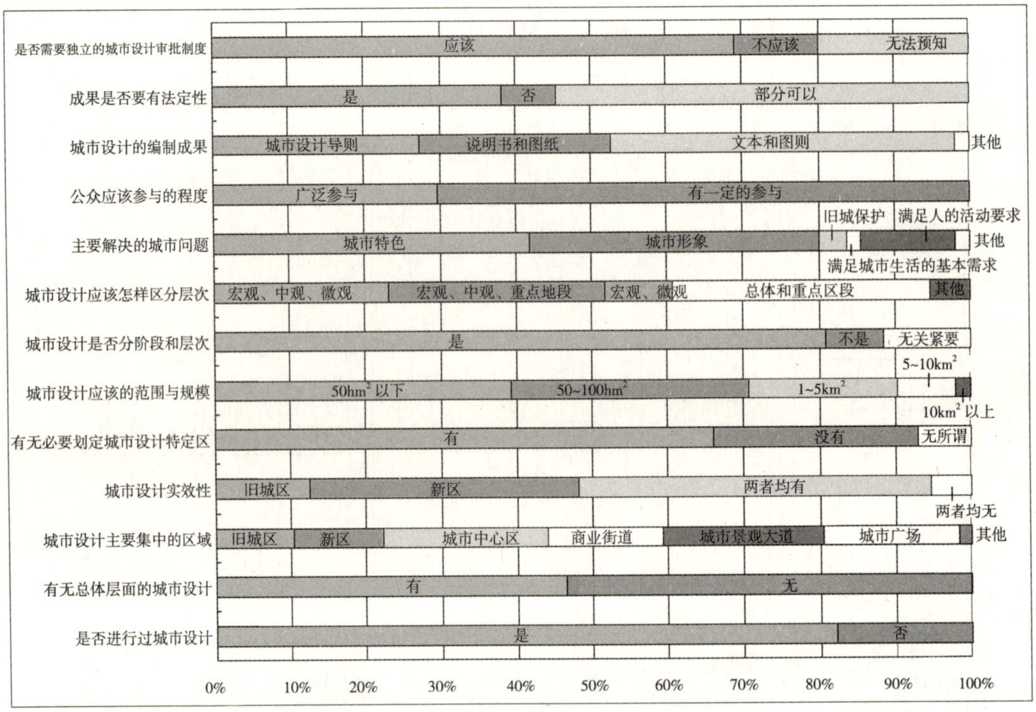

图 1-5 2001~2002 年我国城市设计发展状况调查

（资料来源：根据中国城市规划学会城市设计委员会公布的相关调查问卷的统计数据整理）

设均具有实效性，且新区的实施效果远大于旧城区（图 1-5）[1]。2001 年，英国建筑和环境委员会（CABE）联合环境交通及区域部门（DETR）就城市设计的价值展开了更为深入的研究。卡马拉（Matthew Carmona）等学者选取了六个不同质量的城市设计案例进行定性结合定量的分析，结果表明城市设计的所有参与者都从不同途径、在不同方面获得了好处，如开发收益、环境改善、工作岗位增加、政府声誉提高等[2]。

由此可见，一个卓有成效的城市设计，其运作实效不再仅仅局限于美化城市环境、改善城市物质空间形态、提高人们的生活质量，城市设计在促进城市经济复苏、塑造城市形象、吸引内外投资、增加就业岗位、繁荣城市文化等方面均发挥着意想不到的作用。城市设计创造的价值涉及社会、经济、环境多个方面，覆盖个体、社区、城区、城市、区域、全球多个尺度（图 1-6）。并且，城市设计的价值在不同尺度上有不同体现，如针对个体的居住环境优化、道路设施改善等；针对社区的减少社会隔离、融洽邻里关系等；针对城区的经

[1] 城市设计委员会 . 当前我国城市设计发展的形势与存在的主要问题 [C]//2004 年城市规划年会论文集，2004：951–956. 本次调查覆盖面广泛，调查对象涉及我国不同地域、不同类型、不同规模的有代表性的大、中、小城市共 66 个。其中，特大城市占 31.58%；大城市占 26.32%；中等城市占 19.3%；小城市（开发区）占 22.81%。调查的针对性和主题性强，通过建设部城市规划编制办法修编办公室定点、定人、定项地将问卷下发至各地方的城市规划主管单位，并设立专题网站进行问卷回收。总体上，本次调查共向全国 66 个城市发放问卷 66 份，最终回收有效问卷合计 57 份，回收率为 86%，调查内容涉及了城市设计的方方面面。

[2] Matthew Carmona，Claudio de Magalhaes，Michael Edwards. Stakeholder Views on Value and Urban Design[J]. Journal of Urban Design，2002，7（2）：167–168.

济复兴和文化繁荣等；针对城市的增强竞争力、吸引更多新投资等；针对区域的强化区域整体形象、促进跨境合作等，以及提升国家或城市在全球层面的声望与地位等[1]。

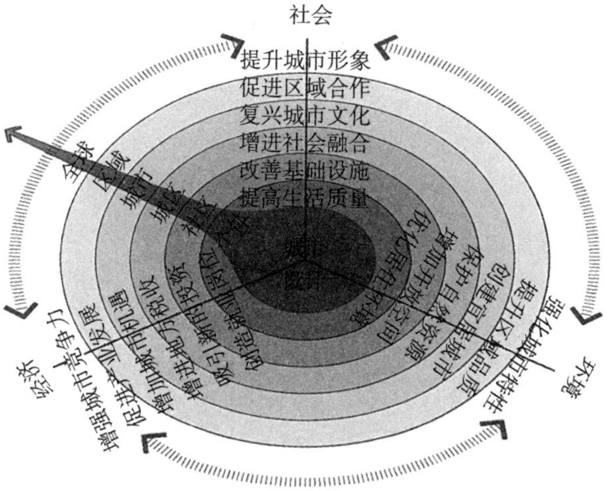

图 1-6 城市设计价值：综合的社会、经济、环境效益
（资料来源：唐燕．城市设计运作中不同利益主体的博弈分析 [J]. 北京规划建设，2010（3）：39-43）

1.1.3 城市设计研究的理论走向

社会制度、经济水平、历史时期的不同，以及民族和地域的差异造成各地城市设计的思想理念、技术方法、价值观及审美观各不同[2]。现代城市设计的理论研究自 20 世纪 60 年代以来获得了快速发展[3]，经历了从理想到现实、从静态到动态、从简单到复杂、从单学科到多学科的复杂历程[4]。

慕德（Anne Vernez Moudon）将城市设计的理论研究走向概括为：城市历史研究（urban history studies）、景观研究（picturesque studies）、意象研究（image studies）、环境—行为研究（environment-behavior studies）、场所研究（place studies）、物质研究（material studies）、类型形态研究（typology-morphology studies）、空间形态研究（space-morphology studies）、自然生态研究（nature-ecology studies）以及程序过程研究（procedure studies）[5]。林奇（Kevin Lynch）认为城市形态设计有三个标准理论，分别是以古代中国和印度城市为代表的“宇宙模式”，以柯布西耶（Le Corbusier）的光明城等为代表的“机器模式”，及以霍华德的田园城市等为代表的“有机体模式”[6]。戈斯林（David Gosling）总结城市设计的理论来源主要有自然模式、乌托邦模式、艺术及科学模式，而城市设计的实践应用则可划分为经济解答（注重过程）、工程解答（注重技术）、社会解答（注重社会秩序）、职业解答（注重解决设计问题）和综合解答（注重连贯的城市体验）等[7]。卡马拉等将城市设计研究归结到“形态、认知、

[1] 唐燕．城市设计运作中不同利益主体的博弈分析 [J]. 北京规划建设，2010（3）：39-43.

[2] 邹德慈．城市设计概论：理念 · 思考 · 方法 · 实践 [M]. 北京：中国建筑工业出版社，2003.

[3] 通常我们以 1960 年哈佛大学开设研究生城市设计学位课作为现代城市设计成为相对独立学科的标志。哈佛大学城市设计系主任 M. Safiede 在 1980 年的国际城市设计会议上指出“城市设计的诞生是由于现代主义运动的失败与传统城市规划的破产”（转引自：吴良镛．城市设计是提高城市规划与建筑质量的主要途径 [C]// 城市设计论文集．北京：燕山出版社，1988：554）。

[4] 也就是从理想化设计到关注城市设计的实施成效，从静态蓝图到动态运作过程，从纯粹空间形体设计到综合解决复杂的美学、经济、人文、生态等问题，从建筑学、城市规划学扩展到社会、政治、经济、人文等多学科领域的历程。

[5] Anne Vernez Moudon. A Catholic Approach to Organizing What Urban Designers Should Know[J]. Journal of Planning Literature，1992，6（4）：331-349.

[6] 凯文 · 林奇．城市形态 [M]. 林庆怡等译．北京：华夏出版社，2001：58-77.

[7] David Gosling. Concept of Urban Design [M]. New York：St. Martin’s Press，1984.

社会、视觉、功能、时间”六个纬度上[1]。奥图（Wayne Attoe）和洛干（Donn Logan）则将那些主要源自欧洲、影响深远的城市设计理论归纳成四种相互制衡的立场，即功能主义（Functionalist）、人文主义（Humanist）、系统主义（Systemic）和形式主义（Formalist），同时指出美国本土的城市设计理论具有明显的实用主义特征（图 1–7）[2]。奥图和洛干对近现代城市设计理论的立场划分，为我们理解和认识城市设计的理论走向提供了一个简洁清晰的框架。

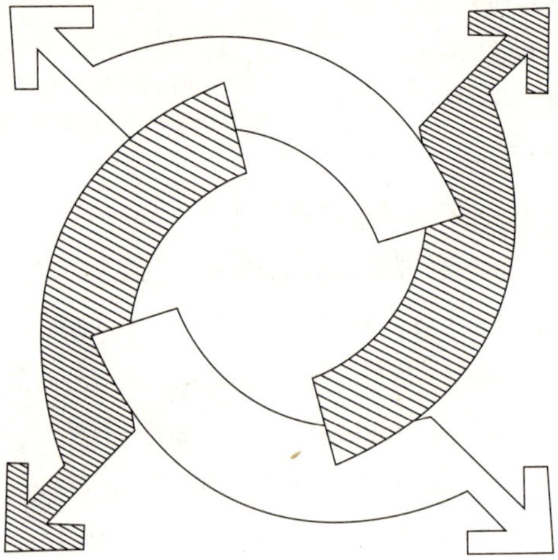

图 1–7　相互制衡的四股欧洲城市设计理论取向

（资料来源：Wayne Attoe，Donn Logan. American Urban Architecture—Catalysts in the Design of Cities [M]. Berkley and Los Angeles：University of California Press, 1989：17）

“形式主义”走向的城市设计思想强调以空间环境、物质实体、视觉艺术为基础，通过轴线、序列、对景、协调、变化、原型等多种手法来塑造符合时代要求的城市三维物质空间（图 1–8）。现代城市设计之父西特（Camillo Sitte）早在 1889 年就在《城市设计的艺术原则》中分析了欧洲传统城市的空间价值及其艺术美学。伊利尔 · 沙里宁

[1] 卡马拉等 . 城市设计的维度：公共场所——城市空间 [M]. 冯江等译 . 南京：江苏科学技术出版社，2005.
[2] 奥图，洛干 . 美国都市建筑——城市设计的触媒 [M]. 王劭方译 . 台北：创新出版社，1995：14–78.

（Eliel Saarinen）的《城市：它的发展、衰败与未来》、库伦（Michael Cullen）的《城镇景观》、芒福汀的《城市设计：街道与广场》和《城市设计：美化与装饰》、培根（Edmund N. Bacon）的《城市设计》等众多经典著作，都重视研究客观存在的城市物质环境所形成的景观及视觉特征。形式主义的另一支“新理性主义（Neo-Rationalism）”的代表罗西（Aldo Rossi）和格拉西（Giorgio Grassi）等，从历史、文化、功能变迁等角度切入研究城市建筑与空间形式，倡导运用“类型学（typology）”方法来分析空间环境的形式构成。克里尔（Robert Krier）在《城市空间》一书中，就针对不同种类的广场、街道空间做了详尽的类型归纳。

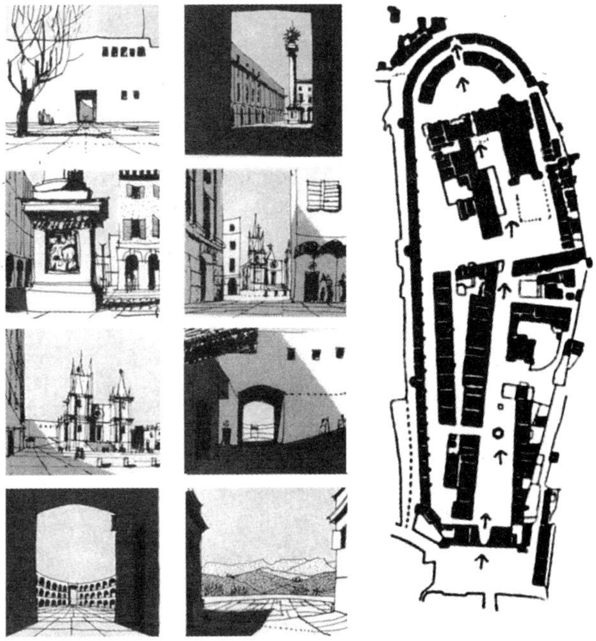

图 1-8 行进中的空间景观序列分析
（资料来源：Gordon Cullen. The Concise Townscape[M]. Oxford: Architecture Press，2004：17）

“功能主义”是伴随工业化集约生产模式和简约生活方式应运而生的，它的盛行源于包豪斯和柯布西耶的重要影响。早期的功能主义者认为城市好比一部机器❶，设计师应当抛弃传统，创建现代高效的城市新秩序。柯布西耶的“光明之城”与 1933 年国际现代建筑协会（CIAM）的《雅典宪章》为功能主义的城市理论奠定了坚实基础，城市被视为居住、交通、工作和休憩功能的聚合体（图 1-9）。功能主义对城市设计的影响极其深远，它强调二维平面上各种功能关系的合理安排。随着社会的进步和人们认识的提高，功能主义在批判和挫折中不断被充实发展，逐步融入了人类需求、社会功效、城市生长等相关理念。美国建筑师学会编写的《城市设计：城镇的建筑美学》、吉伯德（Frederick Gibberd）的《市镇设计》、胥瓦尼的《城市设计程序》、赖因博恩（Dietmar Reinborn）的《城市设计构思教程》、约翰 · 朗（John Lang）的《美国的城市设计经验》等著作都肯定了城市设计从根本上必然要关注城市的“功能组织”和平面结构，对城市物质空间进行综合规划和设计。

与功能主义主观加诸一个结构于城市之上的做法相反，“人文主义”提倡都市环境的混合使用，“将注意力放在小规模的设计元素和非正式的秩序系统上”，设计师“试图去了解与强化已经存在的、根本的社会结构”，设计决策要“视使用者的需要与其环境而定”❷。从简 · 雅各布斯（Jane Jacobs）的《美国大城市的死与生》、林奇的《城市意象》到

❶ 勒 · 柯布西耶 . 走向新建筑 [M]. 陈志华译 . 天津：天津科学技术出版社，1998.
❷ 奥图，洛干 . 美国都市建筑——城市设计的触媒 [M]. 王劭方译 . 台北：创新出版社，1995：23.

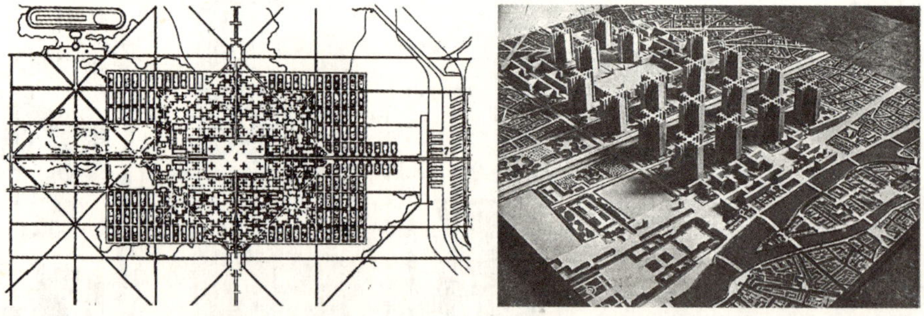

图 1-9　柯布西耶的明日之城与巴黎中心区改建设计
（资料来源：沈玉麟编．外国城市建设史 [M]. 北京：中国建筑工业出版社，1997：131）

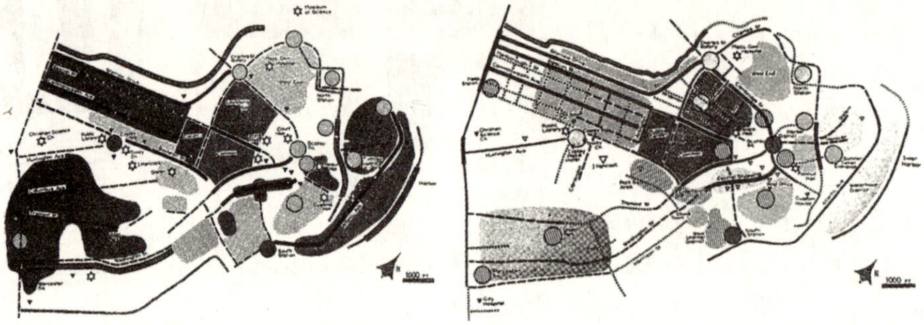

左：现场踏勘得出的波士顿城市结构　　右：从访谈中得出的波士顿意象

图 1-10　波士顿的城市意象分析
（资料来源：凯文 · 林奇．城市意象 [M]. 方益萍，何晓军译．北京：华夏出版社，2001）

崔尼克（Roger Trancik）的《寻找失落的空间》（图 1-10），从亚历山大（C. Alexander）的《城市设计新理论》、纽曼（Oscar Neumenn）的《可防御空间》到拉普卜特（Amos Rapoport）的《建成环境的意义》，人文主义者通常从社会生活、历史文化、行为认知、心理感受等方面研究城市使用者的要求，将城市作为体验多样化生活的场所，探讨城市形态与社会文化的内在构成。麦克哈格（I. L. McHarg）[1]、卡尔索普（P. Calthorpe）[2]、芒福汀[3]等人文主义者聚焦“人与自然环境的关系”，探索可持续发展的城市设计途径，从而进一步拓展了人本主义理念的设计内涵。

“系统主义”强调城市设计的大规模元素，试图为空间寻找一个整体的秩序，也时常被称作结构主义（Structuralism）[4]。系统主义设计师通常愿意遵循一种适合机械化建筑技术与操作技巧的美学，其目标在于“建造一个可以修改并适应变化的环境结构”。弗里德曼（Yona Friedman）的新都市结构，丹下健三的“东京扩建计划”，Team10 强调流动、生

---

[1] Lan I McHarg. Design with Nature [M]. New York：J. Wiley，1992.

[2] Peter Calthorpe. The Next American Metropolis：Ecology，Community and the American Dream [M]. Princeton：Architectural Press，1993；Peter Calthorpe. The Regional City：Planning for the End of Sprawl [M]. New York：Island Press，2001.

[3] Cliff Moughtin，Peter Shirley. Urban Design：Green Dimensions [M]. Oxford：Architectural Press，2005.

[4] 奥图，洛干．美国都市建筑——城市设计的触媒 [M]. 王劭方译．台北：创新出版社，1995：26.

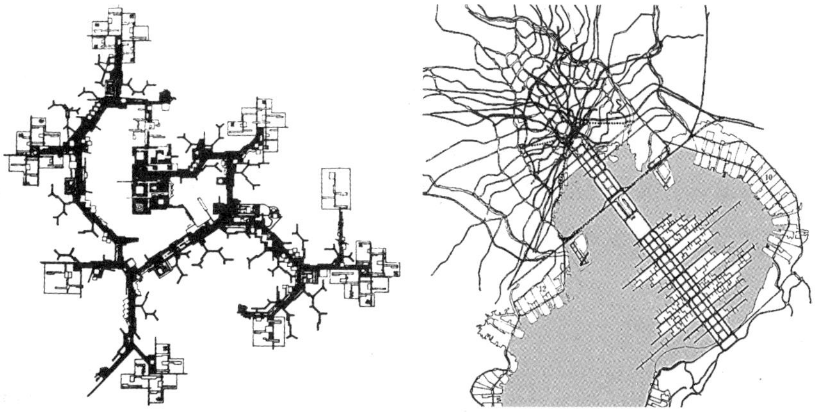

图 1-11　Team10 的“簇群城市”与丹下健三的东京湾构想
（资料来源：Roger Francik. Finding Lost Space[M]. New York：Van Nostrand Reinhold,1986：92；马国馨 . 丹下健三 [M]. 北京：中国建筑工业出版社，1995：345-346）

长与变化的“簇群城市”无不渗透着这种思想（图 1-11）。在系统主义倡导者的眼中，“都市构造是一种连接各元素的动力网，而非建筑物的集合”，“系统可以不用迁就基本的秩序来成长与改变”，“简单、抽象和有秩序的形态与现存复杂的形态之间的对比使城市更具特色”[1]。由于系统主义设计经常忽视现存事物而热衷于引入新的形态，也未顾及小规模、混杂、有益于提升生活意义的各种细节事项，因此它所强调的工业秩序美感对很多人而言却是陌生的。

此外，源自北美的“实用主义”走向自 20 世纪 70 年代开始成为城市设计研究的又一个重要领域。实用主义强调城市设计的实用性，即城市设计对改造城市环境以及社会、经济、生态关系等方面产生的效果。巴奈特在《都市设计概论》和《城市设计作为公共政策》、胥瓦尼在《城市设计程序》、约翰 · 朗在《城市设计：美国的经验》、彭特（John Punter）在《美国城市设计指南——西海岸五城市的设计政策与指导》中，都积极探索了城市设计的运作方式和设计控制途径。实用主义城市设计的特点在于其实践性与可操作性，研究常常回避“应该做什么”、“什么是对的”、“意义是什么”等意识形态问题，而倾向解决“必须完成什么（政治上、经济上、社会上）”、“什么可以被完成（经济上与政治上）”以及“谁得利（经济上、政治上、社会上）”等客观运作问题[2]。

1.1.4　城市设计的层次与类型

城市设计涉及的空间范畴非常广泛，培根认为：“任何地域规模上的天然地形的形态改变与土地开发，都宜进行城市设计”[3]，卡马拉也强调“城市设计的工作领域是跨越不同空间尺度的，而并非停留在某个特定的层次”[4]。在《城市设计》一书中，培根将城市设计

[1] 奥图，洛干 . 美国都市建筑——城市设计的触媒 [M]. 王劭方译 . 台北：创新出版社，1995：29.

[2] 奥图，洛干 . 美国都市建筑——城市设计的触媒 [M]. 王劭方译 . 台北：创新出版社，1995：73.

[3] E · D · 培根等 . 城市设计 [M]. 黄富厢等译 . 北京：中国建筑工业出版，1989.

[4] 卡马拉等 . 城市设计的维度：公共场所——城市空间 [M]. 冯江等译 . 南京：江苏科学技术出版社，2005：4.

的层次分为“国家、区域规模—大城市规模— 一般城市规模—局部地段—单体建筑—细部”六个等级[1]。富雷（Hildebrand Frey）在《设计城市：迈向更加可持续的城市形态》中指出城市设计具有三个层次：城市或城市群层面—城市中的城区层面—独立空间或组群空间的城市设计（表 1-2）[2]。与此类似，我国学者王建国在《现代城市设计理论和方法》中将城市设计的层次分为三个等级：城市级—分区级—地段级；金广君在《图解城市设计》中将城市设计分为“整体城市设计”和“局部地段城市设计”，也即宏观、中观、微观层面的城市设计。

城市设计的层次性 表 1-2

层次	第一层次	第二层次	第三层次
特点	城市或城市群层面	城市中的城区层面	独立空间或组群空间
工作范围	结合城市中城区的发展，设立城市乃至城市群层面的城市设计发展框架； 确定整体发展结构，如线形、网络形或组团式结构； 每个独立城区的发展尺度与形态保持可调整	结合城市中局部空间及城区建设项目的发展，设立城区层面的城市设计发展框架； 确定每个城区的整体发展结构，如空间组织与场所关系； 每个独立项目的发展尺度与形态保持可调整	在城区范围内确定独立城市空间及建筑的城市设计导则； 确定城市公共空间的主要设计特征； 肌理、图案与细部设计保持开放和可调整

资料来源：Hildebrand Frey. Designing the City：Towards a More Sustainable Urban Form[M]. London：E & FN Spon，1999.

城市设计具有多层次、多阶段的实践特点，不同尺度的城市设计对应着不同类型的工作内容和运作方式。从区域到城市，再到城市的局部地段，乃至建筑单体和环境细部都可以成为城市设计的工作对象。胥瓦尼探讨城市设计的这个特征时指出：层次越宏观的城市设计整体指导性越强，具体建设性减弱，通过程序保障加以落实的要求越高——因此表现出明显的“政策导向”；层次微观的城市设计由于与实际建设紧密相关，可操作性强、设计内容更加详尽细致——因此呈现明显的“产品导向”（图 1-12）。与众不同的是，科尔森（Kenneth Kolson）在《大规划——城市设计的魅惑和荒诞》中，对大尺度、巨幅蓝图式的城市设计提出了质疑，他的著作意在提醒人们必须正视 “必要的规划和不可规划之间的边界”[3]。

城市设计的实践类型多种多样，根据项目目标的不同，唐纳德认为城市设计大致包含开发设计（development design）、保护设计（conservation design）和社区设计（community

❶ E·D· 培根等 . 城市设计 [M]. 黄富厢等译 . 北京：中国建筑工业出版，1989.

❷ Hildebrand Frey. Designing the City：Towards a More Sustainable Urban Form[M]. London ：E & FN Spon，1999.

❸ 肯尼思 · 科尔森 . 大规划——城市设计的魅惑和荒诞 [M]. 游宏滔等译 . 北京：中国建筑工业出版社，2006.

design）三种类型[1]。其中，“开发设计”是城市设计实践的主体部分，内容包括建筑综合体、交通设施、新区建设等工程设计及其政策引导。开发设计的主要目标在于促进城市经济发展，通过私人开发、公共税收等途径增加城市收入、加大城市就业机会及促进市场繁荣；“保护设计”重在强调环境品质，目标是保护自然风貌和城市传统特色，维护和提高城市环境的生活质量、艺术质量等，因此经常与房地产市场的开发意愿发生冲突；“社区设计”涉及市民参与、社区行动、辩护规划等内容，旨在挽救城市衰退社区，协助低收入者改变居住条件以及增加城市活力等。

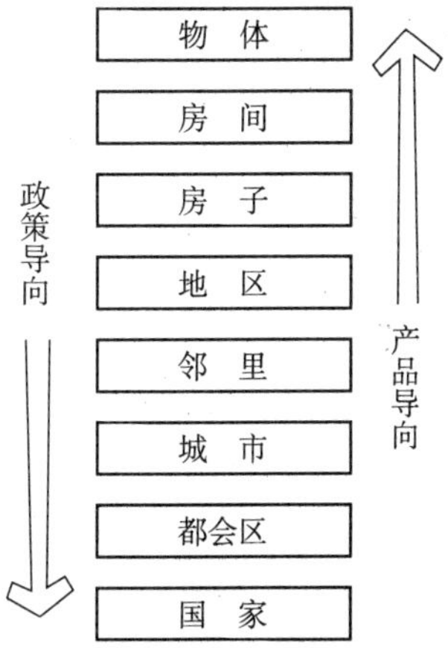

图 1–12　城市设计的政策 / 产品导向

（资料来源：Banerjee，Course Prospetus，1980// 胥瓦尼 . 都市设计程序 [M]. 谢庆达译 . 台北：创兴出版社，1990：192）

约翰 · 朗依据城市设计过程中城市设计者参与控制的程度，将城市设计划分为四种类型：总体城市设计（total urban design）、组合型城市设计（all–of–a–piece urban design）、渐进式城市设计（piece–by–piece urban design）和插入式城市设计（plug–in urban design）[2]。他指出，在总体城市设计中，设计团队可以从头至尾地参与、左右和执行城市设计；在组合型城市设计中，设计团队制订出总体概念和开发指引等，开发商和建筑师会在具体的建设活动中依循这些要求落实城市设计；渐进式城市设计指在由区划、激励或惩罚等措施控制的地区中，采用某些特殊的方法和活动来影响城市建设；插入式城市设计则通过改善基础设施要素来催化地区的发展潜力。张庭伟将这四种城市设计类型归纳到两条实现途径上：一是城市设计可以通过具体设计城市建筑物和城市空间来实现，建筑师主要通过此种途径来参与城市设计；二是城市设计也可以“通过不设计建筑物而设计城市的途径”，也就是通过制订指导具体设计的城市设计大纲来实现，这是规划师参与城市设计的主要途径（表 1–3）[3]。

城市设计项目的不同类型　　**表 1-3**

城市设计的途径		适用建设范围	实施期限	主要参加者	主要成果
通过具体设计	全包式设计	小型项目，如一个行政中心、文化中心等	全部工程一次性完成	建筑师为主，景观设计师、规划师参加	设计图、模型
	总体合成式设计	中型项目，如一个新居住区	主体工程一次性完成，次要部分分期完成	同上	设计图、模型、设计要点说明书
	基本构架式设计	中型或大型项目，如一个新城	只有道路和基础设施一次完成，其余分期实施	同上	设计图、设计大纲，有时有模型

[1] Appleyard Donald. Three Kinds of Urban Design Practice[M]//M. Pittas，A. Ferebee，eds. Education for Urban Design. NewYork：Institute for Urban Design，1982：122.

[2] John Lang. Urban Design：The American Experience [M]. New York：Van Nostrand Reinhold，1994：78–89.

[3] 张庭伟 . 城市高速发展中的城市设计问题：关于城市设计原则的讨论 [J]. 城市规划汇刊，2001（3）：5–10.

续表

城市设计的途径		适用建设范围	实施期限	主要参加者	主要成果
通过编制城市设计大纲	城市设计大纲	主要用于大、中型项目，也可用于大、中、小各类项目	大多为长期实施的项目，但也可用于一次性完成的项目	规划师为主，建筑师、景观设计师参加	设计大纲，附以地图、分析图及照片

资料来源：张庭伟 . 城市高速发展中的城市设计问题：关于城市设计原则的讨论 [J]. 城市规划汇刊，2001（3）：8.

吴松涛和郭恩章根据城市设计的实施特点，将城市设计划分为“工程—产品型”、“政策—过程型”与“研究—构想型”三类（表 1–4）。城市设计可以是直接设计出具体方案，然后依方案完全或部分建造实施；城市设计也可以是编制设计大纲和导则，以此来长期管理和指引城市建设。在我国，早期的城市设计类型主要是前者，随着城市设计实践的成熟和深化，纲要形式的城市设计项目逐步增多。

城市设计的设计类型与成果性质 **表 1-4**

设计类型	成果性质	成果特点
工程—产品	实施	较重实施，设计导则内容少或没有设计导则
政策—过程	引导、控制	处理元素复杂，设计导则较全面
研究—构想	论证、构想、咨询	以设计方案或研究报告形式出现

资料来源：吴松涛，郭恩章 . 论详细规划阶段城市设计导则编制 [J]. 城市规划，2001（3）：74–77.

1.1.5 城市设计的要素与方法

城市设计的要素通常由“自然”、“人工”和“人文”三类组成（表 1–5）[1]。城市设计不仅针对城市空间本身，而且包括空间的使用者“人”，以及人生存所离不开的社会、政治、经济关系等，因此城市设计是“显性”设计和“隐性”设计的结合。

城市设计的要素 **表 1-5**

要素类别	基本构成	要素细分	主要设计控制内容举例
自然因素	自然环境的保护与利用	地理	自然资源、河流及湖荡（水体）、海岸线、绿地系统、地形地貌、生态敏感度
		土地利用	功能分区、用地性质、土地经营策略
		气候及气象	光照环境、风环境、气候区划、微气候
		生物状况	动物、植被、生物群落
人工因素	城市环境	城市公共空间	城市格局和肌理、城市性质与功能、城市干道与公共场所、城市片区、城市广场、开敞空间
	历史遗产	历史文物与遗址	历史地段与历史街区、历史建筑、保护与再利用、周边环境控制
		建筑物及群体	体量、密度、容积率、色彩
		标志性构筑物	桥、张拉膜、塔
	建筑物	建筑平面	退红线、建筑面宽、水平界面、尺度、平面功能

[1] 胥瓦尼 . 都市设计程序 [M]. 谢庆达译 . 台北：创兴出版社，1990：209.

续表

要素类别	基本构成	要素细分	主要设计控制内容举例
人工因素	建筑物	建筑立面	色彩、高度、线条、材质、分段、照明、风格、构件类型
		建筑剖面	裙房与主体建筑、骑楼、建筑之间的连接体
		建筑空间	群体形态、轮廓、空间围合
	道路交通	交通设施及其他	出入口、分隔、步行空间、停车场、标志、空间利用
	绿化景观	植物	种植、品位、选型、季相与时相
	公共环境设施	实用性设施	路栅、街灯、座椅、电话亭、垃圾筒、站亭、天桥
		标识系统	交通标志、路标、报栏、广告牌
		环境艺术设施	行道树、花坛、雕塑、户外艺术品、地面铺装
		室外照明	灯柱、照明方式、照度、色彩
人文因素	主体人及其活动	行为活动	休闲活动、节庆活动、交通活动、商业活动、观光活动
		心理活动	人体感知、识别性、可达性、安全性、多样性、愉悦性
	文化氛围	社会文化	社会意义、公众利益、思想意识、大众品位、时代精神、社会阶层
	社会发展	城市社会经济	社会经济发展计划、物质与精神文明建设、城市战略
		历史沿革	时代更替、人物、地方志、历史地形地貌、历史事件
	历史传统	地方传统	传统民俗、风土人情、节日节庆

经典城市设计理论架构出的城市设计方法，涵盖形态、社会、认知等多个维度，从不同侧面反映了城市设计工作内容的综合性与广泛性（表 1–6）。由于城市设计同时具有理性的一面和非理性的一面，城市设计采用的实践方法也应具有弹性和灵活性。城市设计要“结合度量性及非度量性准则，并在一般性准则之架构中运作”[1]。

经典城市设计方法举例　　表 1-6

主要纬度	代表人物	时间	设计方法
认知	凯文 · 林奇	1960 年	城市设计五要素：路径、边界、区域、节点、标志
社会	雅各布斯	1961 年	城市设计满足复杂多样的市民生活需要
形态	库伦	1961 年	视觉连续的城镇景观、场所和城市活动
形态	培根	1967 年	运动中的城市形象设计
形态	罗西	1966 年	形态类型学方法
心理	纽曼	1972 年	可防卫空间与市民心理安全
功能	比尔 · 希尔	1974 年	空间句法，通过分析空间连接关系来揭示深层的社会活动逻辑
认知	拉普卜特	1977 年	城市设计的行为心理分析
形态	科林 · 若	1984 年	拼贴城市，城市由不同历史时期的“局部”与“片断”组合成
人文	崔尼克	1986 年	城市设计的三种方法：图底关系、关联耦合、联系
社会	亚历山大	1987 年	渐进式更新的城市设计方法
社会与功能	约翰 · 朗	1994 年	新功能主义城市设计，实现人的生理、安全、归属、尊敬等不同层次需求
功能与形式	新城市主义	20 世纪 90 年代	提倡借鉴传统、多样混合、公交导向、多方参与、人性空间等综合设计手段

[1] 胥瓦尼 . 都市设计程序 [M]. 谢庆达译 . 台北：创兴出版社，1990. 胥瓦尼认为城市设计的设计准则可以分为度量性、非度量性及一般性等三种基本形态，表现为功能与效率（可度量性）；设计的艺术面（非可度量性）；公平、平等与正义（一般性）。

续表

主要纬度	代表人物	时间	设计方法
时间	吉尔、基姆茹	2000 年	不同季节、不同时期的城市空间使用
生态	芒福汀	2005 年	“绿色尺度”与尊重生态环境的城市设计方法

1.2 认识城市设计运作[1]

1.2.1 实用主义哲学的影响

布兰本特（Geoffrey Broadbent）将大多数城市设计理论的哲学基础归结为两类[2]：经验主义（Empiricism）和理性主义（Rationalism）[3]，并指出实用主义哲学（Pragmatism）也对城市设计产生了重要影响。约翰 · 朗将城市设计理论中的经验主义和理性主义精要地概括为“向后看（looking back）”和“向前看（looking forward）”[4]。“向后看”形象地说明了基于经验主义的城市设计理论是通过实证研究归纳过去和现有的设计经验、城市空间环境的发展规律和特征、研究者的观察分析结论等来指导城市建设；“向前看”则表明基于理性主义的城市设计理论是学者们通过对客观世界的理性（或主观）分析、判断、推理而提出的[5]。

实用主义是北美（特别是美国）20 世纪居于主导地位的哲学流派。在实用主义者看来，真正的哲学要“以人为中心”，哲学的任务不是脱离人们的现实生活去探讨世界的本原、认识的本质，也不是去寻求有关宇宙的永恒法则与真理，而是研究与人生相关的事务和实际问题，使哲学为人的生活所用，为改进和丰富人类的生活服务。因此，实用主义哲学看重实践的“最后事实效果”，詹姆士（William Jams）指出“实用主义方法，不是什么特别的结果，只不过是一种确定方向的态度。这个态度不是去看最先的事物、原则、‘范畴’和假定是必要的东西，而是去看最后的事物、收获、效果和事实”[6]。实用主义哲学对城市设计的影响或价值至少可以体现在三方面[7]：①以解决人的问题为导向；②注重经验、活动与实行；③坚持事物的价值在于实效。

“实用主义”城市设计走向自 20 世纪 70 年代开始盛行，“都市设计的关键课题显然在于‘如何执行它’”[8]，能否有效解决客观问题，促进设计构想的具体落实成为判定城市设计成败的重要标准。胥瓦尼在《城市设计程序》一书中，从项目组织、人员参与、资金来

[1] 根据已发表论文整理：唐燕，许景权 . 理性思潮影响下的城市设计运作程序 [C]// 规划 50 年（下）——2006 年中国城市规划年会论文集 . 北京：中国建筑工业出版社，2006：161-167.

[2] Geoffrey Broadbent. Emerging Concept in Urban Space Design[M]. London：E&FN Spon，1990.

[3] 经验主义主张从历史和实证中获得真知，理想主义崇尚对客观世界的分析、判断与推理等。

[4] John Lang. Urban Design：The American Experience[M]. New York：Van Nostrand Reinhold，1994：46.

[5] 张剑涛 . 简析当代西方城市设计理论 [J]. 城市规划学刊，2005（2）：7.

[6] 詹姆士 . 实用主义 [M]. 陈羽纶等译 . 上海：商务印书馆，1997：31.

[7] 实用主义哲学与经验主义、实证主义在很大程度上具有融合性与相通性。实用主义哲学家们认为“问题只有和实践相关，才有探索的意义”。实用主义抛弃了形而上学的许多积习，避开抽象和验前理由，避开固定的原则与封闭的体系，而趋向于具体事实的行动与权力。

[8] 胥瓦尼 . 都市设计程序 [M]. 谢庆达译 . 台北：创兴出版社，1990：209.

源、方案编制、分期实施、管理控制等多个角度透析了城市设计的整体运作进程，总结了有效发挥城市设计作用的方法和途径❶。巴奈特在《城市设计作为公共政策》中，通过纽约市的城市设计经验，指出一个良好的城市设计并不是浪漫的图表或模型，“而是一连串都市行政的过程”，设计运作“不仅有赖健全的都市设计体系及组织，同时都市设计者也应兼有行政的才能和卓越的领导能力以将都市设计观念付诸实施”❷。约翰·朗的《城市设计：美国的经验》介绍了一种基于实用主义与经验主义的“新功能主义”（Neo-functional Approach）城市设计方法，其实质是基于“实践”和“程序”的城市设计，以及对个人和社会的功能需求的理性分析❸。

20 世纪 80 年代晚期，作为实用主义城市设计研究的一个分支，西方发达国家掀起了城市设计制度研究的热潮。20 世纪 80 年代末，《城市规划（Town Planning Review）》杂志上陆续发表的几篇关于城市设计控制的文章引起了人们对美国规划体系中城市设计导则与实施制度的重视❹。之后，胥瓦尼于 1991 年对美国 12 座城市的城市设计准则进行了考察。迪格（Diego）于 1990 年对美国三座城市开展了城市设计制度研究，并且结合英国的状况提出英国城市设计制度的改进措施，促成了 1992 年国家规划政策指引（Planning Policy Guidance Note 1）相关内容的修订。1992 年 10 月，有关“设计审查”的国际研讨会在美国辛辛那堤召开，吸引了大量学者的目光。1994 年，《建成环境（Built Environment）》杂志在彭特的主持下，出版了一期城市设计制度专刊，内容是欧洲各国城市设计控制体系的比较。来自法国、德国、瑞典、意大利、荷兰、西班牙、英国的城市设计专家分别著文介绍了自己国家的设计控制制度，文章汇总在一起勾勒出欧洲城市设计制度的整体状况。1999 年，彭特出版《美国城市的城市设计导则》，对美国五个滨海城市的城市设计运作情况进行了详细论述。20 世纪 90 年代，北美还掀起了一场基于精明增长和历史文化传承的“新城市主义”运动。新城市主义的成功运作，为探索卓有成效的城市设计实施途径提供了经验借鉴。总体来看，讨论城市设计运作程序、制度体系、控制方法、实施过程的研究越来越多，城市设计运作已然成为城市设计研究的一个热点领域。

1.2.2 城市设计运作程序：从黑箱到玻璃盒子

城市设计运作是指城市设计作为一项社会实践活动，从前期策划、设计组织、管理实施到运作维护的全过程，以及这个过程涉及的工作内容、工作机理和工作方式等。城市设计运作是一个综合复杂的活动过程，研究其运作程序需要客观描述城市设计的具体行为进程、工作方法以及通过不同方法获得的结果等。

实践过程中，由于管理者关心开发的控制引导、设计者关心方案的获得、开发商关心工程的建造实施……不同参与者的目光通常都聚焦在与自身利弊相关的局部环节之中，导

---

❶ 胥瓦尼．都市设计程序 [M]. 谢庆达译．台北：创兴出版社，1990：209.

❷ 乔纳森·巴奈特．开放的都市设计程序 [M]. 舒达恩译．台北：尚林出版社，1983.

❸ John Lang. Urban Design：The American Experience[M]. New York：Van Nostrand Reinhold，1994.

❹ Southworth Michael. Theory and Practice of Contemporary Urban Design：A Review of Urban Design in the United States[J]. TPR，1989，60（4）：369–402；Reiko Habe. Public Design Control in American Community[J]. TPR，1989，60（2）.

致多阶段、多层次的城市设计运作“全貌”被忽视，城市设计运作程序因此成为一个难以被准确理解和认识的神秘“黑箱”。城市设计作用的对象是城市三维空间环境，处理的是公共领域问题，城市设计运作的程序黑箱不仅妨碍了人们对城市设计实践的深入认知，也使得设计意图难于真正被公众所了解，从而影响公众对城市设计的监督和参与。因此，揭开城市设计整体运作的面纱，使设计程序成为开放、可被认知和审查的“玻璃盒子”成为一项有意义的工作。

“规划理论分两大派：实质理论和程序理论，前者有关具体的功能，如土地、交通、园林、住房等；后者有关哲理与机制，如组织、程序、道德、价值等。从20世纪中期开始，程序理论成为规划理论的主流”[1]。学者们建构了很多有关城市设计运作程序的图式模型来说明城市设计运作的具体环节和过程。约翰·朗在《城市设计：美国的经验》中指出，“这些模型对城市设计程序的认识具有很强的意识形态内容”[2]，芒福汀也认为“城市设计方法和规划方法一样，是与主要的理论思潮紧密相连的，这些思潮解释了规划、开发和设计中的公共活动程序”[3]。可见，城市设计程序是一个带有浓厚“意识形态”色彩的玻璃盒子，基于不同价值观念和规划思想的城市设计运作可能采用不同的程序或过程。

哈得森（Barclay M. Hudson）认为规划设计理论有五种主要的思想流派[4]：①理性规划（synoptic planning），来自于理性和实用哲学，方法强调分析、目标确定和方案比选等。由于方案是不能穷尽的，这种规划采用的是“有限理性”和“辩证思维”理念。②渐进规划（incremental planning），来自于自由主义和社会学习理论，方法认为不可能存在基于普遍价值观、清楚定义的奋斗目标，因此只能在现状情况下采取一点点改进的行为来实现进步，所以成功的规划答案不在于目标取得的程度，而在于方法的可实施性和决策者达成的一致。③协议规划（transactive planning），方法强调受到规划影响的成员之间的相互学习和对话，通过寻求一种分散的规划系统，给予公众更多决策社会进程的控制权力。它注重规划实施及合作途径给公众在自尊、价值、行为和拓展能力上带来的影响。④辩护规划（advocacy planning），规划师成为不同利益群体的代言人，通过在开发过程中提供不同的、竞争性的规划建议来使得弱势阶层的声音可以被听到和重视，公众能够更好地获得关于备选方案的设计信息。⑤激进规划（radical planning），它有两个趋势，一是无政府主义途径，强调分散控制和不同社会组织之间的变化。二是结构主义导向的途径，采用马克思的观点，关注经济系统与阶级斗争。弗里德曼（John Friedmann）在《公共领域中的规划：从知到行》一书中，将西方规划思潮由保守到激进总结为政策分析（policy analysis）、社会改革（social reform）、社会学习（social learning）、社会动员（social mobilization）四种[5]。

---

[1] 梁鹤年．政策分析[J]. 城市规划，2004（11）：79.

[2] John Lang. Urban Design：The American Experience[M]. New York：Van Nostrand Reinhold，1994：383.

[3] Cliff Moughtin，Rafael Cuesta，etc. Urban Design：Method and Techniques[M]. Oxford：Architectural Press，1999：9.

[4] Barclay M. Hudson. Comparison of Current Planning Theories：Counterparts and Contradictions[J]. Journal of the American Planning Association，1979（45）：387-398. 转引自：Cliff Moughtin，Rafael Cuesta，etc. Urban Design：Method and Techniques[M]. Oxford：Oxford，1999.

[5] John Friedmann. Planning in the Public Domain：From Knowledge to Action[M]. Princeton：Princeton University Press，1987.

多元化的规划思想渗透到城市设计中，便成为左右城市设计整体运作的重要因素。胥瓦尼在总结城市设计方法的过程中，充分考虑到了各种方法背后隐藏的指导思想，并依据指导思想的不同将设计方法归结为六种[1]：①内在设计方法（internalized method of design），设计师借助记忆、训练及经验，先在心中形成一个设计腹案，再通过速写、涂鸦以及多次推敲等方式完成设计。②理性法（synoptic method），方法提供了以一致的形式比较不同替选方案的途径。依据设计的尺度、复杂性、精确性等，这种方法一般分为资料收集和分析、提出目标与目的、提出替选构想、评估运作方案等四到六个步骤。③渐进法（incremental method），先一次研拟出整体架构，然后提出达成主要目的与目标的渐进计划。每一阶段都需要在前一阶段的基础上，通过检讨、评估及改变制度（如果必要的话）等渐进发展来逼近终极目标与目的。④片断程序（fragment process），片断法混合了理性法与内在设计法，在一些专业设计者手中，这种方法常常夹杂着自我标榜与炫耀，演变成为设计师加深业主印象的一种工具，资料分析与设计产物、逻辑推理与设计图纸之间可能存在严重分歧。⑤多元程序（pluralistic process），多元法试图将城市机能与社会结构及居民的价值体系等一并纳入设计程序之中。这种方法认为“简化、一般化、标准规范及固定不变的方法并不够”，而弹性设计可以通过架构各组成部分之间的联系来进行系统设计。⑥激进程序（radical process），真正使用这种方法的是马克思主义政府。这种方法难以准确界定，而且未将城市设计视为规划的必要重点。胥瓦尼的研究充分揭示了规划思潮与城市设计程序之间的关系，即不同的指导思想导致不同设计方法的出现，进而意味着不同的城市设计程序。

1.2.3 理性思潮影响下的城市设计运作程序

对城市设计运作程序的分析和描述总是基于一定的思想意识和价值观念之上，下面列举和讨论的各种城市设计运作模型普遍都基于功能、理性和系统的理念，虽然这种理念具有一定的局限性，但目前来看，它仍然是最为普遍、最具操作性和应用最为广泛的一种规划设计思想。约翰 · 朗、胥瓦尼以及芒福汀等众多学者都承认理性分析的城市设计途径往往是最现实和最实用的，而我国的城市规划设计更是处在一个注重理性分析和系统设计的特殊阶段。虽然，文中引用的程序模型是学者们以不同方式从不同角度加以界定和描述的，但其核心认识却具有普遍一致性，这使得城市设计的程序特征和决策模式能够被我们识别。

1. 设计阶段的城市设计运作程序

“设计阶段”是城市设计整体运作中的一个重要环节，设计者在这个环节中发挥着至关重要的作用。城市设计的“设计过程”是城市设计者及其他参与人员通过脑力与体力工作，寻找、评价和修订城市设计方案的实践活动。“对设计师而言，设计方法 / 程序一直是个令人质疑且敏感的话题。许多设计师强调设计艺术，追求表达设计师个人直觉与设计创造力的机会；有些设计师强调不同的系统化程序，采用理性的设计方法。各种方法都各有利弊，

[1] 胥瓦尼 . 都市设计程序 [M]. 谢庆达译 . 台北：创兴出版社，1990：144-145.

没有一个公认是最好或最佳的程序”[1]。

最简单的理性设计程序可以追溯到格迪斯（P. Geddes）提出的规划方法：“调查、分析、规划”，后人在格迪斯的方法中增加了一些中间步骤使之得以扩充发展，从而成为一个阶段往复的循环系统（图 1–13）。理性城市设计的设计过程基本适合于这个规律，包括调查、分析、确定目标、多方案比选、评价、实施监控等步骤。

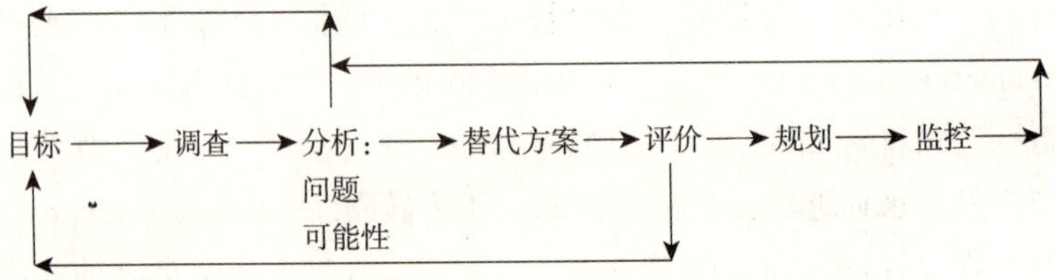

图 1–13　由格迪斯理性设计方法发展而来的城市设计程序

（资料来源：Cliff Moughtin，Rafael Cuesta，etc. Urban Design：Method and Techniques [M]. Oxford：Architectural Press，1999：9）

与此类似，胥瓦尼认为设计师与规划师在城市设计中普遍采用了理性法，这种方法强调资料收集分析、提出目标、形成和评估方案，以及将方案转化为可实施的政策、计划、指导纲要及计划书等一系列连续的过程（图 1–14）。

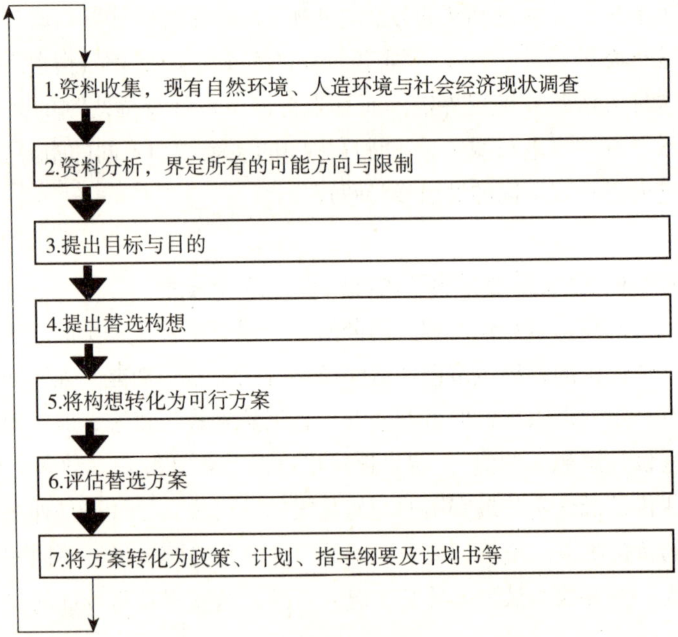

图 1–14　胥瓦尼的理性设计程序 / 方法

（资料来源：胥瓦尼 . 都市设计程序 [M]. 谢庆达译 . 台北：创兴出版社，1990：146）

芒福汀等在《城市设计：方法和技巧》一书中将先由 RIBA 提出，后经马库斯（Markus）和马威（Maver）扩充的建筑实践方法运用到规划设计过程中（图 1–15）[2]，指出规划设计的程序是阶段递推式的，上一层次决策是下一层次决策的依据。这个过程并不是简单地从区域规划、城镇规划、城市设计到建筑设计的从大到小的单相度决定过程，建筑设计等下一层次的决策也会反作用于上一层级，直至影响整个城市的三维空间塑造。虽然这个运作模型仍然没有脱离格迪斯的影

[1] 胥瓦尼 . 都市设计程序 [M]. 谢庆达译 . 台北：创兴出版社，1990：141.

[2] Cliff Moughtin，Rafael Cuesta，etc. Urban Design：Method and Techniques [M]. Oxford：Architectural Press，1999：6.

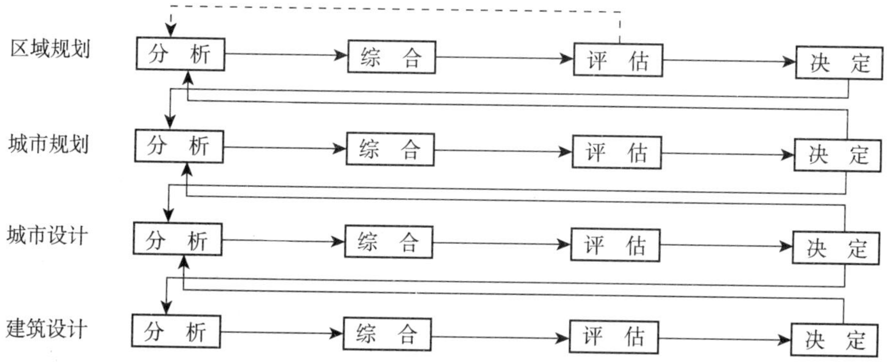

图 1-15 芒福汀的规划整合设计程序

（资料来源：Cliff Moughtin，Rafael Cuesta，etc. Urban Design：Method and Techniques[M]. Oxford：Architectural Press，1999：6）

响，但芒福汀却从新的角度强调了城市设计不能是独善其身的过程，城市设计需要融入整合，考虑它与城市规划及建筑设计等之间的关系。

在思考城市设计的设计程序时，芒福汀还意识到科学理论对于城市设计实践的重要性，因此借助广泛的科学研究方法类推出城市设计的科学程序（图 1-16）[1]。在这个模型中，进入设计程序的方式有三种：可能是有了类似科学假说的概念（idea）；也可能设计程序的开始来自调查和信息的收集；更为普遍的可能是试图理解现实问题。这个模型很好地说明了城市设计作为一门学科，同其他科学研究具有的共通性。

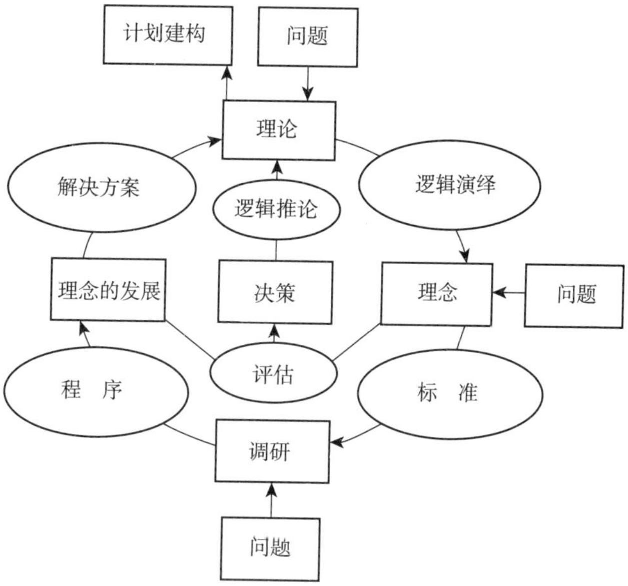

图 1-16 芒福汀的城市设计科学设计程序

（资料来源：Cliff Moughtin，Rafael Cuesta，etc. Urban Design：Method and Techniques[M]. Oxford：Architectural Press，1999：7）

综上所述，理性城市设计的设计程序基本都遵循一个相似的过程。泽塞（John Zeisel）把它形容为“设计螺旋”，一个循环和反复的过程：通过一系列创造性的飞跃或者“概念转换”，使得设计方案日趋完善（图 1-17）。所有这些不同的设计运作模型给我们提供了获得好的城市设计方案的科学路径。

2. 城市设计的整体运作程序

城市设计的运作不局限于设计阶段，完整的城市设计运作程序超越了设计范畴，具有更加综合全面的内容。卡马拉等认为城市设计可分为“不自知的设计”和“自知的设计”

[1] Cliff Moughtin，Rafael Cuesta，etc. Urban Design：Method and Techniques [M]. Oxford：Architectural Press，1999：7.

两种形式[1]。“自知的设计”一般包括定位、设计、实施和实施后评价四个关键阶段，其中设计阶段又可以分解为目标定位、分析、设想、综合和预测、决策、评价等一系列步骤（图 1-18）[2]。约翰·朗延续了西蒙（H. Simon）对城市设计阶段的划分，认为城市设计可以分为策划阶段（intelligence phase）、设计阶段（design phase）、选择阶段（choice phase）、执行阶段（implementation phase）和运作阶段（operational phase）或使用评优阶段（postoccupancy evaluation phase）（图 1-19）[3]。也就是说，在设计阶段开始之前，有一个明确项目、运作策划的环节，而设计完成后需要经过评估和优选才能付诸实施，实施后的工程需要跟踪评估和维护运营，这与卡马拉的模型具有相似的内核。

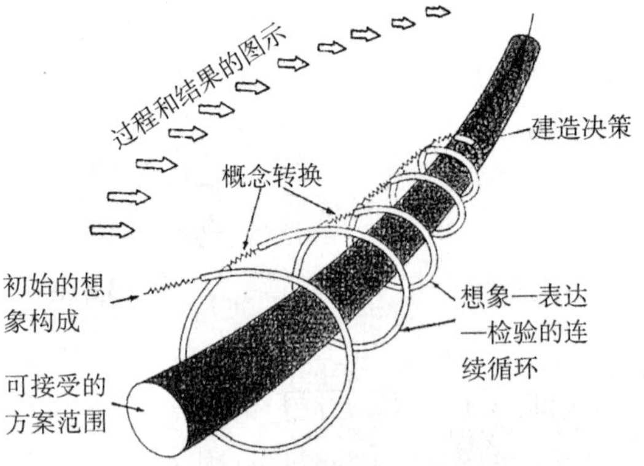

图 1-17　泽塞的设计螺旋

（资料来源：转引自卡马拉等．城市设计的维度：公共场所——城市空间 [M]. 冯江等译．南京：江苏科学技术出版社，2005：53）

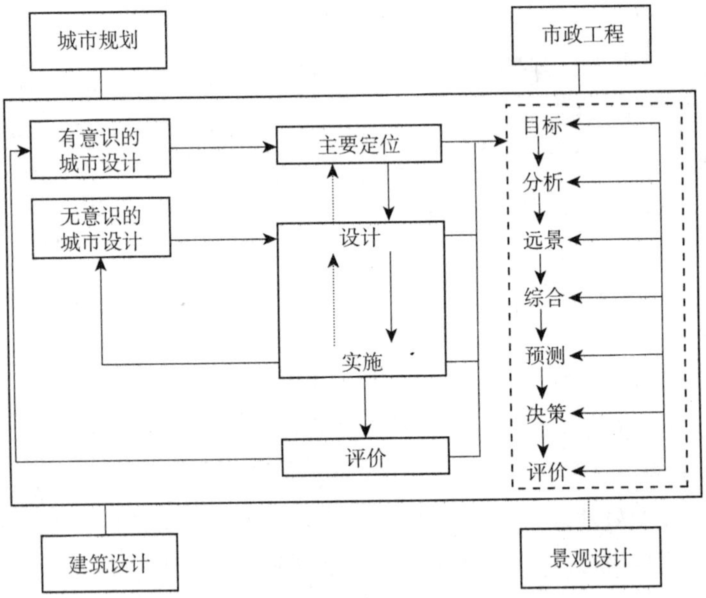

图 1-18　卡马拉的城市设计整体运作过程

（资料来源：卡马拉等．城市设计的维度：公共场所——城市空间 [M]. 冯江等译．南京：江苏科学技术出版社，2005：54）

[1] “不自知的设计”是指正在进行的相对小规模的积累，通常包括试验和修正、决策和干预几个步骤——许多城镇以这种方式缓慢和渐进地发展，从来没有进行过整体的规划设计；“自知的设计”是指通过计划、设计方案、政策和开发等，对不同社会关系进行有意识的整合、平衡和控制。

[2] 卡马拉等．城市设计的维度：公共场所——城市空间 [M]. 冯江等译．南京：江苏科学技术出版社，2005：52-54.

[3] John Lang. Urban Design：The American Experience [M]. New York：Van Nostrand Reinhold，1994：386.

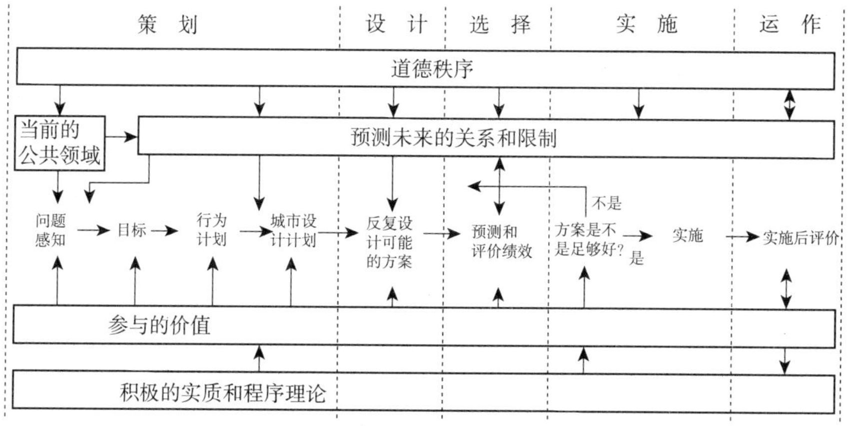

图 1-19 约翰·朗的城市设计整体运作过程

（资料来源：John Lang. Urban Design：The American Experience [M]. New York：Van Nostrand Reinhold，1994：386）

从国内相关研究来看，刘宛提出城市设计是一种设计城市社会空间和物质空间，促进其健康发展的社会实践，城市设计的实践过程包括从策划到维护的所有内容，可分为四大阶段：总体策划阶段、设计组织阶段、实施执行阶段、运作维护阶段。这四个阶段在不同层次上循环往复，例如总体规划层次的实施执行阶段可能就是下一层级规划总体策划阶段的开始（图 1-20）。

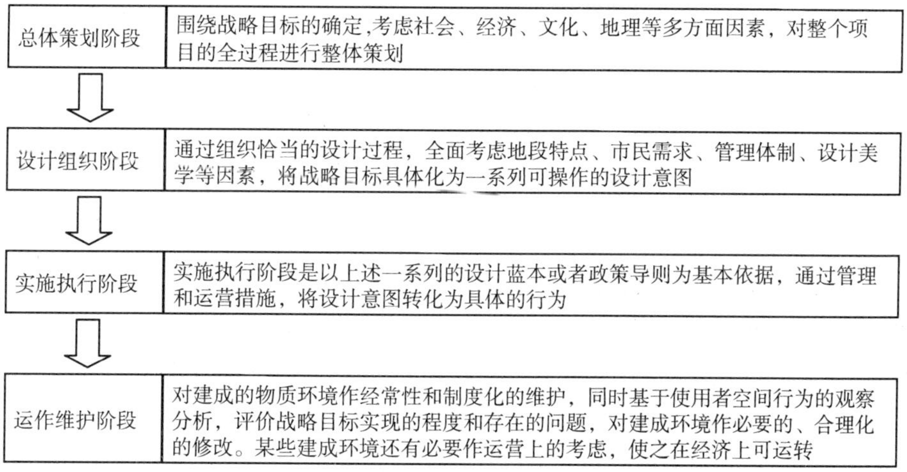

图 1-20 刘宛提出的城市设计实践的四个阶段

（资料来源：刘宛．城市设计实践论 [M]. 北京：中国建筑工业出版社，2006：139）

庄宇认为“城市设计运作是依据城市设计目标，确认城市形态环境的设计概念和原则，通过相关的政策、图则、指导纲要和管理政策等工具加以实现的过程”，“城市设计的编制和城市设计的实施是城市设计完整运作过程中的两个相对独立的阶段”[1]。具

[1] 庄宇．城市设计的运作 [M]. 上海：同济大学出版社，2004：59.

体来说，“城市设计的编制”可以划分为调查分析和预测、设计目标的形成、概念设计与评价、编制实施设计四个阶段，它们相互依据、相互交织成一个完整的程序；“城市设计的实施”实质上是一个既要统领又要分层次的综合管理过程，它可以划分为实施策略的制订、实施的控制、实施反馈与城市设计修正三个阶段。城市设计“编制”和“实施”结合城市的发展过程循环往复于城市设计运作中，共同作用于城市环境形成过程（图1-21）。

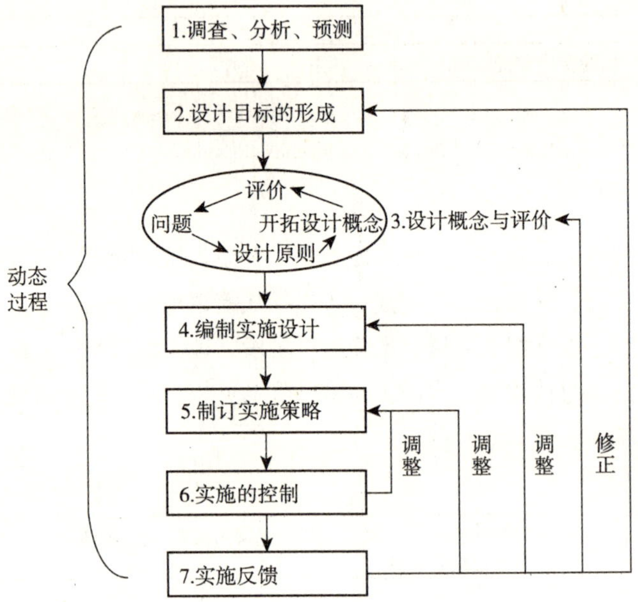

图 1-21　庄宇的城市设计运作过程
（资料来源：庄宇．城市设计的运作 [M]. 上海：同济大学出版社，2004：59）

1.2.4　城市设计运作的动力机制

事物的运作均离不开一定的动力，城市设计作为一项规划设计和管理实施活动，促使其良性运作的主要动力机制包括需求与供给、控制与引导、激励与协调等。

“需求”与“供给”如同推力与拉力，是城市设计活动得以进行的根本内在力量。人们对于自己天天生活于其中的城市有着多样化的需求，那些针对城市空间环境质量、城市个性特色、建筑艺术、景观品质的种种要求直接促使了城市设计活动的产生。这些多方需求体现的是一种集体利益和公共价值，它们往往无法完全凭借市场机制获得满足[1]，因此城市设计作为一种政府干预和公共政策手段应运而生。同城市规划一样，

[1] 随着人们对城市设计认识的逐步提升，城市设计产生的社会、环境效益已经被市民、开发商、投资者等所广泛接受，城市设计引发的各种“潜在经济效益”也越来越多地被大家意识到。城市设计带来的“经济收益”使得市场机制在满足人们的城市建设需求方面发挥着越来越大的作用。和城市规划中的“城市经营”情况类似，城市设计的一些领域也开始“市场化”，公共物品和市场的界限越来越模糊。

城市设计也是一种公共物品的“供给”，其根本目的是满足人们对城市空间环境塑造的需求。

“控制”与“引导”是管理实施城市设计的重要方式，它充分体现了城市设计运作的公共政策属性。“控制”是城市政府借助法律、政策、权力等手段强制性推行某些城市设计准则的运作实施。对于城市中至关重要的设计问题，如公共开敞空间、景观视廊、日照间距、建筑退线等，可以通过建立强制规定来控制和规范城市开发建设，从而确保公共利益不受侵犯。“引导”则是相对温和的城市设计运作手段，主要用于处理诸如城市色彩、建筑立面形式、空间围合关系等“软性”城市设计问题。“引导”旨在通过潜移默化的宣传教育和鼓励提倡，促使社会群体自动地维护城市公共环境，从长远来看是更深层次的城市设计动力机制。

“激励”与“协调”有如城市设计运作的助力机和润滑剂，是西方发达国家在城市设计实践中经常采用的政策手段，也是对市场机制的利用和回应。“激励”机制是指城市政府通过提供有效的利益吸引，引导城市建设朝着有利于公众利益和城市长远发展的方向进行。设定税收减免、容积率奖励等各种激励政策都是为了引导或改变开发商的建设意图，从而更好地维护城市建成环境的品质。“协调”机制更多地使用在城市利益的冲突点和空间政权的交叉点上，用于调整不同行政管辖区、不同利益集团之间的矛盾和冲突，促使他们进行谈判和对话，以形成一致的发展战略和开发共识。协调机制多种多样，既有区域性的行动计划，也有社区型的圆桌会议，可以因地制宜、灵活变通地加以使用。

1.3　我国城市设计运作的适宜程序探索

城市设计运作是一个动态的循环体系，合理的城市设计程序或运作机制可以激发建筑师的创作意识以及开发商和公众等的参与意识，使城市设计成为一种积极的社会动员行为。由于社会、经济、人文等制度环境的差异，城市设计程序在不同国家和地区表现出不同的特征。我国城市设计运作的背景环境和模型研究表明，适宜我国的城市设计整体运作程序应当具有如下特点（图 1-22）：

（1）城市设计的整体运作是在政治、经济、法律、社会等环境因素制约下进行的一个循环往复、螺旋上升的过程。目前，城市设计在我国没有明确的编制和实施规定，因此城市设计需要理顺与城市规划、建筑设计、工程设计、景观设计等相关领域之间的关系，并借助它们来实现和推进自身的整体运作。

（2）城市设计运作包括前期策划、设计组织、管理实施、运作维护四个主要阶段，其中设计组织阶段又包含调查分析、确定目标、设计架构、替代方案、评估深化等步骤。每个主要阶段都是内部往复的过程，由一系列复杂的活动组成。

（3）城市设计运作涉及区域、城市、街区、地段等多个层级，不同层级相互依赖、相互影响，上一层级运作程序的结束通常意味着下一层级运作阶段的开始。

需要强调的是，如拉普卜特所说，“简单的一般化、标准化和确定化并不正确”，城市

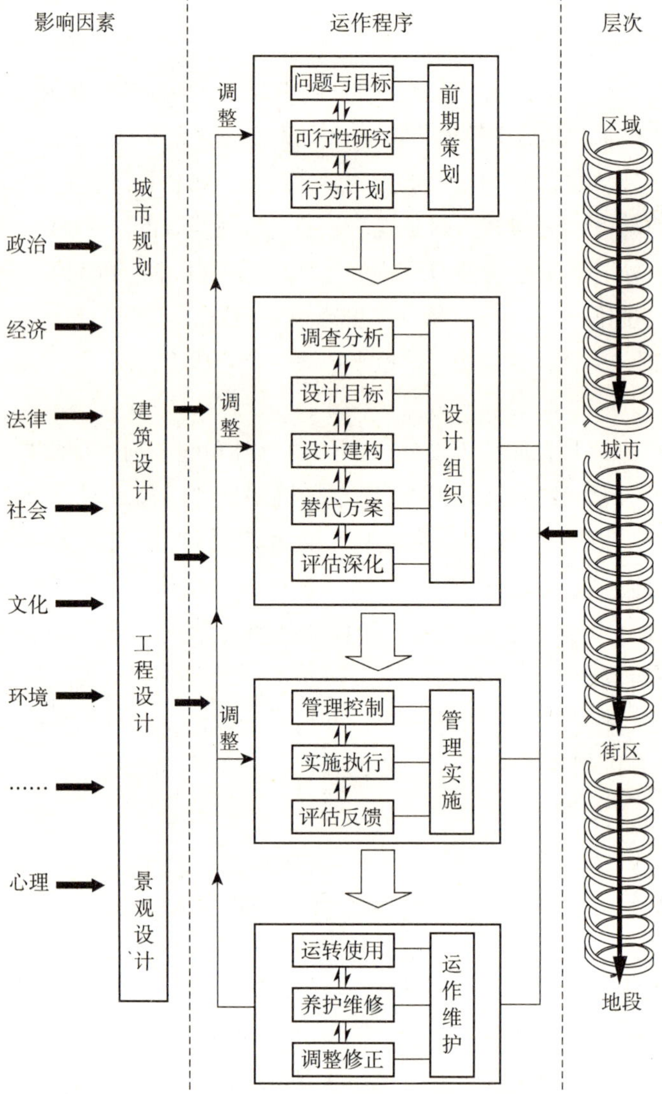

图 1-22　我国城市设计运作的程序建构

设计程序中的关键仍是“公众”[1]。因此，城市设计的整体运作应当是一个动态开放的过程，在运作的各个阶段都要欢迎和确保不同社会团体，特别是公众的积极参与，如此才能体现出城市设计维护公共价值的实践特点。

[1] 阿摩斯 · 拉普卜特 . 建成环境的意义——非言语表达方式 [M]. 黄兰谷译 . 北京：中国建筑工业出版社，2005.

2

城市设计运作的制度与制度环境

随着理论与实践的不断发展，城市设计在我国得到了越来越多的关注和重视，不同形式的城市设计项目有如雨后春笋般涌现，但另一方面，我国的城市设计活动长期处在一种随意、混沌的状态中，工程项目的繁荣背后其问题同样突出。城市设计在我国取得长足进步的同时也面临着越来越多的门槛性难题：单调无序、形式雷同的城市面貌处处可见；城市设计停留在编制阶段难以付诸实施；“形象工程”和“面子工程”扭曲了城市设计实践的本意……为什么城市设计在我国无法有效运行？阻碍城市设计发展的根本症结是什么？城市设计仅仅依靠“技术创新”就可以实现理想运作吗？城市设计是否需要制度建设和机制保障？

大量争论探讨之后，行业共识似乎逐步达成：城市设计不能仅仅是一个封闭的技术水平提高过程，曾经卓见成效的技术创新给城市设计带来的巨大推力逐步有所减弱，城市设计的未来出路需要在制度层面突破创新，实现规划、设计和管理之间的有效衔接[1]。面对这一结论，我们不禁要深入追问：城市设计运作与制度建设的关系如何？我国的城市设计运作需要建立制度吗？城市设计制度创新的时机已经成熟了吗？怎样进行城市设计制度创新……因此，不研究制度科学本身、不进行深层次的理论探索，是无法走出这层层迷雾的。

2.1 扭曲的现实：城市设计怎么了？

出于快速改变城市面貌的迫切心态，城市设计的决策者、投资者和设计者常常忽略了城市设计活动的真正内涵，把它作为实现短期利益的工具。“地方决策者希望用‘漂亮’的城市面貌来表现政绩，投资者希望用豪华的包装来推销房地产，设计者希望用花哨的形式来证明自己的设计水平，使用者希望用奢华的房屋来显示自己（或自己的公司）的身份”[2]，城市设计越来越偏离其“塑造良好空间环境”的行为本质，成为“形象、招牌、身份”等的代名词。洪亮平曾将20世纪90年代中期开始盛行于我国城市设计领域中的“形式主义”和某些极端化倾向归结为“形象工程泛滥、文化破坏严重、贵族化、庸俗化、炒作之风盛行”五方面（表2–1）[3]。城市设计实践发生的这诸多“怪”现象，既造成了我国城市设计工作的表面繁荣，也从一开始就宣告了某些城市设计的失败。在很多场合下，城市设计的作用逐步被扭曲和异化。

城市设计的极端化倾向及其表现形式 **表 2-1**

极端化倾向	具体表现形式
形象工程泛滥	盲目追求“高”、“大”、“全”；缺少使用功能，不解决实际问题；占据城市中心地段，胡乱标志；短期行为
文化破坏严重	大拆大建、“强暴”旧城；占据风景名胜资源；“大变”、“中变”破坏城市风貌；城市设计不考虑地域特色

[1] 王世福在《面向实施的城市设计》一书中分“制度因素”和“技术因素”两个层面，研究分析了城市设计的实践特征，指出“城市设计走向可操作性实际上就是城市设计成为公共政策化的专业技术的过程”。

[2] 张庭伟．城市高速发展中的城市设计问题：关于城市设计原则的讨论[J]. 城市规划汇刊，2001（3）：5.

[3] 洪亮平，邓凌云，李进．中国现代城市设计20年回望[J]. 城市规划，2003（增刊）：12.

续表

极端化倾向	具体表现形式
贵族化	不切实际地提出高标准；城市投资和城市空间资源向富裕阶层倾斜；城市改善的成果大部分被富裕阶层占有；城市空间分异与富人区形成；对贫困人口和弱势群体的漠视
庸俗化	乱提“口号”；盲目跟风；疯狂“克隆”；假古董盛行；“穿衣戴帽”、“粉刷城市”
炒作之风盛行	炒作概念；追求“洋人效应”与“名人效应”；浮夸风

资料来源：洪亮平，邓凌云，李进．中国现代城市设计 20 年回望 [J]. 城市规划，2003（增刊）：12.

2.1.1 作为“形象工程”的城市设计

图 2–1 为体现城市形象的某些超大尺度的城市广场

城市中的重要空间节点、大型建设项目、核心功能区等，通常是一个城市形象的标志和象征，也是城市设计关注的重要对象。然而，此类工程“短平快”的项目建设效应，以及极具视觉感染力的物质形态背后彰显出的“政府业绩”和“城市发展成就”，使得地方官员对此趋之若鹜，导致一场夸张的以“大马路、大广场、大高楼、大草坪”为特点的“城市美化运动”在全国迅速流行开来（图 2–1）。这种城市“形象工程”遍及大、中、小城市，并呈“刮风”和互相攀比之势，而城市设计则变成工程推进和实施的重要手段。事实上，缺乏地方特色、千城一面的城市形象“克隆”工程，并没有起到建构城市意象、推动城市经济发展的作用，反而造成经济资源的严重浪费和非人性化空间的泛滥。当城市设计沦为城市形象工程的执行工具时，城市设计不再以“人”为本，而是以“面子”为本。

2.1.2 作为“招商工具”的城市设计

在这个很多人以经济效益和招商水平来评价城市发展前景的时代，城市设计经常被政府或开发机构当做“美丽的未来蓝图”、“先进的规划理念”或“科学的艺术创作”用于招商引资中。城市设计创造的各种绚丽图纸变成了吸引人的巨幅广告和招揽投资者的商标。以此为目的的城市设计工作，通常在前期策划和编制阶段显得相当隆重，设计成果“求精求美”，特别是直观展示设计意图的效果图、模型更是重中之重。而一旦招商引资宣告结束，城市设计也就完成了它应有的“使命”——那些斥巨资换来的精美图纸和文字被束之高阁，鲜有人问津。当然，也有少数设计被幸运地“纳入”实施程序，但为了最大限度地迎合开发商的需求和口味，设计成果经常被改得面目全非，一些早已明确的基本要求和原则也得不到应有的遵循，城市建设效果与原有的设计构想大相径庭。

2.1.3 作为“宣传手段”的城市设计

城市政府总是非常重视近期重点项目的建设实施，因此通过举行国际招标获取高质量的设计理念成为重点项目规划的理想途径。频繁的国际招标行为在活跃城市设计市场、推进竞争机制的同时，也暴露出越来越多的潜在问题。一些政府只是期望利用城市设计的“前期策划”和“设计竞标”环节进行自我“宣传”和“炒作”，以达到提高城市知名度的目的。这导致很多国际竞标活动不顾及操作实施的可行性，在短时间内匆忙组织上马，结果往往是雷声大、雨点小：新奇夸张的设计图纸成为政府宣传的重要噱头，而“美观、经济、实用”沦落为老掉牙的陈旧话题。自然地，中标方案最终变成墙上挂挂的装饰,城市设计只是“包装”城市的商业手段，设计竞标本身也演变为一场“时装秀”。

2.1.4 作为“圈地途径”的城市设计

土地资源是城市发展建设的依托，也是政府开发及获取资金的重要来源。尽管中央三令五申严管土地，但是地方政府想方设法变换花招“圈占”土地的现象屡禁不止。由于城市设计属于非法定规划，没有严格的审批程序，组织起来自由灵活，常常被政府（或开发商）选作变相“圈地”、“占地”的前期工具（图2–2）。政府通过组织有模有样的城市设计活动，来对觊觎开发的土地进行整体性规划设计。设计地段动辄几平方公里甚至几十平方公里，通常位于城市周边具备开发潜力的地区，并且不在批准的城市建设用地范围之内。城市设计成果及伴随而来的社会影响力，都将成为土地未来开发的叩门砖，是政府进一步申请土地利用权限的重要依据。城市设计提高城市空间环境质量的初衷则被长期搁置。

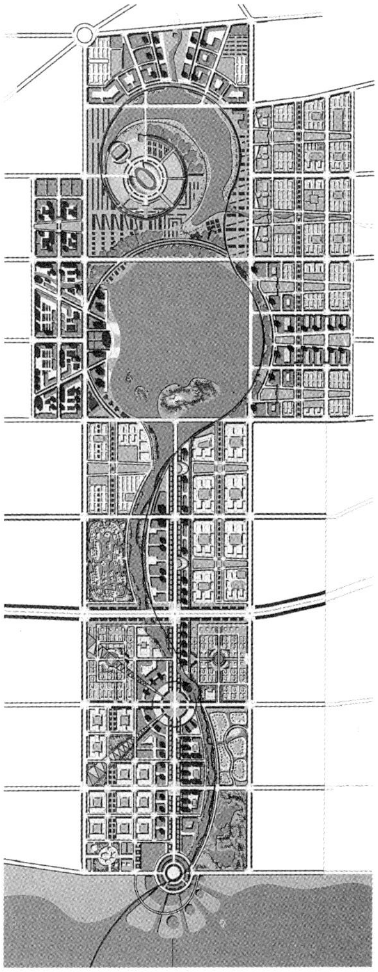

图 2–2 具有圈地嫌疑的某城市设计方案

2.2 制度问题的提出

认识的偏差、急功近利的心态、长官意志和市场压力等，在城市设计领域引发出许多匪夷所思的社会现象。对于设计技术人员和规划管理者来说，具体的城市设计工作还存在着诸多实践困惑，这主要反映在设计编制阶段和规划设计管理阶段上。

2.2.1 城市设计编制的工作困惑

（1）“蓝图”还是“过程”。城市设计“并不是为20年后的都市先幻想出一个形态而做的设计，它是一连串每天都在进行的决策制订过程（decision–making）所产生的”[1]，

[1] 乔纳森 · 巴奈特 . 开放的都市设计程序 [M]. 舒达恩译 . 台北：尚林出版社，1983：5.

但是在我国，现阶段的城市设计工作仍然没有完全摆脱“理想蓝图”的观念桎梏，城市设计常常被当做为具体地段制订建设方案的工作来对待，城市设计的动态“过程性”由此被忽略。设计方案编制过程中，技术人员对公共政策、规划决策与设计管理等鲜有讨论，热衷的是如何将城市设计创作成一件包装精美的产品递交出去。“城市设计几乎都被作为独立的项目进行管理，将具体空间地段作为设计对象，将具体方案设计的图纸和文本视为成果，将完成设计成果的实施作为项目的结束。大多数的情况下，设计人员在城市设计成果交付后，工作就此终止……换言之，做城市设计的技术人员实际上并没有成为一个完整意义上的城市设计过程的主导者或者参与者，充其量只是参与了城市设计的一个有限阶段而已”[1]。

（2）“技术工具”还是“公共政策”。城市设计不仅要构想良好的城市空间环境和城市形象，同时应在这个过程中为城市政府提供符合城市发展需求的城市设计公共政策，这样才能将设计理想转化为可以引导和管理城市建设的行政依据。唐子来指出，城市设计作为政府的公共干预手段具有两种基本方式，分别是“形态”的手段（physical measures）和“规章”的手段（regulatory measures）[2]。目前，我国城市设计偏重物质形态设计、轻视政策性和操作性的现实状况导致许多设计成果不能真正付诸实施。一些理想主义设计师认为，城市设计“这一行就和艺术家一样，不应该涉及政治的过程及政府的行为，而应将他所作的设计图纸，或是一种宣言，像圣旨般地提交政策决定者。然而毫无疑问，政策决定者会发现这些设计都是不可实现的梦想，与手边的问题根本无关”[3]。过分强调城市设计的“技术工具”特性，忽视其“公共政策”属性的现象，使得设计手法、视觉效果和美学形式等仍是我国城市设计编制工作最为热衷的内容。

（3）“公平”还是“效率”。城市设计活动不可避免会面临社会公平问题。城市设计应该为社会大众、多元社会服务[4]，“好的城市设计应展示城市发展与建筑艺术，应赋予市民最大的利益，产生最好的环境效益，反映地方的特点和需要；既能密切与过去的联系，又与当今时代性相符”[5]。我国的城市设计实践缺乏清晰的价值导向和评价标准，更没有相关措施来保障公众或其他利益集团的广泛参与，因此“什么是好的城市设计”变成了一个众说纷纭的模糊话题。在这个追求“效率”的特殊时代，城市政府往往掌握了城市设计的主导话语权，开发商和设计人员也能部分影响和左右城市设计结果，但公众需求的声音却微乎其微。总体来看，很大一部分城市设计方案的编制，主要反映的是行政管理部门和在任长官的意志，设计方案及紧跟其后的城市建设大都求新、求快、求异。如何改变这种现象，确保城市设计话语权的公平行使，确立公众在城市设计中应有的地位，这将直接关系到城市设计活动的成败。

---

[1] 刘宛．设计管理制度：促进更加全面综合的城市设计[J]. 城市规划，2003（5）：20.
[2] 唐子来，付磊．发达国家和地区的城市设计控制[J]. 城市规划汇刊，2002（6）：1.
[3] 乔纳森 · 巴奈特．开放的都市设计程序[M]. 舒达恩译．台北：尚林出版社，1983：7.
[4] 胥瓦尼．都市设计程序[M]. 谢庆达译．台北：创兴出版社，1990.
[5] 澳大利亚城市设计．转引自：王建国．城市设计[M]. 南京：东南大学出版社，1999：3.

2.2.2 规划设计管理的制度困境

（1）“城市设计”还是“城市规划”。“城市设计是以城镇建筑环境中的空间组织和优化为目的，对包括任何社会因素在内的城市形体空间对象所进行的设计工作。因此，城市设计与城市规划既有联系又有区别”❶。认识城市设计与城市规划的区别与联系，理顺两者之间的关系，是城市设计成功开展的重要前提。但是，我国特殊的城市规划体制及其发展历程，导致城市设计与城市规划的关系长期不明。两者在具体实践操作过程中，不断出现重叠、分离或交叉的混乱现象：①城市设计与城市规划的重叠，例如一些城市地段的城市设计与详细规划没有本质区别，仅仅是称谓上的互换而已，城市设计的本质特性没有得以体现。②城市设计与城市规划的分离，例如不少城市地段（或区域）的城市设计与现行城市规划方案缺乏联系，或独立成章，或另起炉灶。由此引发的城市设计和城市规划“两张皮”现象，不仅给规划管理工作带来困难，同时也使得城市设计成果成为一纸空文，难以付诸实践。③城市设计与城市规划的交叉，由于城市设计本身难以取得法定地位，因此很多城市的做法是在城市规划的各个阶段加入相应的城市设计内容，以达到顺利实施城市设计的目的，其运作成效往往喜忧参半。城市设计与城市规划的这种种复杂关系使得城市设计地位模糊，操作方式长期不清。

（2）“设计”与“管理”的脱节。城市设计与规划管理的脱节是导致我国城市设计运作不畅的关键瓶颈点。这一方面是因为城市设计成果本身的科学性和可操作性缺乏保证，但更重要的是，城市设计尚未建立起与城市规划管理体制相结合的有效途径。城市设计长期徘徊在现行规划建设程序和体系的边缘，难以顺利介入其中并产生积极的作用。城市建设管理是否需要考虑城市设计基本上取决于政府部门自己的决定，城市设计因此很容易被忽略掉，变成规划管理过程中可有可无的东西。一些独立编制的城市设计成果，如重点地段城市设计、整体城市设计等，尽管在内容与形式上不断改进创新，但囿于城市设计与规划管理脱节这一先天不足，设计成果很难通过行政管理过程得以具体落实。因此，促进和保障城市设计运作实效需要依托现有城市规划管理体制，逐步明确城市设计的实践意义、工作环节和控制引导措施等。

（3）设计管理的“弹性”和“刚性”。为保持城市的整体环境质量，城市设计需要通过导则或政策等指引城市具体项目的开发和建设。然而，城市设计本身也可能造成城市景观的单调乏味——因为不适宜的城市设计条条框框会束缚建筑师、景观师等的想象力和创造力，使设计的美学原则被先入为主的城市设计准则所限制。由于城市设计是对“设计”的设计（二次设计），城市设计的目的是“设计城市而非设计建筑”，因此我们的“主要课题在于‘城市设计’的管制程度如何？建筑师或个别建筑物的设计应该拥有多少弹性与自由”❷。纵览现有的许多城市设计，设计导则要么过于宽泛弹性，缺乏针对性，放之四海而皆准；要么规定事无巨细，侵犯了建筑设计的创作领域。由于没能正确处理好“弹性”与“刚性”的关系，城市设计准则管理城市建设的能力不断受到质疑。

---

❶ 王建国 . 城市设计 [M]. 南京：东南大学出版社，1999：37.

❷ 胥瓦尼 . 都市设计程序 [M]. 谢庆达译 . 台北：创兴出版社，1990：99.

（4）城市设计保障体系的缺位。城市设计相较于城市规划，具有更大的自由度和灵活性。但作为政府的一种公共干预，城市设计运作不能因此变成毫无依据和保障的“散沙”，而是需要适宜机制的保障——行政、法令、财政机制等都是保证城市设计有效执行的重要手段，可以根据实际情况合理地加以利用。现阶段我国的城市设计保障机制非常匮乏，由于找不到切实可寻的实施办法和管理规定，许多城市编制完成的设计成果无法从技术文件走向可操作的管理规程或政策等。在具体的城市设计管理过程中，管理者或是底气不足、无据可依，或是随意的人为变更和自由操控，城市设计对城市建设的控制引导效力大打折扣。

2.3 认识制度与制度环境

怎样才能将城市设计纳入良性运作之中？这是城市设计实践的关键所在，也是城市规划师、建筑师、城市管理者和领导决策层都关心的问题。当前我国城市设计中出现的许多问题，大都可以从城市设计的“运作程序”和“体制建设”上找到原因。一方面，城市设计注重编制，忽略整体策划、公众参与、管理实施环节的现象造成设计成果的失效；另一方面，城市设计地位如何、怎样组织和审批、管理实施如何进行等制度问题始终没有定论。所以将城市设计的整体运作与制度研究相结合，是探讨解决上述现实困境的积极途径。

受德国历史学派、美国实用主义思潮、达尔文进化论等的影响，制度经济学形成了一种有别于传统经济学（建立在抽象演绎法基础上）的研究新范式。与传统经济学研究忽视人性、制度、时间等人文因素的做法不同，新制度经济学充分认识到制度因素对于社会经济研究的重要意义，即经济的增长和社会的发展正是人们在新的制度安排的激励下，通过有序竞争寻求更高效率和经济价值的过程中实现的。制度经济学这种注重历史、注重环境差异、注重归纳总结、注重实用的研究思想对经济学理论产生了“革命性”影响，强大的理论解释力和方法穿透力也使之在其他学科领域得到了广泛应用。由于新制度经济学有助于我们理解和辨析转型过程中我国城市规划设计领域里大量混沌不清的信息和各种错综复杂的关系，为解答我国城市设计实践的现实难题提供了新的视野和理论支撑，因此成为本书重要的理论研究工具。

2.3.1 制度为什么重要

“制度是重要的”这一结论，目前已经被认为是制度分析最大的成就，甚至被观察家视为经济学历史上的一次“哥白尼式”的革命[1]。这一革命将经济学研究的焦点，从新古典经济学“对特定过程和均衡结果的考察”转向了“对普遍、抽象的规则和制度建构过程的考察”。但对于绝大多数人来讲，制度为什么重要仍然是个苏格拉底式的或带有逻格斯诉求的问题。制度经济学的相关研究表明：制度之所以重要那是因为“在社会生活中，所

[1] 顾自安．制度为什么重要 [EB/OL]. 2007-12-09[2008-01-01]. http://www.blogchina.com/20071209437121.html.

有人际交往都需要一定程度的确定性和可预见性。当且仅当人们的行为受到规则和制度的约束时，个人行为和决策才变得稳定而可预见，而制度和规则（包括群体习俗与惯例的存在）对于形成稳定预期和维系社会的行为秩序起到了至关重要的作用”[1]。

西方新制度经济学有两个重要的基本概念，即交易费用（transaction cost）[2]和产权（property rights）。古典经济学家没有考虑市场运行的成本问题，在他们那里市场是一个零交易费用的世界，但事实上“为了进行市场交易，有必要发现谁希望进行交易，有必要告诉人们交易的愿望和方式，以及通过讨价还价的谈判缔结契约，督促契约条款的严格履行等，这些工作常常是成本很高的，而任何一定比率的成本都足以使许多在无需成本的定价制度中可以进行的交易化为泡影”[3]。基于这种认识，科斯（R. H. Coase）在“社会成本问题”一文中提出了著名的“科斯定律”：“科斯第一定理”认为在交易成本为零的条件下，产权的最初配置不会影响资源的配置，也就是说“在零交易费用条件下，产值将最大化”，这个时候制度是不重要的；“科斯第二定理”作为“科斯第一定理”的反论，认为在交易费用为正的条件下，不同的产权配置将产生不同的资源配置效率，用诺斯的话说，就是“当交易费用为正时，制度是重要的”。科斯的这两个定理对实践有明显的指导意义——为了促进交易，应当降低交易费用；因为现实中交易的费用往往并不为零，因此改进制度显然是必要的。

2.3.2 制度与制度环境

什么是制度？诺贝尔奖获得者诺斯（D. C. North）曾精辟地指出制度是“人为设计出来构建政治、经济和社会互动关系的约束，它由‘非正式的制度（informal constraints，也可以称非正式约束或规则）’和‘正式的制度（formal constraints，也可以称正式约束或规则）’组成”[4]。简单说来，制度就是大家共同遵循的一系列行为规则[5]，“制度是社会的博弈规则，或更严格地说，是人类设计的制约人们相互行为的约束条件……制度定义和限制了个人的决策集合”[6]。制度的核心内容是行为、组织与程序的价值稳定性，它既包括规范人行为模式的各种风俗习惯、道德标准等非正式制度，也涵盖一系列法规、政策、契约等正式制度（图 2–3）。

非正式制度往往经过很长的时期才得以形成，具有文化及意识形态的特征，且生命力

---

[1] 顾自安．制度为什么重要 [EB/OL]. 2007–12–09[2008–01–01]. http://www.blogchina.com/20071209437121.html.

[2] 威廉姆森认为交易费用分为两部分：一是事前的交易费用，即为签订契约、规定交易双方的权利、责任等所花费的费用；二是签订契约后，为解决契约本身所存在的问题，从改变条款到退出契约所花费的费用。迈克尔·迪屈奇把交易费用定义为三个因素：调查和信息成本、谈判和决策成本以及制定和实施政策的成本。威廉姆森指出交易费用存在取决于三个因素：受到限制的理性思考、机会主义以及资产专用性。

[3] R·H·科斯．社会成本问题 [M]. 胡庄君译 // 财产权利与制度变迁——产权学派与新制度经济学派译文集．上海：上海人民出版社，2003：20.

[4] D·C·诺斯．制度、制度变迁与经济绩效 [M]. 刘守英译．上海：上海三联书店，1994.

[5] T·W·舒尔茨．制度与人的经济价值的不断提高 [M]. 陈剑波译 // 财产权利与制度变迁——产权学派与新制度经济学派译文集．上海：上海人民出版社，2003：251–265.

[6] D·C·诺斯．制度、制度变迁与经济绩效 [M]. 刘守英译．上海：上海三联书店，1994.

持久。非正式制度主要包括价值信念、伦理规范、道德观念、风俗习性、意识形态等因素，它总是影响和制约着正式制度的作用效果。正式制度包括政治规则、经济规则和契约等，以及由这一系列规则构成的一种等级结构：从宪法到成文法和不成文法，再到特殊的细则，最后到个别契约，它们共同约束着人们的行为。正式制度是可以短期形成的行为规范，比非正式制度具有更强的约束性和不可违背性。制度时时存在于我们身边，规范着我们的日常行为，它的重要作用和广泛影响可见一斑。我们平时谈论的城市规划制度、城市设计制度，通常指的都是制度概念中的“正式制度”部分。

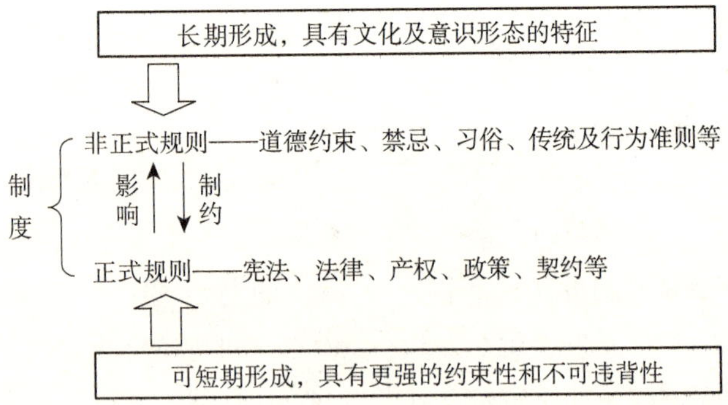

图 2-3　制度的构成

什么是制度环境？在“制度变迁的理论：概念与原因”一文中，戴维斯（L. E. Davis）与诺斯提出“制度环境是一系列用来建立生产、交换与分配基础的基本的政治、社会和法律基础规则”[1]，其实质是一国的基本制度规定，它的约束力具有普遍性，是制定规则的规则，决定和影响着其他的制度安排。因此，制度安排必须在制度环境的框架中进行，制度环境决定着其他制度安排的性质、范围、进程等；同时，制度的变化也会对制度环境和其他制度产生或多或少的影响，也即反作用。

2.3.3　制度的作用

制度对人们可能采取的机会主义行为具有约束作用，它可以有效维护社会系统的秩序化运转，帮助人们避免并缓和冲突，为个人自由和权利提供可靠的保护，增进社会劳动和知识的分工，从而维持和促进社会经济的秩序和繁荣。因此，规范人类行为的制度规则对社会经济发展是至关重要的。甚至，“人类社会的进步和演化，都主要地依赖于制度以及支撑不同制度的人类基本价值和共同知识模式”[2]。因此，卢现祥认为“当今流行的制度经济学所讲的制度，实际上就是一种约束人们行为的规则，这些规则是人们不断反复探寻的结果，这些规则有几个特点：一是公平性，它至少是符合大多数人利益的；二是效率性，没有效率的规则是不可能长期存在下去的；三是对人的行为约束是基于人们有机会主义行为倾向的一面。制度的产生在某种意义上讲就是为了克服人的弱点或不足，如人的有限理性，人的机会主义行为倾向，人并不是总是善的。一个有效的制度，在人做得不好的时候（或违规）能处罚人；在人做得好的时候，能奖励人。总之，制度具有激励功能和约束功能”[3]。

---

❶ L·E· 戴维斯，D·C· 诺斯．制度变迁的理论：概念与原因 [M]. 刘守英译 // 财产权利与制度变迁——产权学派与新制度经济学派译文集．上海：上海人民出版社，2003：270.

❷ 顾自安．制度分析的经济意义 [EB/OL]. 2005-09-24[2008-01-01]. http://www.chinavalue.net/showarticle.aspx?id=11548.

❸ 卢现祥．西方新制度经济学 [M]. 北京：中国发展出版社，2003：20.

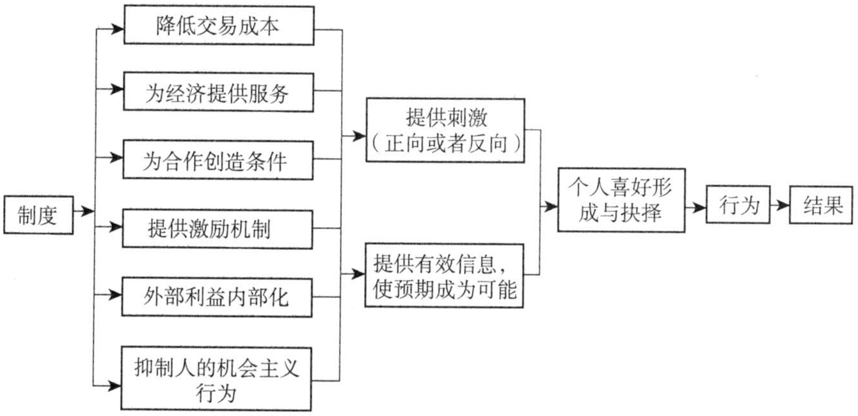

图 2–4　制度功能及对个人行为的影响
（资料来源：卢现祥 . 西方新制度经济学 [M]. 北京：中国发展出版社，2003：72）

总体概括起来，制度的功能及其对个人行为的影响主要有：降低交易成本、为经济提供服务、为合作创造条件、提供激励机制、外部利益内部化、抑制人的机会主义行为等方面（图 2–4）。

2.4　制度、制度环境与城市设计运作

卡马拉等强调“城市设计是在‘现实’世界中运作。城市设计师的发挥空间常常有限，并受到超出城市设计控制和影响的（市场和调控）力量的束缚”[1]。影响和决定城市设计运作的制度因素可以分为两类，即城市设计运作的“制度环境（外部约束）”以及城市设计运作的自身“制度（内部约束）”。

2.4.1　外部制度环境与城市设计运作的关系

设计实践行为不可能在真空中发生作用，城市设计运作必定基于一定的制度环境。制度环境对城市设计运作具有重要约束作用，城市设计需适应制度环境的要求，在其构建的框架之内运行[2]。社会各个领域的基本制度组合在一起构成整体性的制度环境，各领域的制度对城市设计的影响力不尽相同。在不同的时空条件下，同一制度对城市设计的影响效果也不一样。通常，那些与城市规划、土地利用直接相关的制度往往会对城市设计运作产生深刻的影响，政治、法律、经济等制度因素的制约作用也很明显，而其他诸如文化、意识、习俗等方面的制度影响则相对比较隐蔽。在一定时期里，制度环境限定了城市设计运作机制的选择，这也意味着一个富于成效的城市设计运作机制总是要适应于特定的制度环境，也即现有制度环境总是限制着城市设计的运作方式和演化范围（图 2–5）。

根据诺斯对制度的释义，影响城市设计运作的制度环境要素同样可以划分为“非正式

[1] 卡马拉等 . 城市设计的维度：公共场所——城市空间 [M]. 冯江等译 . 南京：江苏科学技术出版社，2005：53.

[2] 构成制度环境的因素纷繁复杂又相互作用，制度环境的整体演变相对比较稳定。

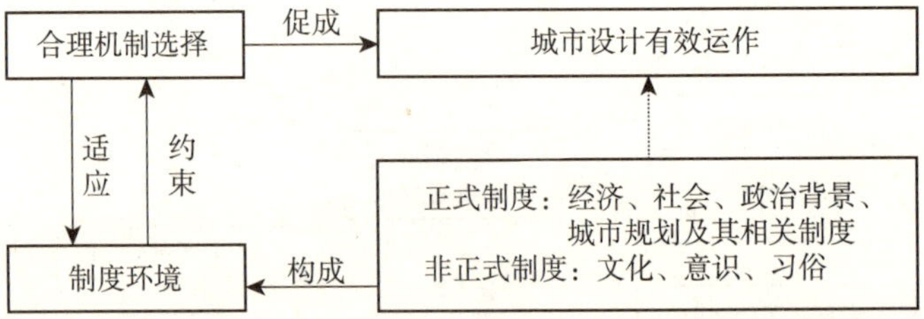

图 2-5　制度环境与城市设计运作机制之间的内在关系

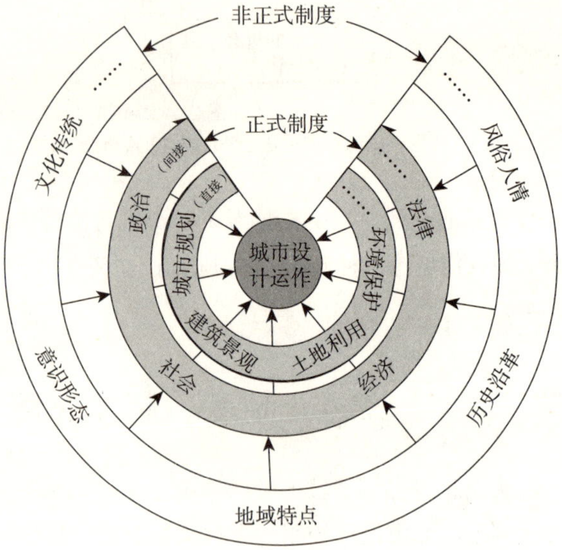

图 2-6　影响城市设计运作的制度环境因素构成

制度”与“正式制度”两类。“非正式制度”是社会正常运转的基本规范，国家的文化传统、意识形态、地域特点、历史沿革、风俗人情等都是影响和制约城市设计运作的无形因素，这些规则对城市设计的作用看似不明显，实则奠定了城市设计运作的整体环境基调。“正式制度”包括现在各个领域中正在实施的基本制度的总和，依据其对城市设计运作影响力的强弱又可以分为“直接影响因素”和“间接影响因素”。直接影响因素主要是城市规划制度以及与其相关的建筑、景观、土地利用、环境保护等制度；间接影响因素则主要是国家在政治、经济、社会、法律等方面的其他制度安排（图 2-6）。随后的讨论将重点剖析制度环境中的正式制度对城市设计带来的影响。需要指出的是，把制度划分为正式制度与非正式制度，是为了理论分析的方便，在客观世界中，正式制度与非正式制度对社会经济发展的“共同影响”是很难完全分割开的。

（1）间接影响因素。影响城市设计运作的制度因素多种多样，就产生间接影响的正式制度环境因素而言，法律、政治、经济、社会等方面的制度占了主导，这些因素往往相互关联、融合为一体，形成极为复杂的制度结构。卡马拉等在讨论城市设计概念的过程中，从本质上认为城市设计领域“必然受到经济（市场）和政治（调控）的界定和影响”[1]，城市设计需要遵循这些因素为之界定的整体环境，在它们所约束的规则范围内进行活动。首先，以宪法为代表的法律制度因素确定了城市设计生存的国家基本环境。其次，政治制度因素明确规定了国家的权力构成及行政管理的实施机制，决定了城市设计借助政府权力干预城市建设过程所能采用的方式。再次，经济制度因素是国家经济发展水平、发展阶段和发展模式的综合指向标，它对于城市设计的特别意义在于——经济制度因素是物质财富水平的反

[1] 卡马拉等．城市设计的维度：公共场所——城市空间 [M]. 冯江等译．南京：江苏科学技术出版社，2005：3.

映，它决定了城市建设和发展的阶段及特点、城市开发对城市设计的需求、城市设计实施需要遵循利用的市场规律等。最后，社会制度因素的概念十分广泛，社会制度因素体现出一个国家（或地区）中人们生活生产的和谐程度，因此决定了社会各方支持和参与城市设计的愿望及能力等。

（2）直接影响因素。城市规划、建筑景观、土地利用、环境保护等方面的制度规定是直接影响城市设计运作的制度环境因素。城市设计不仅需要遵循这些直接影响因素为之提供的许多规则限制，还需在实际运作中妥善处理与各因素之间的内在联系，避免矛盾冲突，寻求整体上的协调一致。从现阶段来看，不同国家或地区的城市设计运作基本都不会脱离城市规划的框架体系，城市规划及其相关制度对城市设计造成的影响直接而重大，特别是城市规划的法律法规、编制体系、审批程序等更是城市设计运作极其重要的环境制约。建筑景观设计水平的高低及实施程序等与城市设计密不可分。土地的权属和管理等制度决定了土地利用的基本方式，因而是形成城市设计乃至规划、建筑、景观等行动规则的基础。此外，环境方面的保护措施及实施制度会影响到城市设计的细节内容和目标原则等；在不同的国家或地区，制度环境中的上述直接影响因素对城市设计的制约情况千差万别，需要针对具体对象作具体分析。

2.4.2 城市设计运作的内部制度选择

前面讨论了城市设计运作的外部制度环境，接下来考察城市设计运作的内部制度安排。这里所指的“内部制度安排”是城市设计在制度环境制约下进行的自身制度选择。城市设计的运作离不开专门的“城市设计的行为规则”，也即我们常说的“城市设计制度”，它同样包括“正式制度”和“非正式制度”两类（图 2–7）。

城市设计制度是一定环境约束下的城市设计自身运作的行为规则，包括城市设计方案编制、评审定案、公众参与、运作实施、调整修订等各个环节的合理制度安排。大多数国家和地区的城市设计运作同时依赖于“正式”与“非正式”两种制度规则。一些国家和地方主要通过“正式制度”开展城市设计活动，如美国一些城市严格执行的城市设计审查制度；而在另一些国家和地方，发挥重要作用的则是城市设计的“非正式”制度，如我国大部分地区的城市设计开展。

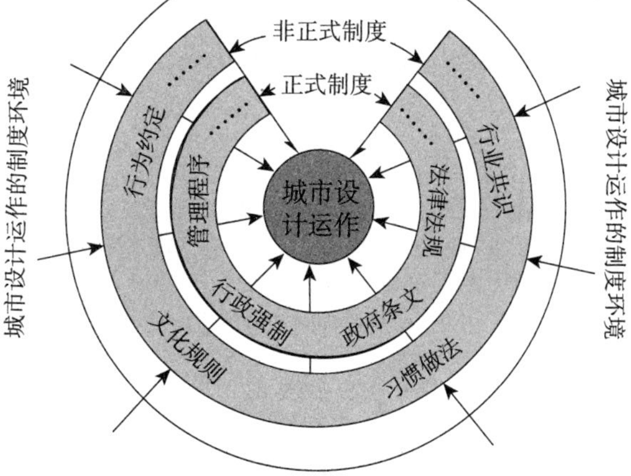

图 2–7 城市设计运作的“正式制度”与“非正式制度”

我们在文章、著作或口头上提及的“城市设计制度”常常专指城市设计的“正式制度”，它表现为成文的法律规章、管理政策、行政文件等，并涉及相应的组织构建、管理程序和人员安排等内容。由于以往的城市设计制度研究没有区分城市设计的“正式”与“非正式”制度，致使很多人只看到“正式制度”对城市设计发展产生的巨大影响，而忽略了“非正式制度”的重要作用，从而将城市设计的制度研究局限在法律规定性和政策强制性等范畴中，忽视了行业内部习惯、行动共识和惯常做法等对城市设计运作的规范和约束。因此，区分城市设计的“正式”与“非正式”制度，可以使我们在一个更加广泛的制度范畴内讨论城市设计的未来发展，可以针对我国的城市设计运作情况提出进退有度、合理适宜的制度建设建议（包括正式与非正式制度）。

2.4.3 制度变迁与制度创新

制度变迁是指制度的替代、转换与变更过程，既新的制度取代旧的制度。制度创新可以理解为一种具有更高效益的制度对另一种制度的替代，是一种正方向的制度变迁。制度为什么会变迁？戴维斯和诺斯认为，制度变迁之所以发生，是因为人们对它的预期净收益超过预期成本，“只有当这一条件得到满足时，我们才可望发现在一个社会内改变现有制度和产权结构的企图”。按照主流制度经济学的理论，林毅夫指出典型的制度变迁模型有两类：“诱致性”制度变迁和“强制性”制度变迁[1]。诱致性制度变迁指的是由个人或群体在响应获利机会时自发倡导、组织和实行的变迁；与此相反，强制性制度变迁指的是由政府强制和法律引入来实行的变迁。两类制度变迁模式具有很多共同点，它们都是对制度非均衡的反应[2]，都遵循“成本—效益”比较的基本原则等。两者同时也存在不少差别，表现在诱致性制度变迁的主体是个人或一群人，或者一个团体，而强制性制度变迁的主体是国家或政府；诱致性制度变迁作为一种自发性变迁过程，主要面临的是外部效应和“搭便车”问题的影响，而强制性制度变迁却面临着集团利益冲突和社会科学知识局限等问题的困扰；诱致性制度变迁主要是依据共同的利益、一致同意原则和经济原则，而强制性制度变迁的诱因及原则比竞争性组织（团体）远为复杂，它能以最短的时间和最快的速度推进制度变革，以自己的强制力等优势降低制度变迁的交易成本[3]。诱致性制度变迁和强制性制度变迁是城市设计制度变迁可以选用的两种主要方式，这在之后的章节将再度提及。

现实生活中的制度变迁，有时候并不会如我们所愿，为什么有些低效率的制度能够长期存在？其原因在于路径依赖。路径依赖（path dependence）是指一个具有正反馈机制（positive feedback system）的体系，一旦在外部性偶然事件的影响下被系统所采纳，便会沿着一定的路径发展演进，而很难为其他潜在的甚至更优的体系所取代。诺斯把技术演进过

---

❶ 林毅夫．关于制度变迁方式与制度选择目标的冲突及协调 [M]. 胡庄君译 // 财产权利与制度变迁——产权学派与新制度经济学派译文集．上海：上海人民出版社，2003：384.

❷ 制度均衡是人们对既定的产权安排和产权结构的一种满足或满意状态。当一项制度的净收益大于零，而且在种种可供选择的制度中净收益最大时，人们就不会产生变革这一制度的动机和行动，从而形成制度均衡，否则就是制度非均衡。制度非均衡的出现，说明制度的供给不能满足制度的需求，或者说潜在的制度供给比实际的制度供给更能满足制度需求。制度变迁的发生是由于制度非均衡的存在，但是制度非均衡并非必然地引发制度变迁。“制度非均衡—制度均衡—制度非均衡”是客观的演变过程，制度由非均衡到均衡的演变是由局部均衡到一般均衡的过程。

❸ 林毅夫．关于制度变迁方式与制度选择目标的冲突及协调 [M]. 胡庄君译 // 财产权利与制度变迁——产权学派与新制度经济学派译文集．上海：上海人民出版社，2003：371–418.

程中因自我强化而产生路径依赖的分析推广到对制度变迁的分析中，并用于解释不同国家制度变迁路径的差异。诺斯认为路径依赖有两种基本类型：诺斯路径依赖Ⅰ和诺斯路径依赖Ⅱ。路径依赖是由两方面原因所造成的：一是利益集团的影响，二是非正式制度的影响[1]。诺斯路径依赖Ⅰ指的是一种有效的制度能产生较好的适应效率，从而走上良性循环的轨道并迅速优化；诺斯路径依赖Ⅱ指的是在市场不完全和利益集团压力等因素影响下，一种无效的制度有可能继续下去,甚至被“锁定”（lock-in）在某种恶性循环的被动状态中，难以自拔。因此，制度的变迁是一个复杂过程，这个过程有可能走向良性循环，也有可能导致低效率的恶性徘徊，城市设计的制度建设和制度变迁也遵循这个规律。

2.5 城市设计制度变迁与制度构成的特点

城市设计运作的制度问题在我国越来越受关注的同时，仍有很多学者谈制度“色变”。这是因为一些人认为“制度”是属于国家政府应该解决的问题，城市设计的从业者或科研人员并没有任何实质能力来改变它。更重要的是，很多人把城市设计的制度建设等同为将目前作为“非正式规划”的城市设计法制化，即推上“正式规划”的舞台，因此陷入理论探讨的无穷争议中。事实上，两种观念都存在一定的误区，前者忽视了设计人员和研究者的主观能动性，以及理论研究对实践的客观指导意义；后者则在概念的界定和认识上存在偏差，从而使得城市设计的制度研究陷入难以变通的桎梏中。没有规矩不成方圆，“所谓城市设计的制度化实际上就是要把那些符合城市设计实践特点，并有利于城市设计健康发展的要素固定下来，使之成为有利于城市设计理论建设和实践发展的重要保障”[2]。讨论城市设计的制度问题，简单说来就是要确立有利于城市设计发展的各种正式与非正式约束，通过建立稳定明确的规则来提高城市设计的运作实效。

城市设计的制度建设包含“正式”与“非正式” 制度两方面内容，其分界线在于规则的建立是否借助政府、法规等强制力。“正式与非正式制度”和“正式与非正式规划”有一定的联系，又有本质的不同（图2–8）。“正式规划”与“非正式规划”的边界在于某种类别的规划是不是通过法律法规（如《城乡规划法》）明确规定了它的阶段地位、编制内容、审批程序、实施途径等。通常正式规划指的是法定规划[3]，如我国城乡规划体系中的城镇体系规划、城市规划、镇规划、乡规划和村庄规划，而战略规划、行动计划、城市设计、区域空间发展研究等则属于上述规划之外的非法定规划，也即非正式规划。非法定规划由于没有强制性要求，因此在编制内容、研究方法、实施运用等方面具有较大的灵活性，也因此缺少了对成果水平和执行效果的硬性保障。从图2–8可以看出，无论“正式规划”还是“非正式规划”都同时受到“正式制度”和“非正式制度”的双重制约，只是两者的影响力不同。从国际经验来看，城市设计可以主要通过行业共识、导则指引等非正式制度进

[1] 仮晓光，荔吉元．对中国渐进式改革中的路径依赖问题的反思 [J]. 社会研究，2005（2）：103.

[2] 刘宛．作为社会实践的城市设计——理论 · 实践 · 评价 [D]. 北京：清华大学建筑学院，2000：5.

[3] 吴唯佳指出正式规划也就是法定规划，包括法定指导规划和法定约束规划。吴唯佳．非法定规划的现状与走势 [J]. 城市规划，2005（11）：47–55.

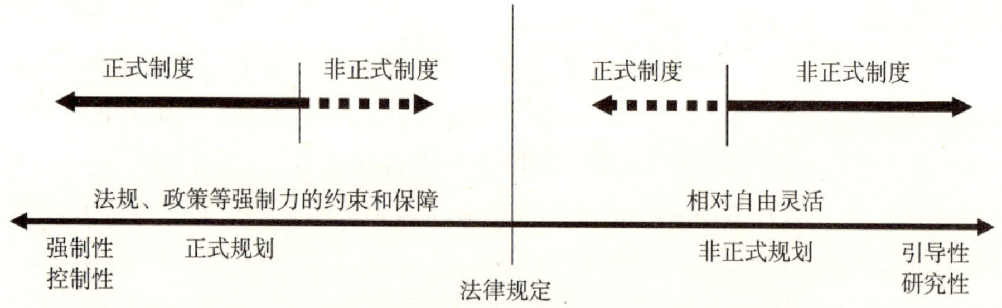

图 2-8 “正式与非正式制度”区别于“正式与非正式规划”

行运作，也可以主要借助法律、政策等正式制度来推行（甚至发展成为正式规划），而两种途径的结合则是更具普遍性的模式。

2.5.1 城市设计制度变迁的“成本—收益”模型

“把微观经济学所使用的成本—收益分析法引入制度变迁理论，是新制度经济学理论最具特色的地方，正是依靠成本—收益分析法，新制度经济学才实现了制度分析与新古典理论的整合，使制度分析纳入了经济学分析的框架之内”[1]。依据科斯和诺斯的制度理论，城市设计是否需要制度、现有的制度是否需要变迁主要取决于这样做能否降低城市设计活动中的“交易费用”，提高城市设计的运作效率。如果城市设计活动无须付出任何成本，制度建设也就没有存在的必要。城市设计的制度变革，其实质是要促进城市设计的“成本”和“收益”关系向“低成本—高效率”的方向转化。

城市设计带来的收益涉及社会、环境和经济等多方面，城市设计运作的成本则涵盖决策成本、实施成本、管治成本等。约翰 · 朗认为“我们对建成环境中各要素的质量的认识，取决于我们对与之相关的成本和回报的认识。所有的活动都有与之相关的成本和收益……有时候这种成本是金钱，但很多情况下它是社会和心理的”[2]。我们不光要看到城市设计活动中已存在的、可见的成本与回报，更要考察不同城市设计运作状况下潜在、隐性的成本与回报。海幕雷（Robert Helmreich）运用“成本—收益”模型分析了人们居住水平和环境价值之间的关系。在海幕雷的模型中，居住成本与环境收益的关系被划分为三个区域（图 2-9）：“有些配置的成本可能是极其高昂的，但是由于带来的相关经济和心理价值也很高，所以人们得以接受；另外有些状况则是非常不舒适的，并且回报也极其低下，所以一旦有了替换的可能，这些设置就会被改变——除非人们出于政治或经济原因不得不忍受；还有的状况就是成本很少，回报很高，这是最最理想的情形”[3]。借助这个模型不难看出，当城市设计活动的成本与收益关系处于坐标系最下方的“低质的状态”时，通过合理的制度建设使城市设计从“低质的状态”过渡到“通常期望的状态”，也就是实现图 2-9 中右图的第一步变化是制度变迁的根本目的。通过第二步变化，城市设计可以从“通常期望的状态”提升到“优秀的状态”，这是制度建设追求的高级目标。我国当前的城市设计运作长期处

[1] 彭德琳 . 新制度经济学 [M]. 武汉：湖北人民出版社，2002：12.
[2] John Lang. Urban Design：The American Experience [M]. New York：Van Nostrand Reinhold，1994：32.
[3] John Lang. Urban Design：The American Experience [M]. New York：Van Nostrand Reinhold，1994：33.

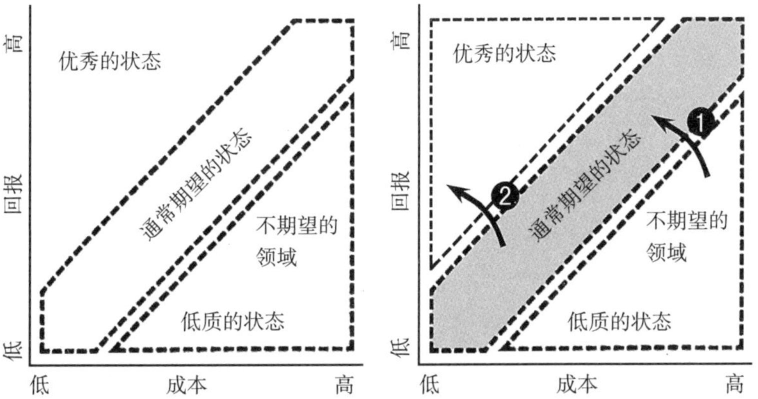

图 2-9 “成本—收益”关系导致城市设计的制度变迁

（资料来源：Robert Helmreich.The Evaluation of Environments：Behavioral Research in an Undersea Habitat [M]//John Lang et al., eds. Design for Human Behavior：Architecture and the Behavioral Sciences. Stroudsburg：Dowden Hutchinson and Ross，1974）

于模型最下方的“低质的状态”（少数城市处于“通常期望的状态”），城市设计消耗的成本大于带来的收益，因此城市设计的制度变迁问题需要深入的反思和探讨。

2.5.2 城市设计制度构成的“向前关联”与“向后关联”

城市设计的制度构成（正式与非正式）包括城市设计运作全过程涉及的所有制度内容。如果把城市设计看做是由前期策划、设计编制、管理实施、运作维护四个主要阶段构成的社会实践活动，不同阶段对应的制度安排都是城市设计制度建设的组成部分。城市设计在运作进程中有一个重要分水岭，跨越这个分水岭是实现城市设计从“设计成果”向“实施成果”转变的关键环节。如图 2-10 所示，分水岭的左边主要是城市设计的策划和编制环节，是形成和获得城市设计构想与控制性（或引导性）城市设计成果的阶段，这个阶段可能涉及的城市设计制度包括公众参与、设计程序与设计内容要求、设计审批方法等。分水岭的右边是城市设计的管理实施和运作维护环节，是将设计成果直接用于指导城市建设的过程，

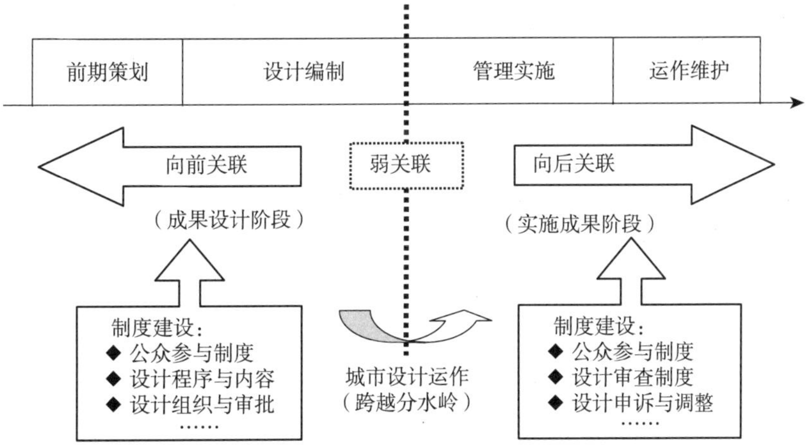

图 2-10 城市设计制度构成的“向前关联”与“向后关联”

这个阶段可能涉及的城市设计制度包括设计控制、设计审查、公众参与、设计申诉与调整等。从图 2-10 不难看出，城市设计的设计阶段具有较强的“向前关联”性，即前期策划与设计编制之间的内在联系十分紧密；而城市设计的实施阶段则具有较强的“向后关联”性，即设计的管理实施与运作维护密切相关。跨越城市设计运作的分水岭，强化前期设计与后期实施之间的连接是城市设计制度建设的难点。由于我国城市设计运作主要在“非正式制度”的引导下进行，城市设计的各项活动重点集中在设计编制阶段，尚未有效实现城市设计运作从“设计”到“管理实施”的“跨越式”发展，因此我国城市设计建设的关键是如何明确城市设计实施的具体规则和程序。

3

制度环境下的我国城市设计发展

现代城市设计从20世纪80年代正式引进我国到现在不过短短30多年的时间。城市设计在我国蓬勃发展的30年是我国改革开放取得巨大成就的30年，也是中国社会、政治、经济制度深刻变化的30年。可以说我国的城市设计是伴随着改革开放和市场经济的产生而产生，伴随着城市化与城市建设的空前快速发展而发展，并在不断适应城市建设实践的变革中前进的。芒福德（Lewis Mumford）说过“真正影响城市规划的是深刻的政治经济的转变”[1]，因此分析认识我国城市设计理论与实践的演变不能脱离中国大的时代背景与制度环境。正是“制度环境”和“非正式制度”对城市设计的多重约束，使我国看似混乱的城市设计活动能够在一定的行为框架内进行，不致“天马行空”地游离于整个城市建设管理体系之外。

3.1 制度环境变迁与城市设计发展

决定国家社会、政治、经济状况的基本制度环境是制约和影响城市设计发展的重要因素。考察制度环境下的我国城市设计演进历程需要研究两条线索：一是基于我国国情的制度环境变迁（重点是改革开放以来）；二是我国城市设计理论与实践发展进程中的重要事件，并将各个阶段的重要事件还原到当时的时代背景下去分析和认识。

3.1.1 第二次转型：从以经济建设为中心到以制度建设为中心

我国正经历着多领域、全方位的综合转型：由传统农业社会向现代多元化社会转变；由计划经济向市场经济体制转变；由传统的中央集权政治体制向社会主义民主政治体制转变；由封闭国策向对外开放转变。这些发生在不同领域的深刻变革对国家的整体发展形成了巨大影响，带来目前国民经济的快速增长和城市建设的迅猛扩张。新中国建立以来党的政治纲领和政治发展方向不断变化，胡鞍钢等认为这个过程大体经历了三个重要时期[2]：①1953~1957年的第一次经济建设时代，党的基本纲领是“一化（工业化）、三改（对农业、手工业、资本主义工商业的社会主义改造）”，开创了社会主义经济建设的高涨期；②1957~1978年的阶级斗争与“文化大革命”时期，党的基本纲领转为“以阶级斗争为纲”；③1978年到“十五大”的第二次经济建设时期，党的基本纲领重新明确以经济建设为中心。胡鞍钢同时指出，进入21世纪，以“十六大”为标志，党的纲领和中心工作应转向以现代国家制度建设为中心，开创制度建设的新时代（图3-1），也即实现“第二次转型：从以经济建设为中心到以制度建设为中心”[3]，“制度建设”已经成为新时期国家发展的核心主题[4]。

[1] 刘易斯 · 芒福德．城市发展史[M]．宋俊岭，倪文彦译．北京：中国建筑工业出版社，2005：369.

[2] 胡鞍钢等．第二次转型：国家制度建设[M]．北京：清华大学出版社，2003：6.

[3] 胡鞍钢把1978年党的十一届三中全会确定的战略决策称为“第一次转型：开创经济建设时代”。

[4] 胡鞍钢等认为21世纪中国国家制度现代化的实现本身是一个制度转型与制度创新的过程，它至少包括两个方面的内容：一是如何建立社会主义民主制度，这是一个政治民主化过程；二是如何建立与社会主义市场经济制度相适应的，与参与经济全球化互补的国家基本制度。

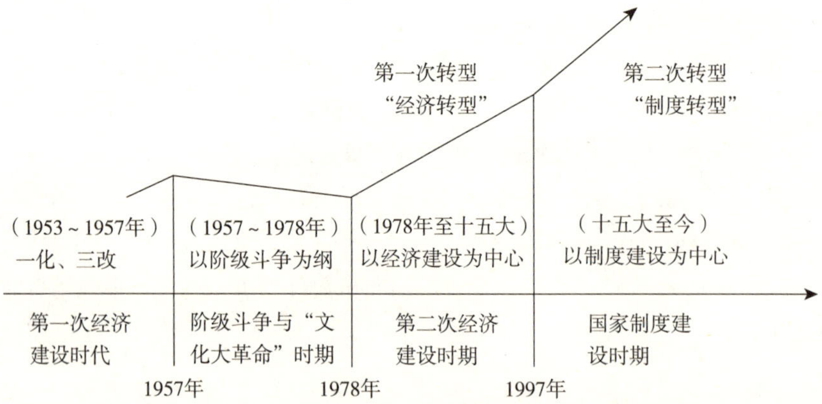

图 3-1　新中国建立以来党的政治纲领和政治发展方向的几个重要转变

3.1.2　一个中国，两种制度，四个世界，四种社会❶

1978 年，党的十一届三中全会将“经济建设”确定为全国工作重心，改革开放带来的前所未有的经济持续增长使得中国跻身成为世界上经济增长率最高的国家之一，中国由此进入了发展速度最快、人民生活水平显著提高的经济繁荣时期。然而，作为一个人口众多、地域辽阔、发展不平衡的发展中大国，中国的基本国情表现为“一个中国，两种制度，四个世界，四种社会”，充分反映了我国国情的多样性、差异性和不平衡性。

“一个中国，两种制度”是指过去几十年中国大陆形成的城乡居民两种不同的身份制度、教育制度、就业制度、公共服务制度和财政转移等制度。这“两种制度”的设计安排和延续，不仅导致中国城乡居民人均收入差距日益扩大，而且也使得城乡居民公共服务水平过于悬殊。❷

“一个中国，四个世界”是指中国发展的不平衡性在各个地区中的反映：“第一世界”是上海、北京、深圳等高收入发达地区。1999 年上海和北京人均 GDP 分别为 15516 美元和 9996 美元，明显高于世界上中等收入国家平均 8320 美元的水平，分别达到高收入国家收入水平的 63.5% 和 40.9%❸。“第二世界”是大中城市和沿海地区的上中等收入地区，占中国总人口比重 21.8% 的天津、广东、浙江、江苏、福建、辽宁沿海六省市的人均 GDP 均高于世界下中等收入国家平均 3960 美元的水平，而低于上中等收入国家水平。“第三世界”是下中等收入地区，包括沿海地区的河北、东北、华北中部部分地区，它们的人均 GDP 均低于下中等收入国家平均水平，居世界第 100~139 位之间，人口占中国总人口的 26%。“第四世界”是指中西部贫困地区、少数民族地区、农村地区、边远地区和低收入地区等。中国目前约有一半以上的地区属于第四世界，人口占中国人口总数的一半（图 3-2）。❹

❶　胡鞍钢在 2001 年的《地区与发展：西部开发新战略》中首先提出“一个中国，四个世界”的国情概述，之后又于 2002 年在《中国战略构想》中进一步提出：真正的中国还具有另两大特点，即一个中国，两种制度；一个中国，四种社会。胡鞍钢认为中国 21 世纪的长期发展方向及主要任务有三个方面，即加速城镇化进程；实施西部大开发战略，加快中西部地区发展；加速工业化、服务业化和知识化社会的发展。

❷　胡鞍钢主编 . 中国战略构想 [M]. 杭州：浙江人民出版社，2002.

❸　上海、北京两市人口约占中国总人口比重的 2.2%。

❹　胡鞍钢主编 . 地区与发展：西部开发新战略 [M]. 北京：中国计划出版社，2001.

“一个中国，四种社会”表明了我国社会发展水平和社会构成的差异性和复杂性。四个社会分别是：农业社会，中国农业劳动力至今仍占全国总就业人数的50%，相当于1870年美国、法国、德国的农业人口比重水平；工业社会（包括建筑业），其劳动人数占全国总就业人数的23%；服务业社会，其就业比重为22%；知识社会，包括教育、卫生、文化、科技、金融保险及其政府部门等，其就业人数占全国总就业人数的5%。❶

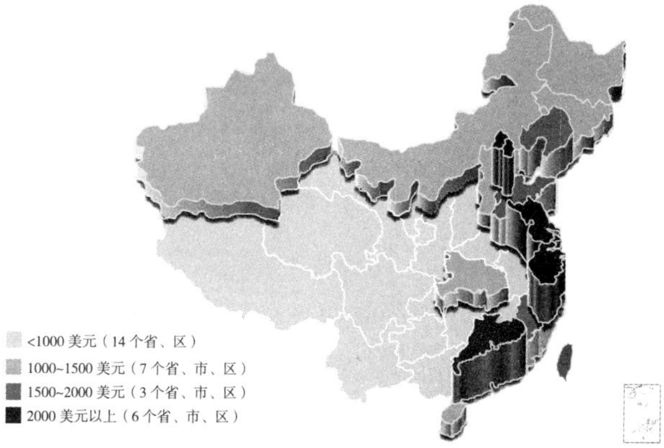

图3-2 2003年全国人均GDP分布图
（根据相关资料改绘：中经网．中信证券研究咨询部）

3.1.3 改革开放以来制度环境的重要变迁

从影响城市设计发展的外部制度环境来看，改革开放后中国的经济运行体制由计划经济迅速向社会主义市场经济体制转轨，推动城市进入了一个快速发展期。30年来，政治经济等国家基本制度不断调整完善，与此相适应，直接影响城市设计发展的城市规划等相关制度建设也发生着相应的变化（表3-1）❷。

改革开放以来影响城市设计发展的主要制度环境变迁　　表3-1

时间	社会、政治、经济制度（间接影响因素）	城市规划等相关制度（直接影响因素）
1978~1990年	■ 1978年，中共十一届三中全会决定全党工作重心转移到社会主义现代化建设上； ■ 1980年，中央发布《关于进一步加强和完善农业生产责任制的几个问题》； ■ 1981年，国务院发布《关于城镇非农业个体经济若干政策性规定》； ■ 1982年，中共十二大正式提出“建设有中国特色的社会主义”； ■ 1984年，中央颁布《中共中央关于经济体制改革的决定》、《关于农民进入集镇落户问题的通知》，并开放14个沿海城市； ■ 1985年，国务院颁布《关于实行“划分税种、核定收支、分级包干”财政体制管理的规定》； ■ 1986年，国务院发布《关于进一步推动横向经济联合若干问题的规定》；	■ 1978年，国务院关于《加强城市建设工作的意见》； ■ 1979年，国务院成立国家城市建设总局，开始起草《城市规划法》； ■ 1980年，国务院批转《全国城市规划工作会议纪要》； ■ 1982年，《国家建设征用土地条例》、《中华人民共和国文物保护法》出台； ■ 1983年，《城市私有房屋管理条例》、《城镇个人建造住宅管理办法》出台； ■ 1984年，国务院颁发《城市规划条例》； ■ 1985年，《关于加强重点项目中城市规划和前期工作意见的报告》、《风景名胜区管理暂行条例》出台； ■ 1986年，《中华人民共和国土地管理法》出台；

❶ 胡鞍钢主编．中国战略构想[M]．杭州：浙江人民出版社，2002．胡鞍钢指出，在中国，就农村而言，仍然是以农业社会为主，其农业就业比重占65.8%，工业、服务业就业比重分别占13.6%和16.8%，知识产业就业人数则不足2%；就城市而言，农业就业比重为2.6%，工业、服务业、知识产业则形成三足鼎立之势，就业比重均超过20%；同时，中国城市中还有近亿农民工流动，其就业比重在两成以上。

❷ 可参见：李进．近二十年中国现代城市设计发展背景分析[D]．武汉：华中科技大学建筑学院，2004．

续表

时间	社会、政治、经济制度 （间接影响因素）	城市规划等相关制度 （直接影响因素）
1978~1990 年	■ 1987 年，中共十三大报告提出经济和政治体制改革，以及以经济建设为中心的有中国特色社会主义基本路线以及经济建设“三步走”的战略部署； ■ 1988 年，国家出台《国家土地开发建设基金回收管理试行办法》、《关于解决公司政企不分问题的通知》、《关于建立海南经济特区的决议》	■ 1987 年，国务院发布《关于加强城市建设工作的通知》，《中华人民共和国大气污染防治法》出台； ■ 1988 年，国务院出台《关于在全国范围内分期分批推行住房制度改革的实施方案》； ■ 1989 年，《中华人民共和国城市规划法》、《中华人民共和国环境保护法》颁布，国务院发布《关于加强国有土地使用权有偿出让收入管理的通知》
1990~2000 年	■ 1991 年，国家推行《关于加强计划生育工作严格控制人口增长的决定》，住房体制由“无偿分配”向“有偿购买”改革； ■ 1992 年，邓小平南巡讲话，中共十四大提出“中国经济体制改革的目标是建立社会主义市场经济体制，以利于进一步解放和发展生产力”； ■ 1993 年，八届全国人大一次会议将社会主义市场经济写入宪法，国家推行《关于实行分税制管理体制的决定》、《关于当前经济情况和加强宏观调控的意见》； ■ 1994 年，国家出台《中华人民共和国国家赔偿法》、《中华人民共和国仲裁法》，中央与地方分税促使地方权力扩大； ■ 1995 年，《关于严格限制新开工项目、加强固定资产投资资金源头控制的通知》出台； ■ 1999 年，国家出台《中华人民共和国招标投标法》、《住房公积金管理条例》、《中华人民共和国行政复议法》、《经济适用住房开发贷款管理暂行规定》、《中华人民共和国合同法》	■ 1990 年，《城镇国有土地使用权出让和转让暂行条例》、《对建设部、国家测绘局与国家土地管理局有关职能分工的意见》出台； ■ 1991 年，《城市规划编制办法》颁布； ■ 1992 年，《国务院批转建设部关于进一步加强城市规划工作请示的通知》、《城市国有土地使用权出让转让规划管理办法》、《城市市容和环境卫生管理条例》、《城市绿化条例》出台； ■ 1994 年，《中华人民共和国城市房地产管理法》、《城市新建住宅小区管理办法》出台； ■ 1995 年，国家颁布《开发区规划管理办法》； ■ 1996 年，《关于加强城市规划工作的通知》、《国家重点建设项目管理办法》出台； ■ 1997 年，《中华人民共和国建筑法》、《城市地下空间开发利用管理规定》出台； ■ 1998 年，《城市房地产开发经营管理条例》、《中华人民共和国消防法》出台； ■ 1999 年，《城市规划基本术语标准》、《建设工程勘察设计市场管理规定》、《中华人民共和国土地管理法实施条例》、《基本农田保护条例》、《关于加强土地转让管理严禁炒卖土地的通知》出台
2000 年至今	■ 2000 年，江泽民提出“三个代表”重要思想，《中华人民共和国立法法》出台； ■ 2001 年，中国加入世贸组织，“城镇化战略”写入“十五计划”； ■ 2003 年，十六届三中全会提出科学发展观，党的十六大“支持东北地区等老工业基地加快调整和改造”，《招标、拍卖出让国有土地使用权规定》、《行政许可法》出台； ■ 2004 年，《中华人民共和国宪法》第四次修正案、国务院办公厅《关于深入开展土地市场治理整顿，严格土地管理的紧急通知》、《国务院办公厅关于清理固定资产投资项目的通知》、《国土资源听证规定》出台；	■ 2000 年，《关于促进小城镇健康发展的若干意见》、《关于加强和改进城乡规划工作的通知》、《建设工程质量管理条例》出台； ■ 2001 年，建设部颁布《建筑业企业资质管理规定》、《商品房销售管理办法》； ■ 2003 年，《清理整顿各类开发区的具体标准和政策界限》出台； ■ 2004 年，国家出台《关于进一步加强与规范各类开发区规划建设管理的通知》、《关于清理和控制城市建设中脱离实际的宽马路、大广场建设的通知》； ■ 2005 年，新的《城市规划编制办法》颁布，《中华人民共和国可再生能源法》出台；

续表

时间	社会、政治、经济制度（间接影响因素）	城市规划等相关制度（直接影响因素）
2000年至今	■ 2005年，国家明确“建设社会主义新农村是我国现代化进程中的重大历史任务”； ■ 2006年，国务院针对房地产市场发布“国六条”，《国务院关于推进社会主义新农村建设的若干意见》出台； ■ 2007年，《中华人民共和国物权法》出台； ■ 2008年，《中华人民共和国政府信息公开条例》开始施行； ……	■ 2006年，国务院颁发《风景名胜区条例》； ■ 2007年，《中华人民共和国城乡规划法》颁布，“全国人大常委会关于修改《中华人民共和国城市房地产管理法》的决定”出台，《中华人民共和国文物保护法》修订； ■ 2008年，《历史文化名城名镇名村保护条例》、《汶川地震灾后恢复重建条例》、《市政公用设施抗灾设防管理规定》出台； ……

3.1.4 改革开放以来我国城市设计发展的重要事件

城市设计在不同的历史时期、不同的社会经济发展阶段表现出不同的特点。城市设计领域发生的各项重要事件是帮助我们理解认识我国城市设计发展历程的关键素材（表3-2）[1]。改革开放初期，我国的城市设计活动主要聚焦于对西方城市设计理论的引介上；20世纪90年代后，城市设计实践在我国逐步得到大规模开展，理论研究与实践运作在探索中同步成长。

改革开放以来我国城市设计发展历程中的重要事件　　表3-2

时间	我国城市设计发展历程中的重要事件
1978~1990年	■ 1980年，周干峙先生和任震英先生在中国建筑学会第五次大会分别发表《发展综合性的城市设计工作》和《保护特色城市，发展城市特色》的报告。 ■ 1981年，陈占祥教授翻译英国《不列颠百科全书》（1977年版）的“城市设计”条目。 ■ 1983年，上海虹桥地区进行了城市设计、详细规划与土地开发相结合的尝试性实践。 ■ 1984年，城乡建设环境保护部设计局举办“城市与建筑设计学术座谈”，吴良镛先生作了“城市设计是提高城市规划与建筑设计质量的重要途径”的报告。 ■ 1985年，清华大学、同济大学、东南大学等开设城市设计研究生课程，清华大学与美国麻省理工学院举办城市设计研究联合教学。 ■ 1987年，北京召开城市设计学术研讨会，强调“城市设计”观念；深圳市规划局与英国陆爱林—戴维斯规划设计公司共同制定了《深圳市城市设计研究报告》。 ■ 1988年，《中国大百科全书（建筑 规划 园林卷）》出版，城市设计定义为对体形环境的综合设计，由陈占祥教授撰写；建设部规划司制定《城市规划工作纲要1989-1993》，提出“要普遍开展城市设计工作，在特大城市、重点风貌旅游城市和历史文化名城，按照城市设计建设若干反映城市特色的环境舒适优美的街区”的意见。 ■ 1989年，吴良镛先生出版《广义建筑学》；黄富厢先生等翻译出版了培根的《城市设计》，综合介绍了美国城市设计的理论和实践
1990~2000年	■ 1990年，中国城市规划学会正式成立，周干峙先生在会上提出“任何良好的城市规划最终都要通过城市设计来具体化”；北京“城市设计学术研讨会”统一了城市设计概念，认为“城市设计是以人为中心的，从城市整体环境出发的规划设计工作，其目的在于改善城市的整体形象和环境景观，提高人们的生活质量，它是城市规划的延伸和具体化，是深化的环境设计”；《中华人民共和国城市规划法》施行。

[1] 根据相关资料收集整理，重点可参见：庄宇．城市设计的运作[M]．上海：同济大学出版社，2004：40-42；段德罡．我国现行规划体系下的总体城市设计研究[D]．西安：西安建筑科技大学，2002：35-36；扈万泰．城市设计运行机制[M]．南京：东南大学出版社，2001：153-158.

续表

时间	我国城市设计发展历程中的重要事件
1990~2000 年	■ 1991 年,《城市规划编制办法》确定在“编制城市规划的各个阶段应当运用城市设计的方法……”;王建国出版《现代城市设计理论和方法》;建设部周干峙副部长在全国城市规划会议上指出“20 世纪 90 年代要把城市设计工作尽快建立起来”;不少城市对一些重要的城市区域与地段开展城市设计实践的尝试。 ■ 1994 年,来自英、法、意、日、中的五家设计单位参加了上海陆家嘴金融商贸区城市设计咨询,英国罗杰斯事务所的方案中标,由中方调整完善后成为实施方案。 ■ 1995 年,同济大学与美国普林斯顿大学、香港大学共同举办联合城市设计教学;大连市中心区规划邀请美国 RTKL、日本株式会社、加拿大谭秉荣事务所参加设计咨询;中国建筑师张锦秋教授主持设计的西安钟鼓楼广场动工。 ■ 1996 年,深圳举办市中心城市设计国际咨询活动,美国李名仪设计事务所方案中标;美国 HOK 事务所与上海市规划设计院共同完成上海市中心区城市设计;日本 RIA 事务所完成上海外滩城市形态设计;同济大学卢济威教授主持上海静安寺地区城市设计,并完成静安广场的实施设计;齐康先生编著《城市环境规划设计与方法》;美国 EDAW 事务所联合贝氏事务所在苏州举办“苏州古城保护与更新”城市设计研讨会。 ■ 1997 年,中国建筑学会在上海主办以城市设计为主题的中国建筑学会年会,并提出“关于加强城市设计工作的倡议”;《深圳城市设计条例》施行,对城市设计的阶段划分、编制要求及审批方法作了规定,首次把城市设计规定纳入地方城市规划条例。 ■ 1998 年,中国城市规划学会在深圳举办“城市设计”学术研讨会;美国 EDAW 事务所完成上海浦东中央大道景观设计;黑龙江省建设委员会颁布《黑龙江城市风貌特色规划编制办法》。 ■ 1999 年,建设部委托中国城市规划学会组织开展“城市设计实施制度框架研究”;法国夏氏事务所与上海同济大学设计研究所合作完成上海南京路步行街环境设计;深圳开展中心区城市设计及地下空间利用规划的国际咨询,来自日本、德国和美国的三家设计机构受邀参加;建设部副部长赵宝江在“全国部分城市总体规划实施研讨会”上讲话,强调要努力做好城市设计和建筑设计,塑造美好的城市形象;山东省建委组织编写完成《山东省城市设计技术导则》(讨论稿)以统一城市设计技术文件的内容和深度,使城市设计的编制规范化
2000 年至今	■ 2000 年,上海黄浦江沿岸总体城市设计国际招标,美国 SOM 事务所中标;国务院办公厅发出“关于加强和改进城乡规划工作的通知”,要求“在城市规划编制和实施过程中,要根据本城市的功能和特点,开展城市设计,把民族传统、地方特色和时代精神有机结合起来,精心塑造富有特色的城市形象”;城市设计运作机制与制度建设讨论热潮的兴起。 ■ 2001 年,中国城市规划学会和建设部城市规划司在都江堰就城市设计实施引导机制的研究举行研讨会,为进一步推动城市设计政策引导作用的合理发展打下基础。 ■ 2002 年,北京“奥林匹克公园(2008 奥运会)”规划设计国际招标,天津华汇建筑设计公司与 Sasaki 公司合作设计的方案中标;扈万泰出版《城市设计运行机制》,提出将城市设计各阶段与城市规划各阶段相对应的实施运作方法。 ■ 2004 年,上海“世博园(2010 世博会)”规划设计国际招标,10 家国内外著名设计单位或联合体提交了应征方案,英国奥雅纳联合体、美国帕金斯—伊斯特曼设计事务所、中国同济大学三个方案分列前三名;庄宇出版《城市设计的运作》。 ■ 2006 年,“上海国际城市设计论坛”于上海展览中心召开;刘宛出版《城市设计实践论》。 ■ 2007 年,美国 CKS 在上海外滩滨水区城市设计招标中中标;苏州编制《苏州总体城市设计》。 ……

3.2 制度视野下的我国城市设计发展历程

根据我国制度环境变迁的阶段性及城市设计发展的自身特点,新中国建立以来我国城市设计的发展历程可简要划分为四个阶段,即前期准备阶段:效仿苏联的城市规划建设时期(1949~1978 年);第一阶段:改革开放过程中城市设计思潮的引进与尝试性实践

（1978~1990 年）；第二阶段：市场经济体制下城市设计的全面推进（1990~2000 年）；第三阶段：繁荣与迷惘共存的城市设计新发展（2000 年至今）。对发展历程的阶段划分并不意味着我国的城市设计活动在某些时候出现突变，事实上城市设计体系的整体演化过程是连续、渐进的，除“前期准备阶段”外，其他阶段基本以十年为一个段落。

对比来看，城市设计学术委员会与城市规划编制办法修编小组曾将我国城市设计的发展大致划分为三个时期：概念输入与消化时期（20 世纪 80 年代至 90 年代初）；借鉴模仿与探索创新时期（20 世纪 90 年代中后期）；全面国际化合作与竞争时期（进入 21 世纪以来）[1]。洪亮平在《城市设计思想》中，将我国的城市设计划分为四个发展阶段：中国现代城市设计产生和实验阶段（1980~1985 年）；现代城市设计理论与实践逐步在国内展开（1986~1989 年）；中国现代城市设计普化阶段（1990~1995 年）；中国现代城市设计理性化阶段（1996~2003 年）[2]。李少云在《城市设计的本土化——以现代城市设计在中国的发展为例》一书中认为现代城市设计在中国的本土化阶段包括了三个时期：理论引进期（1980~1990 年），实践发展期（1990~1998 年）和调整创新期（1998 年至今）[3]。总体来说，上述阶段划分的出发点各不相同，研究的重点也不尽一致。

3.2.1 前期准备阶段：效仿苏联的城市规划建设时期（1949~1978 年）

从新中国建国初到改革开放前，真正意义上的现代城市设计在我国尚未出现。以梁思成为代表的老一辈学者对国外城市设计思想的介绍和引进[4]，以及国内城市规划领域中物质形体设计的发展，为此后城市设计在我国的诞生和成长做好了必要的思想和技术准备。在这个阶段，萌芽中的城市设计与城市规划融合在一起开展，如 20 世纪 50 年代末期的北京天安门广场规划设计（图 3-3）。因此， 田宝江指出“‘城市规划设计’一词反映了我国城市规划学科发展的历程，规划和设计相结合，反映了我国城市规划工作的特点和实际”[5]。在当时的计划经济体制下，城市规划设计具有很强的行政指令性，城市规划设计和管理是一家。以公有制为基础，城市建设基本在政府的主导下进行，建设项目通过政府建设计划或批复[6]、土地划拨、财政拨款等途径得以实现[7]。

1949~1978 年间，新中国的制度环境处于不断的变化与动荡之中，新中国建国初的头十几年，国家在计划经济体制的指导下获得了有序发展，而其后的十几年则因冒进、阶级斗争等政治因素导致整个社会经济基本处于停滞之中[8]。在新中国建立不久，苏联援建新

[1] 城市设计学术委员会．当前我国城市设计发展的形势与存在的主要问题 [C]// 2004 年城市规划年会论文集，2004：953-955.

[2] 洪亮平．城市设计思想 [D]. 南京：东南大学建筑学院，2003.

[3] 李少云．城市设计的本土化——以现代城市设计在中国的发展为例 [M]. 北京：中国建筑工业出版社，2005：97.

[4] 1940 年梁思成教授考察美国匡溪艺术学院后，在清华大学提出了“体形设计”的城市设计理论。

[5] 田宝江．城市设计、城市规划一体论 [J]. 城市规划汇刊，1996（4）：49.

[6] 有建设需要的单位向政府提出申请，政府批复后会提供相应的土地、财政支持，使建设得以开展。

[7] 由于城市处在战后建设恢复期，以国民计划和行政指令为特色的城市规划曾一度为我国的城市发展作出了不可磨灭的贡献。

[8] 中国城市规划学会．五十年回眸——新中国的城市规划 [M]. 北京：商务印书馆，1999.

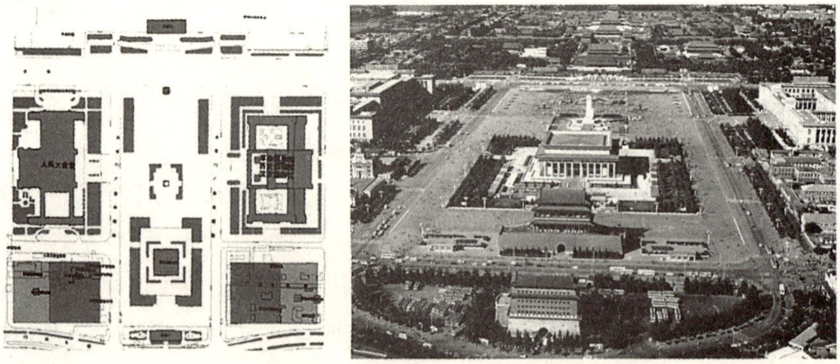

图 3–3　北京天安门广场规划设计
（资料来源：中国城市规划设计研究院，建设部城乡规划司主编．城市规划资料集（上）[M]. 北京：中国建筑工业出版社，2005：355）

中国 156 个重点项目，对中国重工业的发展和工程技术人才的培养产生了巨大影响。这个时期城市规划建设最大的特点是效仿苏联，城市规划的理论、规划程序、规划方法以及技术标准等全面学苏[1]。

1950 年我国迎来了城市规划的第一个春天。“一五（1953~1957 年）”期间全国共计有 150 个城市编制了规划，萌芽中的城市设计思想便渗透在各种规划设计实践中。依据苏联经验，1952 年制定的《城市规划设计程序试行办法（草案）》提出“第一阶段的规划工作为城市总体设计……城市总平面应该给人一个城市空间的建筑艺术布局的总概念；在总体设计说明书中，要附有城市建筑艺术布局方面的材料，必要时可用全城或部分的模型，说明城市过去、现在和将来面貌的特征；在详细规划设计阶段，要提出最主要建筑群的草图；在大城市、市中心地区的规划设计，需要许多辅助资料，如街景立面、附近建筑物示意图等”。可见在当时，启蒙中的城市设计思想反应在城市规划设计的各个阶段。“一五”之后，社会政治的剧烈动荡、国家领导人执政思路及外交政策的转变都使得规划设计工作举步维艰，城市建设处于相对停滞状态。1958 年，中央为适应大办工业的需要，提倡“多快好省地进行城市规划建设”，使得城市规划工作基本停留在平面的土地使用功能分区上，设计变得简单化、政治化。紧接着，国家因批“浮夸风”宣布 3 年不搞城市规划。到 1963 年，受“工业学大庆，农业学大寨，全国学人民解放军”指示的影响，城市规划设计演变成为一种政治宣传工具，一些不切实际的大广场、大马路开始涌现出来。1966 年“文化大革命”开始，全国城市规划工作陷于停顿，城市规划设计的实践活动也宣告中止，制度环境变迁对城市规划设计造成的巨大影响可见一斑。[2]

3.2.2　第一阶段：城市设计思潮的引进与尝试性实践（1978~1990 年）

改革开放促成了我国城市规划行业的快速变革和发展，以及城市规划设计市场的逐

❶ “一五”期间我国经济建设缺乏经验，各行各业都学习苏联。从 1952~1959 年，建工部先后聘请穆欣、巴拉金、萨利舍夫为苏联城市规划顾问组组长。这期间国家特别注意工业厂址的选择，由国家建委统一组织进行联合选厂。

❷ 李进．近二十年中国现代城市设计发展背景分析 [D]. 武汉：华中科技大学建筑学院，2004：11.

渐形成。随着国家的工作重心向经济建设转移，城市成为发展建设和改革创新的重点，开放的理论环境和新一轮的城市更新与扩张为现代城市设计理论及实践的产生提供了广阔空间。在这个阶段，我国的改革开放处于起步探索期，制度环境尚未定型，城市设计的发展以理论研究为主，特别是对西方发达国家城市设计思想和专著的引介，同时城市设计在实践领域也有了开创性的尝试。

1980年，周干峙先生和任震英先生在中国建筑学会第五次大会上发表了加强城市设计工作的报告。随后，大量西方城市设计经典著作逐步被翻译到国内，如1983年程里尧翻译的吉伯德的《市镇设计》，1985年尹培桐翻译的芦原义信的《外部空间设计》，1986年顾启源翻译的伊利尔·沙里宁的《城市：它的发展、衰败与未来》，1989年黄富厢等翻译的培根的《城市设计》等。20世纪80年代初期，我们对城市设计的理解和认识主要还局限在美学原则和物质形态问题上，常常把城市设计与详细规划、建筑组群设计等相提并论。吴良镛先生则前瞻性地指出“城市设计与详细规划相比，就工作环节或性质来说，大致相当，但城市设计广泛地涉及城市社会因素、经济因素、生态环境、实施政策、经济决策等”[1]。20世纪80年代后期，学者们对城市设计的研究越来越全面和深入，陈占祥认为城市设计“必须综合体现社会、经济、城市功能、审美等各方面的要求”[2]；孟建民提出“城市设计是一种以满足城市人的生理、心理要求为根本出发点，以提高城市生活的环境质量为最高目的，对城市的营造巨细皆兼的整体性创造活动”[3]；郭恩章谈到城市设计“是一种社会干预手段，政策性较强”[4]……这标志着业界对城市设计的理解已经突破美学束缚，扩展到环境、心理、行为等多个层面，并开始从公共政策的高度进行剖析。

伴随城市经济实力的不断增长与政府对城市规划工作的日益重视，城市设计实践的雏形开始出现在一些经济相对发达，资源信息开放的大中城市[5]：1983年上海开展了虹桥新区城市规划设计（图3-4）；1985年深圳率先编制《深圳市城市设计研究报告》。从早期的城市设计实践来看，城市设计研究的范畴主要仍是城市美学问题，目的是塑造良好的城市物质空间和视觉环境效果，城市设计的技术方法主要源自于详细规划和建筑设计，设计对象常常是城市新区或重要的街道和广场。20世纪80年代中后期，曲阜五马祠商业街规划、银川鼓楼—玉皇阁保护设计[6]（图3-5）、南京夫子庙文化商业中心规划设计、天津客运站改造规划、深圳罗湖口岸火车站广场规划等一系列项目显示：城市设计实践逐步与旧城改造相结合，城市设计活动对历史文化传承、空间品质提升、环境保护等有了更广泛的关注。

---

[1] 吴良镛. 历史文化名城的规划结构、旧城更新与城市设计[J]. 城市规划，1983（6）：2-12.

[2] 中国大百科全书编委会. 中国大百科全书（建筑、园林、城市规划卷）[M]. 北京：中国大百科书全书出版社，1988：72.

[3] 孟建民. 城市设计概论[J]. 建筑师，1989（31）：2-8.

[4] 郭恩章等. 美国现代城市设计综述[J]. 建筑学报，1988（12）：26-30.

[5] 这个阶段的城市设计实践还不能称为完全意义上的城市设计项目，通常是在详细规划中对城市设计方法的具体应用。

[6] 项目荣获1989年全国城乡建设系统部级优秀工程设计。

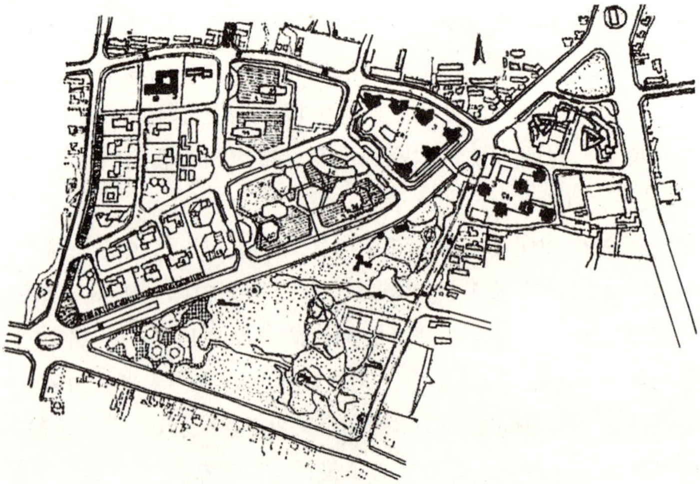

图 3-4　上海虹桥区城市规划设计
（资料来源：黄富厢 . 关于公共活动中心的综合开发与虹桥新区 [J]. 时代建筑，1986（1）：52-56）

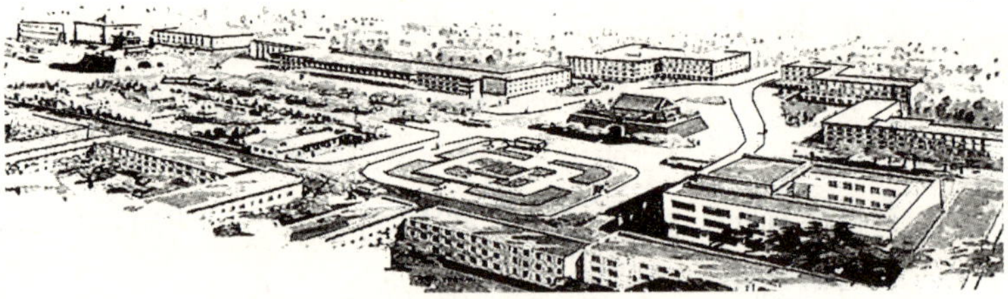

图 3-5　银川鼓楼—玉皇阁地段保护规划设计
（资料来源：银川市城乡规划设计管理局 . 保护 · 改建相得益彰：银川鼓楼—玉皇阁地段保护及改建规划 [J]. 城市规划，1990（1）：20-22）

3.2.3　第二阶段：市场经济体制下城市设计的全面推进（1990~2000 年）

经过前十年的思想准备和雏形实践后，城市设计在 20 世纪 90 年代实现了理论研究和实践探索上的全面推进。20 世纪 80 年代改革开放“试验田”的成功为中国制度环境的建设指明了方向，1992 年邓小平南巡讲话掀起全国经济建设的新热潮，1995 年中共十四届五中全会通过的“九五”计划明确提出“从传统的计划经济体制向社会主义市场经济体制转变、经济增长方式从粗放型向集约型转变”的建设目标。市场经济体制的建立对我国的城市规划设计工作产生了深刻影响：经济及生活水平的提高使得城市设计需求空前兴盛；活跃的思想理论探索深化了城市设计活动的整体认识；开放的市场环境吸引着大量国外设计团体的进入；市场行为改变了设计者、政府、公众与开发商之间的传统关系；城市建设资金和项目来源呈现多样化趋势……这些都促使城市设计在 20 世纪 90 年代以非常规的速度迅速成长。1991 年，建设部周干峙副部长在全国城市规划会议上指出“20 世纪 90 年代要把城市设计工作尽快建立起来”，不少城市对重要的城市区域与地段开展了城市设计实践。1990 年正式实施的《中华人民共和国城市规划法》头一次以法律形式明确了城市规划工作的阶段、内容和地位等（图 3-6），1991 年颁布的《城市规划编制办法》指出“城市设计应当贯穿于城市规划的全过程”。

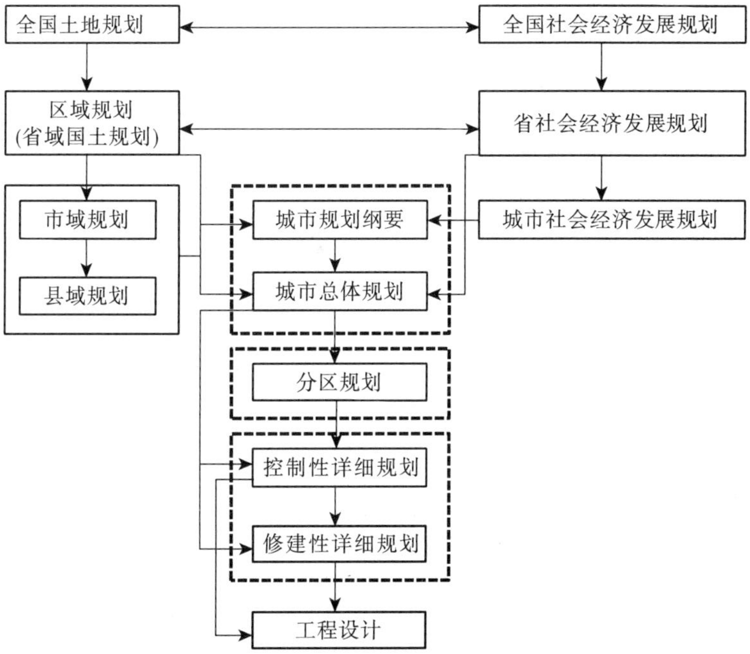

图 3-6　20 世纪 90 年代确定的我国城市规划体系
（资料来源：中国城市规划学会 . 五十年回眸——新中国的城市规划 [M]. 北京：商务印书馆，1999）

这个时期有关城市设计理论的讨论可谓百花齐放、百家争鸣，重点集中在对城市设计本质和城市设计技术及方法的探索上。1991 年，王建国在《现代城市设计理论和方法》中探讨了城市设计的特点和工作方式 ❶；1993 年，周俭对总体规划阶段的城市设计问题进行了思考 ❷，金广君介绍了西方实施城市设计的一些政策和手段（如计划联合开发、有奖分区法和空中开发权转移等）❸；1994 年，王唯山分析了旧区改造中的城市设计理论与方法 ❹；1998 年，余柏椿提出“城市设计并非阶段性工作”❺，孙骅声则总结了“城市设计的编制内容与方法”❻；1999 年，梁鹤年剖析了“城市设计与真善美的追求”❼……与此同时，城市设计研究的专门学术会议也开始出现：1997 年中国建筑学会在上海主办以城市设计为主题的建筑学会年会，并提出“关于加强城市设计工作的倡议”；1998 年中国城市规划学会在深圳召开了数百人参与的全国城市设计学术交流会。这些研究对推进我国城市设计的理论发展起到了重要作用。

从实践领域来看，20 世纪 90 年代，境外规划设计公司广泛参与我国的城市设计项目，为我们带来了全新的视野、思维和先进的技术方法。例如，1992 年上海开发浦东新区，邀

❶ 王建国 . 现代城市设计理论和方法 [M]. 南京：东南大学出版社，1991.
❷ 周俭 . 总体规划阶段城市设计问题的思考 [J]. 城市规划汇刊，1993（3）：28-32.
❸ C · W · 斯坦格 . 城市设计：概念，过程及评价标准 [J]. 金广君译 . 新建筑，1993（1）：10.
❹ 王唯山 . 旧区改造中的城市设计理论与方法 [J]. 城市规划汇刊，1994（2）：46-58.
❺ 余柏椿 . 城市设计并非阶段性工作 [J]. 新建筑，1998（1）：1-2.
❻ 孙骅声，李凡 . 城市设计的编制内容与方法初探 [J]. 城市规划，1998（4）：50-54.
❼ 梁鹤年 . 城市设计与真善美的追求：一个读书的框架 [J]. 城市规划，1999（1）：48-56.

请来自法、英、意、日、中 5 国的设计单位和建筑事务所对陆家嘴金融贸易区的 1.7km² 范围进行城市设计咨询；深圳于 1996 年就市中心 1. 93km² 的核心区开展城市设计国际咨询，来自美、法、新加坡和中国香港的 4 家规划及建筑设计公司受邀参加（图 3-7）；1998 年美国 EDAW 事务所完成上海浦东中央大道景观设计……由国内设计单位负责完成的城市设计项目，如 1995 年上海静安寺地区城市设计（图 3-8）、1996 年哈尔滨中央大街步行街改造、1998 年唐山中心区总体城市设计等也在探索适宜我国国情的城市设计编制方法上取得了新突破。重要的城市设计实践项目对我国城市设计整体水平的提升产生了积极影响，使我们对城市设计的认识日益全面，考量视野进一步扩大。城市设计在我国开始了从理想蓝图到实践过程、从形体图纸到设计导则、从物质形态构想到城市公共政策的逐步转变。城市设计目的由美学、空间形体环境，向改善和提高城市综合生活环境质量过渡。城市设计项目

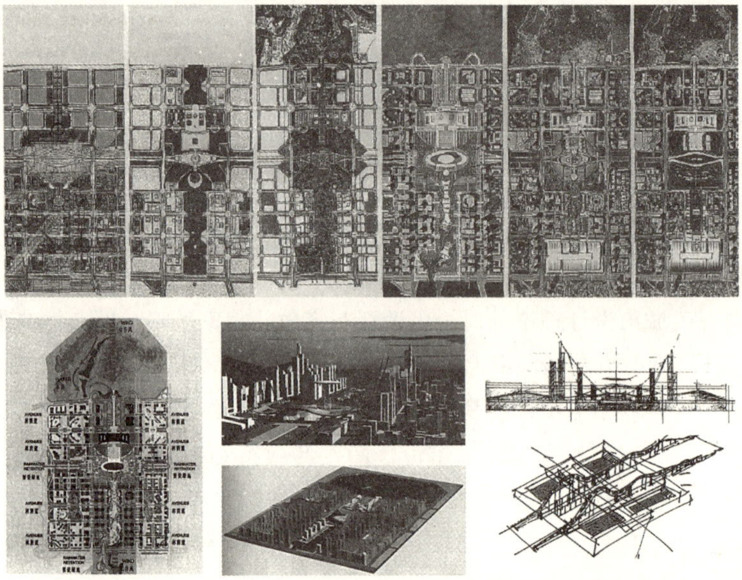

图 3-7　1996 年深圳中心区城市设计国际咨询案与方案综合
（资料来源：http://www.china-up.com/shenzhen/showshenzhen.asp）

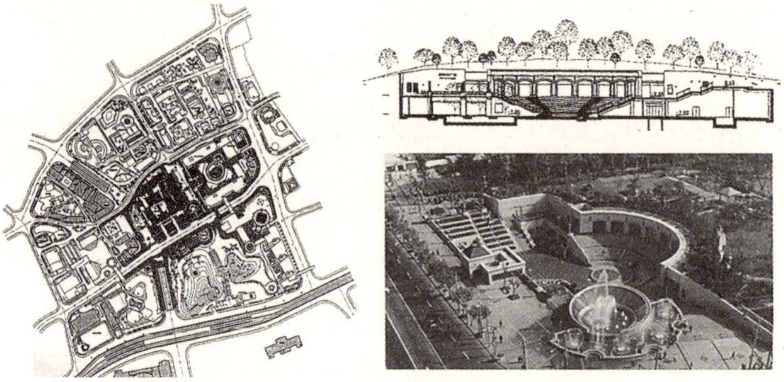

图 3-8　1995 年上海静安寺地区城市设计
（资料来源：中国城市规划设计研究院，建设部城乡规划司主编 . 城市规划资料集（下）[M]. 北京：中国建筑工业出版社，2005：372）

拓展到“宏观—中观—微观”各个层面，涵盖旧城保护、新区开发、社区规划、重要地段及节点实施工程等多种类型。

3.2.4 第三阶段：繁荣与迷惘共存的城市设计新发展（2000 年至今）

进入 21 世纪以来，国内经济发展势头迅猛，中央积极采用宏观调控的手段对经济发展、开发区建设、房地产市场等方方面面进行强制性管理，以实现国家整体发展环境的稳定和协调。2001 年，中国加入世贸组织给国内市场迎来了更加开放的环境，国外资本的涌入对民族产业的发展形成了激烈竞争，经济全球化和城市区域化的国际大趋势使得增强城市竞争力、强化区域合作成为新千年城市规划工作的焦点。2003 年，党的十六届三中全会提出“科学发展观”思想，引发各行各业建设思路的深刻转变，城市规划行业亦不例外。“科学发展观”强调要“坚持以人为本，树立全面、协调、可持续的发展观，促进经济社会和人的全面发展”，按照“统筹城乡发展、统筹区域发展、统筹经济社会发展、统筹人与自然和谐发展、统筹国内发展和对外开放”的要求推进各项事业的改革。在构建“和谐社会”目标的指引下，城市规划注重区域和城乡发展的协调性，振兴东北和中西部地区、推行新农村建设、强化住房保障机制等举措掀起了遍及全国的建设新热潮。此外，国家的城市规划法律法规在这期间进行了重大调整，例如 2008 年实施的新《城乡规划法》，2005 年颁布的新《城市规划编制办法》等。

城市设计在 21 世纪获得了更大的发展空间，优秀的设计方案不断涌现，如 2000 年厦门东南滨海地区城市设计（图 3-9）[1]、2001 年温州中心城区整体城市设计、2003 年重庆中央商务区江北城规划设计国际方案征集（图 3-10）[2]、2004 年唐山机场新区城市设计国际咨询竞赛等。国内规划设计单位在城市设计国际招标中的屡屡胜出，说明我国的城市设

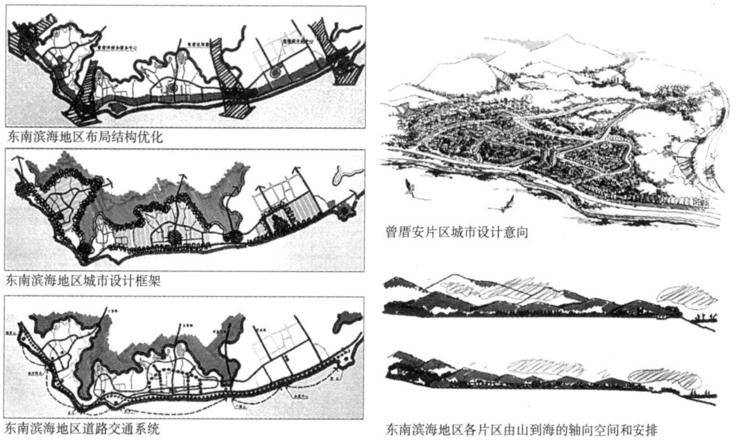

图 3-9 2000 年厦门东南滨海地区城市设计

（资料来源：中国城市规划设计研究院，建设部城乡规划司主编．城市规划资料集（上）[M]. 北京：中国建筑工业出版社，2005：33）

❶ 厦门东南滨海地区城市设计曾获得 2001 年建设部优秀规划设计表扬奖。

❷ 温州中心城区整体城市设计曾获得 2003 年建设部优秀规划设计一等奖。

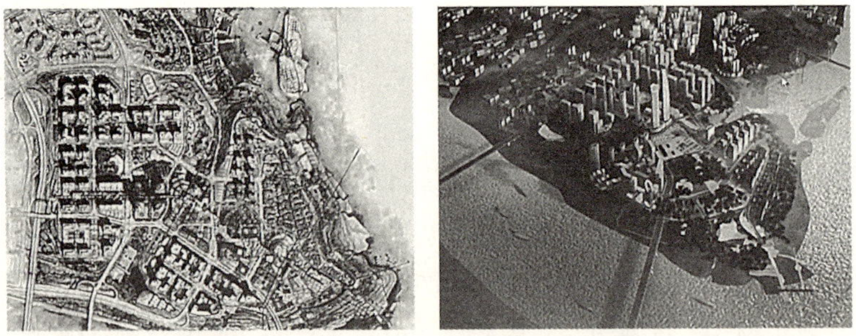

图 3-10　2003 年重庆中央商务区江北城规划设计国际方案征集中标方案
（资料来源：中国城市规划设计研究院．重庆中央商务区江北城规划设计国际方案征集 [Z]，2003）

计在思想观念和技术方法上取得了长足进步，不仅实现了和西方发达国家城市设计的接轨，并在诸多领域已不相上下。经济全球化对城市竞争力提出的新要求使得城市设计在我国出现了新的需求热潮，城市设计已经成为与各利益主体息息相关的一项社会实践活动。

然而与此同时，城市设计的运作和实施问题日益凸显。反映在理论研究上，2000 年以来国内的城市设计研讨更加关注城市设计的本土性问题，更加侧重城市设计的运作实施，“制度建设”和“实施机制”成为 21 世纪伊始城市设计研究的前沿性课题。有关城市设计运作的讨论引起了学术界、设计界、规划管理界的共同关注，王建国、卢济威、金广君、唐子来、吕斌、陈秉钊、郭恩章等众多专家学者都对此进行了积极思考，探讨城市设计运作与实施机制的著作也不断涌现，如扈万泰的《城市设计运作机制》(2002)、庄宇的《城市设计运作》(2004)、王世福的《面向实施的城市设计》(2005)、刘宛的《城市设计实践论》(2006)、金勇的《城市设计实效论》(2008) 等。

综上所述，随着市场经济转型和城市化步伐的加快，城市设计在我国城市建设过程中发挥的作用日趋明显，城市设计的地位不断提高，其综合价值与影响也愈发持久深远。制度环境下的我国城市设计发展阶段与特征对比如表 3-3 所示。

制度环境下的城市设计发展阶段与特征对比　　**表 3-3**

比较内容		前期准备阶段（1949~1978 年）	第一阶段（1978~1990 年）	第二阶段（1990~2000 年）	第三阶段（2000 年至今）
制度环境特点	间接影响因素	计划经济体制下的国家经济复苏期；国家社会经济、政治秩序、思想意识等的动荡与骤变	改革开放，建立社会主义市场经济的初步构想与实践性尝试；民主法制建设的初期探索	政治、经济体制改革的双重推进；民主法制建设的基本成形	推行科学发展观，实现国家的全面综合可持续发展；社会主义现代化建设的全面推进
	直接影响因素	效仿苏联的规划模式；以落实国民经济发展规划为目标的城市规划；20 世纪 60~70 年代对城市规划的否定与摒弃	建立城市规划体系的初步探索；注重城市总体规划、新区开发与重点地段建设	城市规划体系的基本建立与健全；土地有偿使用；控制性详细规划、旧城保护与新区开发、战略规划等的新发展	城市规划体系的进一步改革和完善；对城乡协调、城镇化进程、区域协调发展的积极探索
城市设计发展阶段		城市设计认识的萌芽；强调空间环境美学和视觉效果；城市设计融合在城市规划与建筑设计实践之中开展	西方城市设计理论的逐步引进；城市设计实践强调空间美学、物质形态和建成环境质量，重视设计蓝图	城市设计理论与实践的综合发展；城市设计实践强调对空间环境的控制引导作用，城市设计的政策属性逐步被意识到	强调城市设计的运作实施过程，探索如何充分发挥城市设计的潜在功能，通过多样化的途径编制并落实城市设计

续表

比较内容	前期准备阶段（1949~1978 年）	第一阶段（1978~1990 年）	第二阶段（1990~2000 年）	第三阶段（2000 年至今）
城市设计认识发展	城市设计以空间美学为主要研究对象	城市设计是建筑设计与城市规划之间的桥梁，是改善城市环境、形成城市风貌的手段；城市设计是更加综合全面的详细规划或者建筑群设计	城市设计研究城市三维物质空间环境；城市设计的主体是人，城市设计涉及社会经济、心理行为等问题；城市设计是通过公共政策对城市建设进行的控制和引导	城市设计通过公共政策来塑造城市三维物质环境，也是对城市社会、经济、文化、政治等综合问题进行的物化整合，综合塑造城市形象
城市设计类型与主要技术手段	传统建筑设计及详细规划的技术手段；城市设计与城市规划、建筑群体设计相结合	传统建筑设计及详细规划的技术手段；以中观、微观尺度为主的建筑群体及其外部空间设计	传统建筑设计及详细规划的技术手段；公共政策及公共管理的手段；宏观、中观、微观尺度的城市设计，即对整体城市设计与局部城市设计的共同探索	传统建筑设计及详细规划的技术手段；公共政策及公共管理的手段；制度创新的手段；各尺度、各层面的城市设计，内容拓展到空间、经济、政策等多方面

3.3 制度环境的特点及对城市设计的影响

约翰 · 利维指出“规划工作与政治意识形态永远也不能完全分开”[1]，制度环境从根本上限定了城市设计的活动范畴和运行准则。尽管与部分西方发达国家相比，我国的制度建设总体上还不够成熟和完善，一些基本制度的缺失和错位给社会发展造成了一定负面影响，但新中国建立 60 多年来的实践探索使我国制度环境的整体建设已经初见成效。总体来看，“改革”已经成为这个时代的鲜明主题，“转型”也变成各种讨论中最常见的用语。无论是政治经济、民主法制、社会文化还是教育医疗，我国的各项制度都处在不断的探索、修正和转换之中。制度环境的基本特点不同程度地影响和映射到了城市设计身上，城市设计需要顺应制度环境的转型趋势，在渐进式变革中找到自己的发展方向和发展途径（图 3–11）。

首先，市场机制的引入使得城市经济迅猛发展，经济结构日趋复杂，城市建设的投资主体逐渐多元化。城市建设资金除国家计划投资外，增加了社会投资、企业集资、外商投资、民间资本等诸多来源，城市规划设计的委托方也早已不再局限于城市政府。经济的多元发展使得城市设计需要应对的社会状况越来越复杂，参与城市设计的角色越来越多样。原来单一计划经济体制下，技术人员依据政府计划，通过直接设计城市地段服务于人民的做法早已不适应新形势的需要，城市设计要综合处理投资商、大众、政府及专业技术人员之间的复杂关系（图 3–12）。

其次，随着中国建筑及规划市场向国外的逐步放开，国外设计师参与中国建筑与规划设计的频率越来越高、比重越来越大。开放的市场推动了我国城市设计的飞速发展，城市设计国际竞标的组织使得发达国家的先进思想方法和技术手段不断被输入，国内城市设计实践与国际水平之间的差距逐步拉近。但以次充好、假借境外公司旗号、崇洋媚外等各种不良现象也引发了设计市场的混乱和无序。

[1] 约翰 · 利维 . 现代城市规划 [M]. 孙景秋等译 . 北京：中国人民大学出版社，2003.

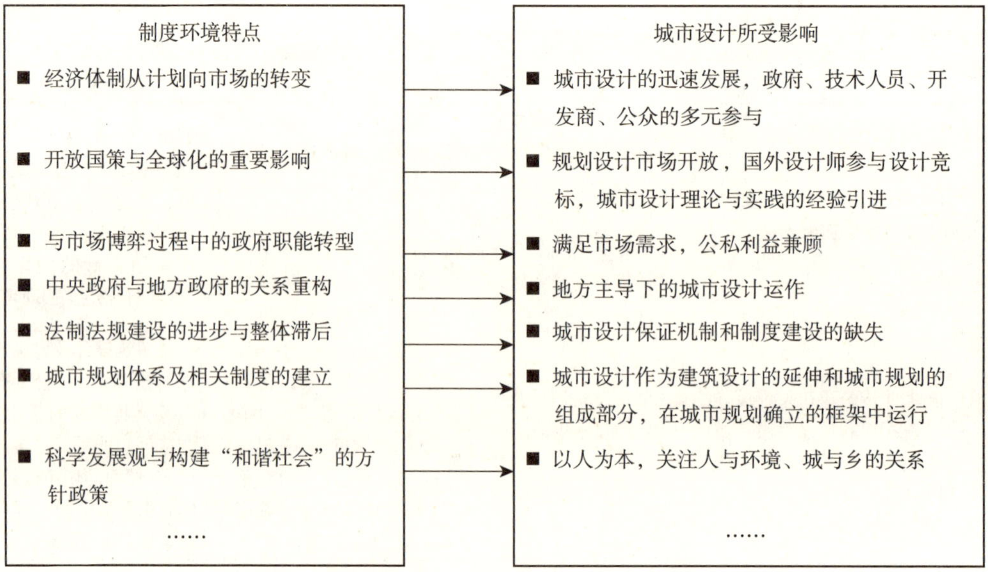

图 3-11　制度环境的整体特点及对城市设计的影响

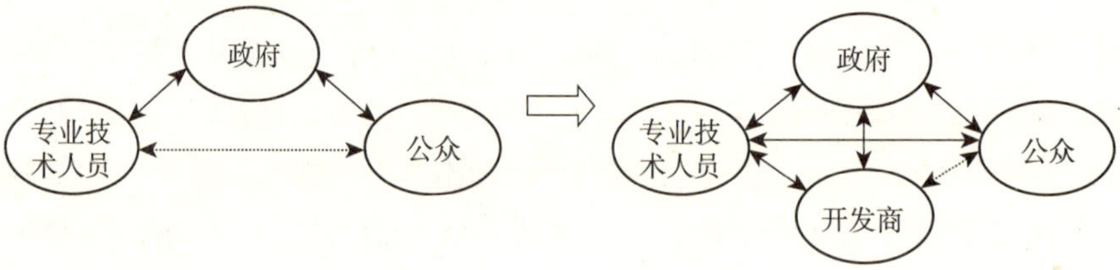

图 3-12　城市设计处理的角色关系（左：计划经济时代；右：社会主义市场经济时代）

第三，城市设计不再是政府一厢情愿主导落实的城市建设管理工作，完全由政府企划、投资、建设的历史时期不会重来。在“政府”与“市场”不断博弈的过程中，两者的职能范围需要逐渐明确：什么该由市场力决定，什么当由政府来管控。政府在将部分职能逐步让位于市场的过程中，面临着一场艰难的职能转型。相应地，城市设计需要在新的政治经济环境下构建新的公私合作关系，从而承担起公共利益与私人利益兼顾的设计管理任务。

第四，中央与地方分税、权力下放、土地有偿使用等一系列改革之后，中央和地方的关系不断变化。尽管中央与地方之间的关系依然面临着“一统就死、一放就乱”的复杂局面，以往从上至下的严格垂直管理因地方自主行政权力的出现而有所打破。地方政权的加强为国家经济的全面增长作出了积极贡献，同时也为城市设计在地方上的灵活运作提供了支持。城市设计发展的不完善、地方间的巨大差异等因素，使得现阶段建立一套从中央到地方的城市设计管理体制并不现实，因而地方政府主导的城市设计运作就变得极为重要——地方政府可以根据本地的经济状况、城市建设需求、公众愿望等，作出要不要进行城市设计、在哪些地区进行城市设计、怎样制定和执行城市设计等相关决策。

第五，我国的法制建设滞后于经济发展和社会需求。尽管从《宪法》的颁布实施到近期《行政许可法》的推行，我国在法制法规建设中已经成功地迈进了一大步，但法律的缺位或含混仍给了投机分子不少可趁之机，行业规范的不完善影响了市场的健康发展。由于城市设计运作在我国主要依靠行业共识、领导意志、技术创新等非正式约束来实现，这造成了城市设计保障机制的缺乏，但也给城市设计操作带来了灵活变通的可能。

第六，城市规划在我国已经形成了比较完整的运作体系，与之相比，城市设计似乎处在不明不白的尴尬境地之中。城市设计的设计内容、编制方法、管理实施、操作程序等都没有正式的法规说明，城市设计基本是作为建筑设计的延伸和规划设计的附属，经由地方政府自主开展。

此外，党的十六大之后，以“科学发展观”和构建“和谐社会”为主题的国家战略方针全面推行。国家建设逐步从过去关注城市忽略乡村、关注东部沿海经济发达地区忽略中西部地区、关注城里人忽略农村人、关注社会精英忽略弱势人群的状况中脱离出来，开始从社会经济、教育科研、医疗福利、公共设施等各个层面同时考量不同地区、不同阶层、不同身份人群的需求。因此，城市设计也更加注重对“人”的认识和关怀，以人为本，不断深入研究和处理人与环境之间、城市与乡村之间的关系。

3.4 我国城市设计运作的“非正式制度”模式

城市设计运作过程中，获取信息、达成协定、促成实施等一系列活动都面临着交易费用问题。例如，政府在组织编制城市设计时，无论是寻找符合资格要求的设计单位或公司、通过意见咨询保证方案满足社会需求，还是同开发商协商谈判等都存在交易费用的耗费。因此，制度作为减少交易费用的有效手段，对提高城市设计运作效率、降低社会成本具有重要意义，这里的“制度”是广义的，包括正式和非正式两种类型。

城市设计在我国属于非法定规划，国家层面的城市规划法律法规中鲜见对城市设计的规定。1991 年颁布的《城市规划编制办法》描述性地提及“在编制城市规划的各个阶段，都应运用城市设计的手法”。2005 年修订后的《城市规划编制办法》则去掉了相关内容。如前所述，在现有制度环境的约束下，我国城市设计的运作主要依靠行内行外（自觉或不自觉地）共同遵循的一些非正式制度，城市设计的编制、批复和实施主要由地方规划主管部门负责，并在城市规划体系内展开（图 3-13）[1]。

汪丁丁指出非正式制度就是“所有在正式约束无定义的场合起着规范人们行为的作用的惯例或作为标准的行为，它们与该社会所由以生长的文化有密切联系”[2]。一种行为若能成功地应付反复出现的某种情况或环境，就可能被人类理性固定下来成为习惯，诺斯称这种过程为“习惯性行为（habitual behavior）”，也就是一种非正式制度。从这个角度来看，我国的城市设计运作并不是“完全”的无序，制度环境和城市设计非正式制度（包括观念认识、行业共识、惯例标准等）的多重约束，使我国看似混乱的城市设计运作能够遵循一

❶ 唐燕，吴唯佳．城市设计制度建设的争议与悖论 [J]. 城市规划，2009（2）：72-77.

❷ 汪丁丁．制度创新的一般理论 [J]. 经济研究，1992（5）：69-80.

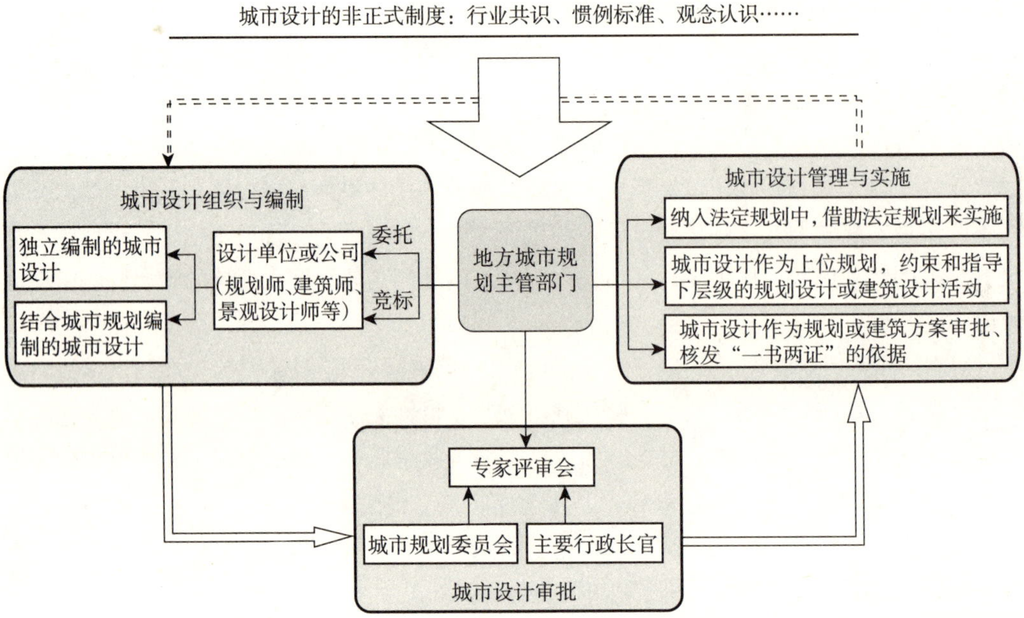

图 3-13 我国城市设计运作的“非正式制度”

定的行为准则。下面将从城市设计的组织和审批、城市设计的方案编制、城市设计的管理和实施三方面具体阐述。

3.4.1 城市设计的组织和审批

我国城市设计活动的开展具有典型的地方性，地方城市规划主管部门在城市设计运作的各个阶段起到了关键性的作用。依照我国城市规划方案组织批复的经验与惯常模式，地方政府在长期的城市设计实践过程中逐步摸索出了一套“约定俗成”的规则与办法，这在相当程度上促进了城市设计的有序运行。

在地方城市规划主管部门的组织下，规划师、建筑师及景观设计师等，通过“委托”或者“竞标”的方式参与到城市设计方案编制中。之后，编制完成的城市设计成果由城市规划主管部门负责审批。规划管理部门主要通过组织专家评审来评判设计成果，而城市规划委员会、政府行政长官等也常常成为城市设计决策的主导力量。

城市设计的这种组织与审批方式使得设计活动具有很大的灵活性，编制审批程序相对简单，从而能够快速应对城市建设中出现的特殊现象和问题。但由于城市设计的组织和审批都主要经由城市规划主管部门，或者完全受制于行政领导的意志，导致城市设计的优劣和公平、公正性时常不能得到客观的评判。目前，一些城市的规划管理部门已经明确将城市设计的组织和审批作为其日常工作的组成部分，并在“部门设置”或“职能分工”中给出相应的明文规定，这使得城市设计的组织和审批制度逐步趋于正式化。

3.4.2 城市设计的方案编制

城市设计的方案编制同样没有固定的模式和要求，通常是从城市的实际需求出发，针对具体问题灵活开展。政府（或开发机构）可通过项目委托或设计招标等方式来聘用那些具有合格资质的设计单位进行方案设计。项目委托让设计者在比较长的时间内，通过认真踏实的分析研究及不断的沟通磨合，制订出实事求是、针对性强的设计成果，因此很适合偏宏观层面的城市设计研究。相对于项目委托来说，设计招标通过建构竞争平台，往往更有机会获得富有想象力和创造性的设计构想，多方案比选也更容易保证设计方案的水平，因而经常被采用在中观和微观层面的城市设计活动中（图3-14）。总体上，设计单位编制的城市设计方案大致有两种形式：一种是结合城市规划编制的城市设计；另一种是独立编制的城市设计。

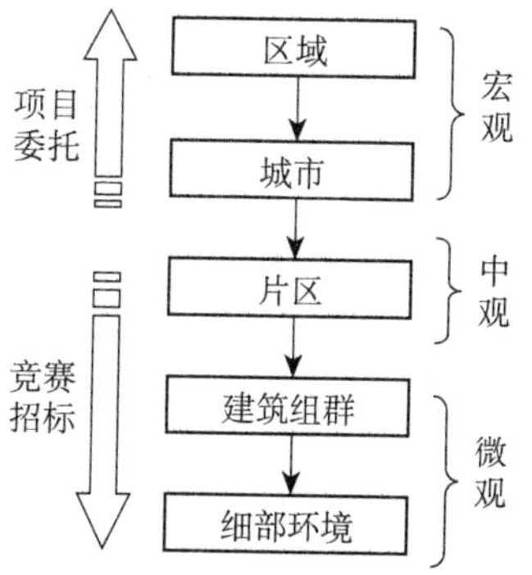

图3-14　城市设计的层次与项目组织方式

（1）结合城市规划编制的城市设计。城市设计作为城市规划方案的专项规划或者组成部分而存在。《城市规划编制办法》将城市规划分为“总体规划”与“详细规划”两个明确的阶段。近几年来，在城市总体规划和城市控制性详细规划中加入城市设计内容已经成为非常普遍的做法，如厦门城市总体规划中编制的城市设计专项规划。“城市设计的产生并不是为了生成一个新的领域，而是为了填补城市规划与建筑设计之间的空白”[1]，因此在城市规划方案编制中增加城市设计的相关研究内容，既可以弥补城市规划对空间形体塑造关注不足的缺陷，同时也为城市设计的具体实施开了方便之门。

（2）独立编制的城市设计。由于城市设计的研究内容异常丰富，设计目标也极其综合，仅把城市设计当做城市规划方案的组成部分加以编制，并不能完全发挥城市设计应有的功能和作用。因此，在很多情况下，城市设计是作为独立的设计项目而出现。这些独立编制的城市设计没有统一的称谓，但本质都没有脱离城市设计的核心内涵。例如，城市层面上通常包括总体城市设计（或称整体城市设计、城市设计总图等）、城市风貌特色规划等；片区层面上包括重要节点城市设计、重要地段城市设计、城市街景设计、城市广场设计等；细部环境层面包括城市广告标识系统设计、街道家具及雕塑小品设计等（图3-15）。独立编制的城市设计是专门针对城市设计问题开展的设计研究，其深度和广度通常都比作为城市规划方案的组成部分的城市设计要大得多，如温州总体城市设计、深圳福田中心区城市设计等。

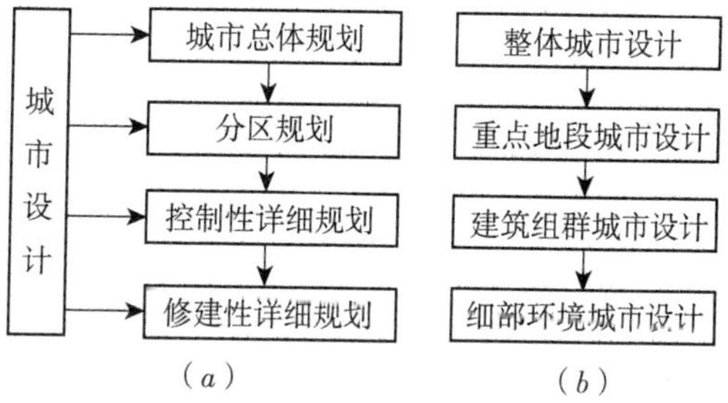

图3-15　城市设计的两种编制模式
（a）城市设计作为城市规划的专项或组成部分；
（b）独立编制的城市设计

3.4.3　城市设计的管理和实施

地方城市规划主管部门负责城市设计的具体实施，比较常见的管理途径有三种：①将

[1] Francis Tibbalds. Mind the Gap [J]. The Planner，1988，74（3）：11-15.

城市设计成果纳入城市总体规划、控制性详细规划、修建性详细规划等现有法定规划之中，借助法定规划的实施来加以落实；②规划管理部门将已有城市设计成果作为上位规划，用于约束和指导下层次的规划设计或建筑设计；③将城市设计成果直接作为规划或建筑方案审批，以及核发“一书两证”的依据，这是最直接也常见成效的城市设计实施方法。

由于城市设计对管理人员在设计和审美方面的修养要求较高，城市设计实施本身又无明确依据可寻，因此上述三种方式并不是时时有效，设计实施成效常常受到与城市规划的关系、管理者个人喜好和自由量裁权限等的制约。以第一种途径为例，城市设计纳入法定城市规划的具体过程，可以是在城市规划编制之初，将城市设计内容作为其重要组成部分一起考虑并形成综合成果；也可以是先编制独立的城市设计成果，随后在相应层次的城市规划制定过程中，将已有城市设计内容整合进去，例如在控制性详细规划之前编制的城市设计成果可以转化为控制性详细规划的控制引导内容。然而，城市设计与城市规划之间的关系不像想象中那样简单，一方面在城市规划编制中考虑城市设计内容经常难以深入全面；另一方面城市设计与城市规划的内容整合也并非易事，特别是在城市规划方案与城市设计成果多头出现、重复制定时。所以将城市设计纳入城市规划加以实施的做法尚存在很多阻碍。总体上，管理和实施问题始终是我国城市设计运作的难点，城市设计实施的力度如何，很大程度上取决于城市规划主管部门利用政府强制力执行设计的决心。

3.4.4 “非正式制度”下的城市设计运作案例

当前，城市设计项目在我国的整体运作主要依靠将城市设计融入或转化为法定规划内容的途径加以实现，部分城市或地区出现了城市设计结合控规、城市设计结合总规，或单独推行《城市设计导则》等运作方式的探索。在这种情况下，城市设计阶段的核心任务通常是提出和获取整体规划设计概念，随后通过将概念深化为总体规划或详细规划来推进项目实施。非正式制度约束下的代表性城市设计运作案例——上海陆家嘴中心区和北京中关村西区的城市设计，在全国产生了深远影响。

1991 年的上海浦东陆家嘴中心区城市设计咨询是我国早期开展的国际性城市设计招标活动。陆家嘴位于上海市中心区三条水路的交汇处，与外滩隔江相望，目前已经发展成为上海、全国乃至世界的金融窗口。英国的罗杰斯（Rogers）、法国的佩罗（Perrault）、意大利的福克萨斯（Fuksas）、日本的伊东丰雄（Toyo Ito），以及上海联合咨询组参与了项目设计（图 3-16）[1]。在确定罗杰斯的设计为优选方案之后，政府领导希望把所有国外方案中的优秀构思整合起来，兼而考虑近几年已经启动或签约的建设项目，编制一个创造性和可实施性兼备的综合方案。为此，设计单位在各家方案的概念基础上形成《城市设计建议》，取得领导、专家、开发公司等的共识后，以此作为制定和完善综合方案的重要基础。在规划专家组的指导下，经过不断的讨论比较以及广泛的社会意见征询，深化方案《上海陆家嘴中心区规划设计》制定完成，并于 1993 年 12 月由上海市政府批准实施。通过将城市设

[1] 上海陆家嘴（集团）有限公司．上海陆家嘴金融中心区规划与建筑——城市设计卷 [M]. 北京：中国建筑工业出版社，2001.

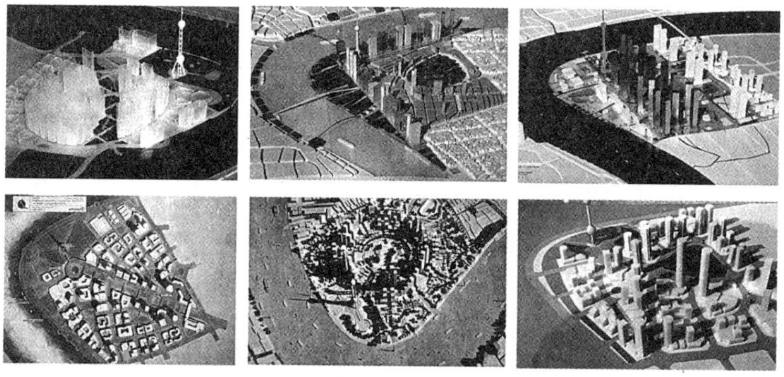

图 3-16 上海陆家嘴中心区城市设计国际招标
（资料来源：上海陆家嘴（集团）有限公司．上海陆家嘴金融中心区规划与建筑——城市设计卷 [M]. 北京：中国建筑工业出版社，2001）

计招标成果一步步转化为可实施的城市详细规划，上海陆家嘴中心区的规划建设得以有条不紊地进行。

中关村西区是北京市中关村高科技园区核心区的重要组成部分，规划范围东起白颐路，西至彩和坊路，北起北四环路，南至海淀镇南街，总用地面积 51.44hm^2。1999 年，北京市针对中关村西区的改建组织了大规模的国际性城市设计招标，来自美国、英国、德国的设计机构，以及国内的中国建筑设计研究院、清华城市规划设计研究院、同济规划设计研究院、北京市规划设计研究院、土人景观设计院等，共 19 家单位参与了竞标活动。首轮项目招标从 12 个完成方案中筛选出了 4 个优选方案进入第二轮角逐。清华城市规划设计研究院最终中标并承担了中关村西区接下来的规划设计任务。基于市有关部门和专家的多次研讨和论证，设计单位对中标方案进行了深入的调整和完善，制定完成《中关村西区修建性详细规划方案》。在历经半年的国际招标、方案竞选和详细规划编制后，中关村西区修建性详细规划于 2000 年 3 月提交北京市规划委员会审查，5 月份正式批复通过成为建设实施方案。为确保规划实施的品质，政府继续聘任清华规划设计研究院跟踪参与后期建筑单体的设计决策，为中关村西区的有序建设提供了保障（图 3-17）。中关村西区作为北京海淀重要的科技“硅谷”，在短短的 5、6 年时间内基本建设完工，并迅速成长为国内首屈一指的科技高地。在中关村西区，通过城市设计招标形成设计构想，再将构想细化为修建性详细规划的城市设计运作模式卓见成效。

图 3-17 北京市中关村西区城市设计方案与实际建成效果
（资料来源：清华城市规划设计研究院．中关村西区规划设计方案 [Z]，2000）

4

制度环境下的典型城市设计运作机制比较

由于“各国对土地利用与开发管制的基本体制不同，以及各国国情与社会发展背景亦不尽然一致，以至发展出个别不同的都市设计实施方式”[1]，因此探讨城市设计的实施机制与制度应用，需回归到对不同国家基本制度环境的考察上来。发达国家的城市设计运作起步较早，积累了许多运用城市设计制度工具引导和控制城市建设的经验，这对我国城市设计的发展具有一定的示范和参考价值。美国的“土地使用分区制”和英国的“规划许可制”是目前世界上最为典型的两种城市规划体制，与之相对应的城市设计运作机制也具有相当的代表性[2]。本章以英美为重点，通过对发达国家的城市设计发展、制度环境约束、城市设计运作体系及具体设计案例的比较分析，探讨不同背景下城市设计运作的经验得失及对中国的借鉴意义。对设计案例的实证研究可进一步揭示“制度环境”、“制度”与“城市设计运作”之间的关系，发达国家和地区的城市设计制度建设方法也将在这一章得到基本的归纳总结。

4.1 制度环境下的英美城市设计运作机制比较

从策划、编制、审批到实施城市设计的全过程中，与规划设计管理直接相关的“设计控制（design control）”是落实城市设计最为关键的环节之一。1994 年的《建成环境》杂志刊出了一幅漫画（图 4–1），用来描述英国城市设计控制与欧洲其他国家的不同，这幅漫画也正好反映出英国与美国城市设计体系的主要差异：英国的城市设计准则往往不直接告诉开发者究竟什么样的设计最终能获得许可，自由量裁（discretion）使得英国城市设计控制机动灵活；而美国的城市设计准则常常会清晰（甚至量化）地表明满足什么条件的设计就是可建造的。漫画同时表明，尽管英美两国的城市设计运作体系各成一派，但都并非完美无缺：英国城市设计控制中的自由量裁权总是成为颇具争议的话题，它使得城市设计控制太过灵活；而在美国，过于固化的城市设计导则常常被抱怨为创造性设计的抑制因素。因

图 4–1 不同国家的城市设计控制方式
（资料来源：John Punter. Design Control in Europe [J]. Built Environment，1994，20（2）：86）

[1] 林钦荣．都市设计在台湾 [M]. 台北：创兴出版社，1995.
[2] 唐燕，吴唯佳．制度环境下城市设计管理的对比研究 [J]. 中外建筑，2008（11）：85–88.

此，库伦沃斯（Cullingworth）指出，两者目前的改进目标都是朝对方的方向上迈出一步，“美国是朝向更高程度的自主决定型控制，而英国在20世纪80年代的发展方向则是减少管理控制和实行某种区划”❶。

4.1.1 美国：与区划相结合的城市设计运作机制

笼统提美国的城市设计运作机制也许并不是一个严谨的说法，因为美国“有40000个执行区划的地方政府……大部分在50个州里拥有自治权，每个州都有自己的历史、文化和宪法”❷。美国是一个多元化的联邦制国家，城市建设工作主要由地方政府负责❸，中央政府只能通过财政手段、政策支持或联邦法规等途径在一定层面上加以干预。市场经济与资本私有化常常使得政府在管理城市建设的过程中深感实力与权威的缺乏，目前控制城市建设最直接有效的工具是清楚明晰的区划条例❹。美国各州乃至各个城市的规划体制并不相同，城市设计操作方式也不尽一致。总的来说，城市设计技术性地介入区划是美国城市设计运作最显著的特征。20世纪70年代以来，“城市设计审查机制（design review）在美国得到了广泛的应用。城市在编订设计政策和导则方面进行了大量探索，以弥补区划控制的缺陷，保证新开发能够改善城镇和社区的环境质量，提升地方特征、形象和认知”❺。

1. 美国城市设计发展历程简述

1893年始于美国的城市美化运动被认为是现代城市规划与城市设计的起源，芝加哥城市美化活动的成就让人们逐步认识到政府在改善城市面貌方面具备的巨大潜力。1916年自纽约通过第一部区划条例后，大多数美国城市也都建立了自己的区划条例，区划逐渐成为美国城市规划最重要的执行工具。20世纪30~50年代间，美国经济大萧条促使政府启用了积极干预经济发展的“凯恩斯主义”策略，同时也确定了政府介入城市空间创造和管理的思路。20世纪中期，小汽车带来的郊区化趋势与城市中心区衰败，引起作为应对策略的城市设计活动在理论和实践上的积极探索。城市设计的进展反映在学术界的一系列活动中：1934年美国密歇根州匡溪艺术学院建立建筑与城市设计系；1943年伊利尔·沙里宁在《城市：它的发展、衰败与未来》一书中提出城市设计一词；1950年美国各所大学相继开设城市设计课程；1960年哈佛大学设立城市设计学位课，标志着现代城市设计的正式诞生。

---

❶ Cullingworth，1993；Wakeford，1990. 转引自：约翰·彭特. 美国城市设计指南：西海岸五城市的设计政策与指南[M]. 庞玥译. 北京：中国建筑工业出版社，2006：3.

❷ Habe，1989. 转引自：约翰·彭特. 美国城市设计指南：西海岸五城市的设计政策与指南[M]. 庞玥译. 北京：中国建筑工业出版社，2006：5. 彭特在此书中指出“还有同样多的地方政府完全不执行区划，这种情况强调了在全国的许多地方都没有对开发进行控制”。

❸ 地方政府的城市规划职能由州政府立法授权。

❹ 美国的区划主要包括区划图则（zoning map）和区划条例（zoning ordinance）两部分内容。区划图则规定了用地分区的边界、编码和控制要求等，是区划条例的附属文件；区划条例作为权威性的地方法律，严格控制着城市土地的利用和开发。

❺ Reiko Habe. Public Design Control in American Community [J]. TPR，1989，60（2）：195.

20 世纪 50~60 年代，美国联邦政府通过资金补助推行以住宅更新为主体的“城市更新”政策，城市设计借助这股“东风”快速发展起来。由于城市更新强行将现代化的建筑形式与功能插入老城区中，导致地区邻里关系的严重破坏，于是各主要城市纷纷爆发种族性暴乱，这迫使曾经聚焦于“物质形体”的城市设计开始转向对公众心理、社会价值的关注，以及如何与政府公共政策相结合。这期间，美国城市设计实践获得了长足进步：20 世纪 60 年代末，纽约和旧金山在规划局设立“城市设计小组”，这是美国城市设计综合实践的开端；1966 年旧金山的城市规划管理尝试将分区管制与城市设计结合起来运作；1967 年纽约建立第一个分区管制特定区（zoning special district），标志着借助法令工具，由政府、设计师与相关利益群体共同参与的城市设计框架初步形成。

20 世纪 70 年代出现的历史保护意识、环境意识、能源危机等社会新动向，推动了城市设计在美国的进一步发展，城市设计进入多专业整合阶段：1977 年纽约中心城区实施整体城市设计政策；同年美国城市系统研究和工程公司提出城市设计的评价系统；1978 年美国举行第一届全国城市设计学术会议……20 世纪 70 年代末，普遍的财政危机使得地方政府不得不放弃大规模改造，城市设计的专业工作转向对公共政策的研究，越来越关注私人投资主导的城市开发，并通过公私合作促成了很多成功城市设计案例的诞生，如巴尔的摩港改造。

20 世纪 80 年代，社区委员会（community board）已经普遍地介入了城市设计，社区公众听证会（public hearing）也发展成为稳定的制度，城市设计的目标多与城市经济发展、控制城区开发、保持城市特征等密切关联。20 世纪 90 年代以后，设计实践的发展表明执行者要善于掌握法律工具、懂得协商与妥协，才能使城市设计的公共目标与社区居民的期望取得一致。2000 年以来，经济全球化的影响使美国的城市设计表现出新的动向，城市从长远的环境质量考虑转向更多地强调短期效益，强调是否体现了竞争和市场的合理性等。城市规划的任务是寻求如何给予公共与私人活动以最宽松的限制，保证城市的经济活力和吸引力，城市设计实践因此更具灵活性和操作弹性。

2. 美国城市设计运作的特点

虽然综合规划（Comprehensive Planning）、区划条例（Zoning）、土地细分（Subdivision）和场地布置（Site Planning）都是美国城市规划的主要构成内容，但一直以来，美国控制城市建设最直接的工具仍是区划。区划明确界定了城市中各个功能地块的边界，以及每个地块必须遵守的详尽明确的开发控制条件，如控制线、容积率、高度、密度、绿化率、交通出入口等。区划条例由美国城市规划主管部门制定，经由必要的立法程序由市级议会批准通过后，成为管理城市土地利用以及空间环境建设的依据。美国的区划经过近一个世纪的实践发展，已经成为一个比较成熟有效的控制和指导城市土地使用和开发的法律工具。但随着时间的推移和新需求的涌现，早期简单呆板的区划系统也给城市建设带来了空间单调乏味、设计缺乏新意、开发管理僵化等诸多问题，因此区划需要不断地更新和变革以适应社会发展的需要。在美国，区划正在普遍性地尝试多种途径的修改和调整，以变得更加综合和灵活——分区奖励、开发权转移、整体开发单元以及分区管制特别区等新措施的引入大大拓宽了区划控制的基本概念（表 4-1）。

美国区划的主要修正途径 **表 4-1**

修正方式	修正内容
浮动式区划	容许某些用途，但并没有指定这些用途应该在哪些地区实行
定点式区划	对一个特定的地段提出特别的规定
有规划的单元开发	在总体密度和土地用途的限制下，准许实行不同形式的开发
组团式区划	为了保护或者设置开放空间的目的，准许土地保持未经开发的状态
特区区划	保护某些土地用途并鼓励发展与其相协调的其他用途
奖励式区划	为某些土地用途或设计特色而给予奖励
开发权转移	准许将开发权转移至其他地段（例如：为了保护历史建筑）
性能标准区区划	除了尺寸标准之外，还采用性能标准，并且性能标准具有最终的决定性
包含式区划	在开发中指定包含某一些用途，如低收入住宅

资料来源：约翰 · 彭特 . 美国城市设计指南：西海岸五城市的设计政策与指南 [M]. 庞玥译 . 北京：中国建筑工业出版社，2006：10.

总体上，美国的城市设计控制是以设计审查制度为核心，以设计导则为方向与依据，以区划法为依托的管理政策。城市设计运作与区划相结合，无论对于城市设计还是区划本身的发展都是非常有益的举措：一方面城市设计可以借助区划的法定地位来引导和管理城市建设，另一方面区划也因为城市设计因素的加入而变得更加积极、弹性和完整[1]。通过纳入城市设计的相关内容，区划从最初保障城市环境的基本要求（日照、通风、采光等）拓展到引导和塑造城市环境特色和空间品质等领域中。城市设计与区划相结合的运作途径主要有下述三种（表 4–2）：

美国城市设计实施的主要模式和特点 **表 4-2**

类别	城市设计实施的主要方法和机制	具体操作模式
与区划相结合	区划条例中的城市设计控制条款	在区划条例（或其他法规文件）中增加有关城市设计控制引导的相关内容，借助区划的审查过程来实现城市设计的控制与引导
	城市设计审查制度	设立专门的城市设计审查制度，依据颁布的城市设计政策或导则来审查开发议案。通常城市设计审查制度是区划的组成部分，区划条例中会有专门的章节来说明审查的范畴、程序和依据等
	独立的城市设计政策与导则	颁布独立的、约束性的城市设计政策及导则，区划条例会给出有关它们适用范围、使用流程等的章节说明
其他方式	独立的城市设计法令	颁布专门的城市设计法令，如《标志物管理条例》等
	其他设计审查制度	其他类型的设计审查，如社区组织、开发机构和规划设计人员等一起，针对某地区的未来开发组织的导则编制和开发案审查。在某些情况下，这些设计审查甚至可能取代区划或促使区划条例的调整
	引导性城市设计政策与导则	颁布各种层次引导性的城市设计政策及导则，不作强制执行的相关规定
	……	……

[1] 一些学者认为美国的区划是一种消极的管理方式：区划的目的不是为了促成最佳的设计，而是为了避免最坏设计的出现。

（1）城市设计内容纳入以区划为主体的城市建设法规文件中。在以区划为主体的城市建设法规文件中增加城市设计控制引导内容，城市设计的实施借助区划法令的控制过程来实现。纳入城市设计规定之后的区划条例，不仅控制土地的使用性质和开发强度等，同时对开发的形式、品质等进行综合管理。城市设计作为区划条例的组成内容，对城市土地开发和空间设计提出相应的管理要求，通常涉及建筑高度、建筑体量、街区尺度、风格形式等，甚至包括屋顶形式、墙面处理、植物配置和雨水径流等诸多细节性内容。例如，纽约的城市区划条例中第二部分的“居住区条例”共包括八章，其中第六章“特别城市设计导则：街景（对 R9、R10 街区开发和私有道路建设的特别要求）”以及第七章“特别城市设计导则：居住区的广场和拱廊”等，都是专门针对城市设计要求给出的规定（图 4-2）。除传统区划以外，美国还有其他一些规划控制手段，如总体规划、分区法规、建筑规范及契约限定法规等，它们与区划一起，为美国的城市规划管理提供全方位的法律依据。

纽约区划条例

……

第二部分 居住区条例

第一章　立法意图综述
第二章　规章使用
第三章　居住区中居住建筑的体量规定
第四章　居住区中商业服务建筑的体量规定
第五章　附属小巷停车和装卸的规定
第六章　特别城市设计导则：街景（对R9、R10街区开发和私有道路建设的特别要求）
第七章　特别城市设计导则：居住区的广场和拱廊
第八章　住宅项目的品质

……

图 4-2　纽约区划条例中的城市设计条款示意
（资料来源：Zoning Resolution：The City of New York [EB/OL]，2004）

（2）在区划控制体系中加入城市设计审查制度。很多美国城市实施了城市设计的管理与审查许可制度，以此保证城市设计的执行途径和实施力度。1992 年对美国 360 个市镇的调查显示，83% 的市镇进行了某种形式的设计审查，绝大部分市镇的设计审查是强制性和法定性的，只有少数是指导性的[1]。作为城市设计控制的主要手段，强制性的设计审查往往被纳入到区划条例的执行程序当中（图 4-3）[2]，它是区划法的一部分，也是

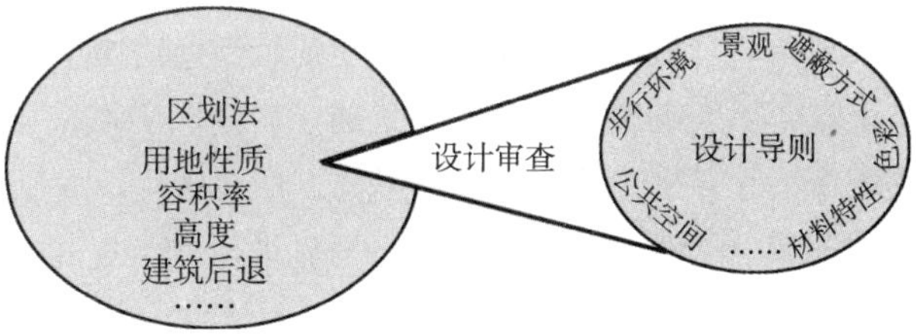

图 4-3　设计审查与区划法的关系
（资料来源：黄雯 . 美国的城市设计控制政策：以波特兰、西雅图、旧金山为例 [J]. 规划师，2005（8）：92）

[1] 约翰 · 彭特 . 美国城市设计指南：西海岸五城市的设计政策与指南 [M]. 庞玥译 . 北京：中国建筑工业出版社，2006：2.

[2] 区划条例中会有专门的章节来说明审查的范畴、程序和依据等内容。

项目获得开发建设许可必须经过的审查程序。在规定的街区内，设计个案只有通过城市设计的审查许可（design review approval）方可获得相关部门发放的建筑执照。“设计审查作为城市设计控制的重要手段的同时，也是区划的一个重要的拓展接口，它将许多不可量化的控制因素引入法定控制体系当中”[1]。不同城市的城市设计审查程序差别各异，但基本可以归纳到五个步骤上：申请预备会（pre-application conference）、申请（application）、审查（check）、审议（review）、裁决（decision）（图4-4）[2]。项目申请人首先通过“预备会议”来获得有关申请程序、设计要求和准备材料的必备信息，然后提交申请材料进入“申请”阶段，设计审查负责人会结合公众意见对项目进行“审查”，并指导申请人不断修改、调整材料使其满足设计控制要求。之后，设计审议委员会举行公众听证，对项目是否应当给予“许可”等给出评审意见。部分城市（或地区）将该意见作为设计审查的最终结果，另有部分城市（或地区）还需由城市规划主管部门来作出最终的“裁决”，那些对评审结果不服的申请人可以向有关部门提出申诉。

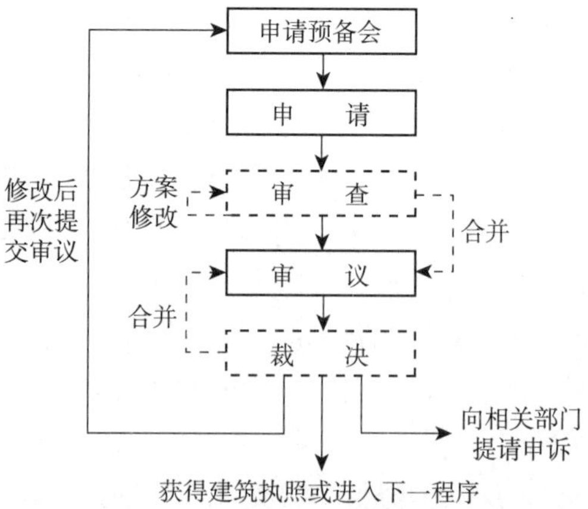

图4-4　美国城市设计审议主要流程
（资料来源：高源．美国现代城市设计研究[M]．南京：东南大学出版社，2006：32）

（3）颁布独立的、约束性的城市设计政策与导则。颁布城市设计政策或导则的目的在于有效地管理城市建设中诸如空间形象、环境质量、形式美学等不可量化要素。独立的、约束性的城市设计政策与导则通常与区划紧密结合，区划条例中会给出有关它们适用范围、目的作用、使用流程等的章节说明。区划条例主要是对城市建设所作的一些硬性规定，而设计导则大多体现的是弹性原则，因此两者相辅相成，形成对城市空间环境既控制又引导的双重机制。彭特认为城市设计导则是当前美国城市设计的最佳实践手段，美国城市建设中对城市形态的整体控制主要是通过区划法和城市设计导则（政策）共同实现的[3]。美国的城市设计导则（政策）内容丰富、形式多样，导则本身可以是独立颁布的，也可以融在区划条例中（图4-5）。城市设计导则的编制主要有两个层次：一是针对全市的空间形态构

---

[1] 黄雯．美国的城市设计控制政策：以波特兰、西雅图、旧金山为例[J]．规划师，2005（8）：92.

[2] 高源．美国现代城市设计研究[M]．南京：东南大学出版社，2006：31-32．“申请预备会”是项目申请人在正式申请设计审查前，审议小组为使其了解设计要求、审议流程以及必备资料而召开的会议；“申请”是指项目申请人填写申请书，提交审议材料，以及相关部门将有关信息通报社区组织和利益关联群体；“审查”是指设计审查官员结合公众意见，审查项目是否满足相关导则确定的设计标准，并指导申请人修改调整；“审议”是指设计审议委员会举行公众听证，对设计项目进行公开审议，对于项目申请作出许可（approve）、有条件许可（approve with conditions）或者否决（deny）的评审建议。部分城市以此为最终审查结果，部分城市尚需提交城市规划部门进行最终裁决；“裁决”是指城市规划部门对项目申请给出最终裁定，获得许可的项目可以进入下一层级的城市规划审议程序，被否决的项目可以修改后继续提交申请，不服从裁决的申请人则可以向有关部门提出申诉（appeal）。

[3] 约翰·彭特．美国城市设计指南：西海岸五城市的设计政策与指南[M]．庞玥译．北京：中国建筑工业出版社，2006.

不允许在山顶或者山脊上建造房屋

为了减少新开发造成的视觉破坏，任何开发都不应当考虑在山顶或者山脊上进行。由于完全避免在这个地区进行开发是不可能的，因此所有开发必须保证：植物提供的景观面要高出未来的建造物。

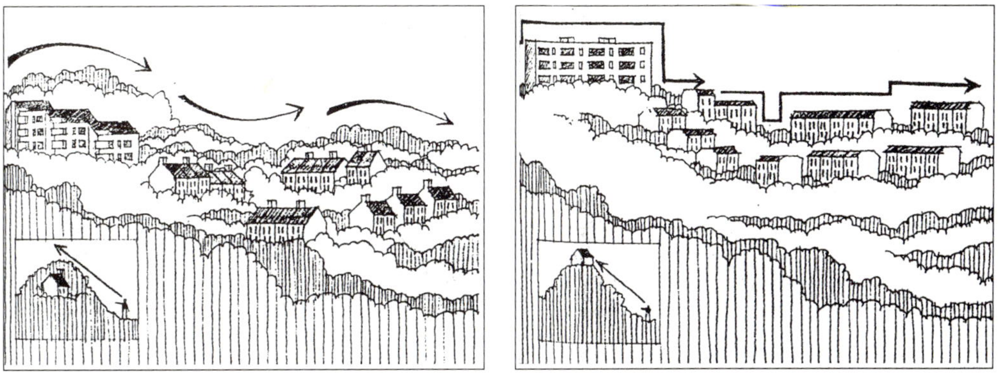

树木柔性的水平线保护了景观的自然特色　　在山顶或山脊上高耸可见的开发破坏和干扰了视觉景观

图 4–5　图文并茂的城市设计导则示意

（资料来源：Reiko Habe. Public Design Control in American Community[J].TPR，1989，60（2）：209）

架与环境品质塑造，制定“全市性城市设计政策（可融入综合规划中）”或“全市性城市设计指导纲要”；二是针对城市中局部地区或特定地段，制定“区段性城市设计导则”，明确规定地区内公共空间的设计标准以及建筑物的设计规范等（表 4–3）。

美国部分城市设计导则比较　　表 4-3

	比较项目	波士顿	纽约	波特兰	西雅图	圣地亚哥	旧金山
设计导则的层次	全市性的导则				+		+
	区段性的导则	+	+	+	+	+	+
设计导则的操作形式	附于区划法的规则内		+		+	+	+
	附于全市性城市设计方案内	+		+	+	+	+

资料来源：金广君 . 美国城市设计导则介述 [J]. 国外城市规划，2001（2）：6–9.

3. 美国城市设计的激励机制与公众参与

在以私有制为基础、崇尚自由的美国，政府对城市建设的干预在市场面前经常显得软弱而具有妥协性，因此采用积极必要的激励措施强化政府干预效果，是保证城市设计按预想方向运行的必要途径。这些激励措施往往直接体现在区划条例中，通过资金策略、开发权转移以及连带开发等手段吸引、规范或限制开发者的具体建设行为（表 4–4）。

此外，自由主义意识也使得公众参与在美国城市设计运作过程中得到了比较好的实现，城市设计的目的之一就是最大限度地满足公众需求和维护公共利益。因此，无论在城市设计的组织阶段、导则编制阶段还是城市设计审查阶段，每个城市设计环节都保证了一定程度和范围的公众参与，公众参与的手段有邮寄通告、公告张贴、问卷调查、走访议论、公众评议、公众听证会等（表 4–5）。

美国城市设计运作激励技术一览　　表 4-4

名称		主要内容与特征	适用项目与场合	注意事项	性质
资金策略	经费援助	划拨一定数量的公共基金用作项目开发资金	—	以政府投资完成基础设施建设，以此拉动私人投资	促进型
	赋税 / 租地价减免	■ 降低税率或者免除税收 ■ 降低或免除国有土地租地价	客观上具有良好的公共价值，但由于缺乏明显的利润回报等客观原因，难以对私人开发构成较强吸引力度的开发项目	在计划统一指导下使用，避免应用于可缴纳足量税收与租金的开发热土区	促进型
	信贷支持	■ 创造优惠的贷款条件 ■ 发行债券，常与税收增值筹资联用	—	—	促进型
	赋税增加	增加相关税收税率	部分与社会投资方向不符、有损于公共利益的开发	把握税率增加的幅度，避免引发公众抗议	抑制型
开发权转移		将限制性地带开发转移至其他地区进行	■ 具有保护价值的建筑史迹 ■ 无法承载过度开发的城市用地，如绿地、广场、街道、农田、湿地等	■ 通过对开发权的暂时持有加强操作可行性 ■ 确保开发权转移前后个人收益与社会收益的平衡	促进型 + 抑制型
连带开发	强制性连带开发	将完成相关的附加建设或缴纳金额设定为私人开发的必须条件	开发意向过于充足、开发商不愿轻易放弃的项目建设	—	抑制型
	选择性连带开发	如果完成相关的附加建设，项目可以获得一定的开发奖励（主要为建筑面积奖励）	经济增长压力强大而可用土地有限、建筑面积奖励具有相当诱惑力的开发项目	■ 设置开发奖励的相关极值 ■ 设置附加建设的质量规定	促进型
	协商性连带开发	开发商与政府部门通过协商共同确定项目承担的附加任务与因之获得的奖励	达到一定建设规模（建筑面积、建设造价）或满足特殊条件的开发项目	■ 设置开发协定的适用项目 ■ 执行严格的开发协定审查程序	促进型

资料来源：高源 . 美国现代城市设计研究 [M]. 南京：东南大学出版社，2006：72.

美国城市设计审查过程中的公众参与比较　　表 4-5

公众参与形式	波特兰	西雅图	旧金山
邮寄公告（Mailed Notice）	▲	▲	▲
	审查前申请项目情况公告 审查后审查决议结果公告 修改决议与申诉结果公告	前期设计指导会议前召集会议的公告 设计审查决议后审查结果的公告	通过设计审查后寄出项目情况公告
基地张贴公告（Posted Notice）	▲	▲	▲
	规定项目在听证会前至少 30 天在基地张贴公告	前期设计指导会议前召集会议的公告 设计审查决议后审查结果的公告	通过设计审查后项目情况公告
公众评议（Public Review）	▲	▲	—
	审查机构的决策过程中	在每个阶段的设计审查会议上都有公众评议的内容	—
公众听证会（Public Hearing）	●	—	●
	规定项目需要进行	—	公示期内提出自由量裁审查申请的情况下进行

续表

公众参与形式	波特兰	西雅图	旧金山
申诉（Appeal）	●	●	●
	决议过程中有公众听证会，并需要公告听证会的举办，通报申诉最终结果	—	—

注：▲设计审查中必经程序；●设计审查中选择性应用的程序。

资料来源：黄雯．美国城市设计控制政策实例研究——波特兰、西雅图、旧金山 [D]. 北京：清华大学建筑学院，2005：47.

4. 代表性城市设计案例研究

旧金山城市设计导则内容之丰富、覆盖面之广，以及城市设计实施形式之多样，为我们提供了一个认识美国城市设计运作的经典案例。在旧金山，城市设计导则既有全市性的，也有局部区段的；导则既有融合在区划条例中的，也有独立颁布成篇的（表 4–6）。旧金山是美国第一个制定整个城市层面的城市设计政策的城市。1971 年以雅各布斯（Allan Jacobs）为首的城市设计小组花两年时间编制完成了全市性的城市设计总图（San Francisco Urban Design Plan），它是 1972 年制定的旧金山城市总体规划（San Francisco Master Plan）的组成部分（表 4–7、图 4–6）。城市议会采纳并通过了城市设计总图的总体思路、相关政策及导则，并进行了一系列的立法工作以保证这个规划的实施。1979 年，旧金山在调整区划法规的过程中全面吸收了城市设计总图确立的各种目标和原则，在区划设定的常规指标以外，加入了相当完整的城市设计控制指标，形成规定性很强的设计控制方式。1985 年《市区规划》的制定对城市总体规划进行了修订，但大量设计政策却得以保留。与此同时，旧金山还发布了其他一系列独立的全市性城市设计政策和导则，例如市区开放空间指南、居住区设计导则等（图 4–7、图 4–8）。在全市性城市设计导则的指导下，旧金山的特定地区及邻里单元纷纷制定了更加具体详细的城市设计准则，如伯纳尔高地（Bernal Height）的建筑指南、联合大街设计指南、维斯特伍德公园居住区设计指南等。

旧金山城市设计导则构成 **表 4-6**

覆盖范围	城市导则
全市性	城市设计总图（Urban Design Plan,1971），城市总体规划中的城市设计政策
	区划条例中的城市设计导则（对全市的建筑高度、建筑形式等作了非常详细的限制）
	市区规划中的城市设计导则（1985）
	市区开放空间指南（1985）
	居住区设计导则（Redidental Design Guideline,1979）
	……
局部区段	伯纳尔高地（Bernal Height）的建筑指南
	联合大街设计指南：历史性商业街
	维斯特伍德公园居住区设计指南
	……

资料来源：约翰 · 彭特．庞玥译．美国城市设计指南：西海岸五城市的设计政策与指南 [M]. 北京：中国建筑工业出版社，2006.

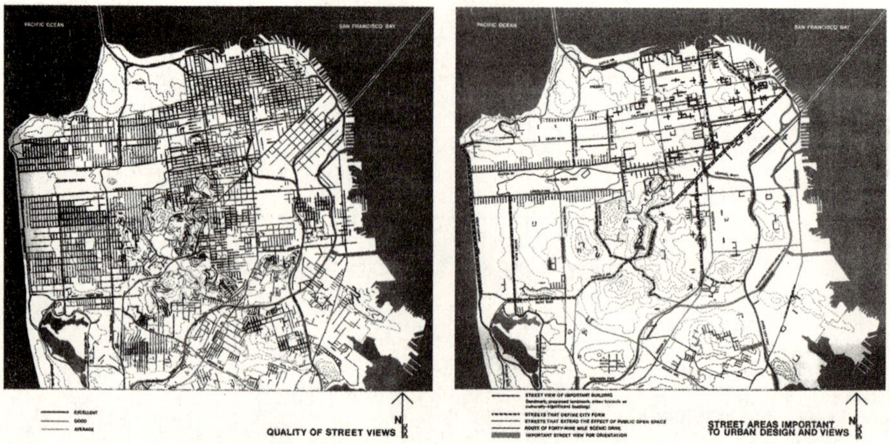

街道的景观质量　　对城市设计和城市景观具有重要意义的街道区域

图 4-6　旧金山城市设计总图示意

（资料来源：San Francisco City Planning Department. Urban Design Plan[Z]，1972）

旧金山城市设计总图内容构成　　**表 4-7**

—	内容	图纸
城市格局	需求：分析体现城市格局的要素	现有行道树和绿化造景地段，现有街道照明
	目标	—
	关于城市格局的基本原理	相关的说明性图纸
	关于城市格局的政策	通过视觉重点的造景来加强城市格局的规划，街道断面绿化照明
城市保护	需求：保护体现城市格局的要素，包括自然区、海湾、公园和其他人工开挖的旷地、较古老的建筑、城市的街道等	经指定的里程碑建筑，未开发的自然区和海湾填土，历史性或有建筑艺术价值的结构和地段，视觉形式和特征的质量，感知城市的重要街道地段，景观质量方面的重要街道，街道作为光线、空气和旷地来源的最为重要的地段
	目标	—
	关于城市保护的基本原理	相关的说明性图纸
	关于城市保护的政策	突出的和无与伦比的地区
主要新建筑的开发	需求	能够加强建筑轮廓线景观的高层建筑分布地点，能够改善旅行导向的高层建筑分布地点，高层建筑对附近建筑观景影响的分析，可以加强地形形态的高层建筑分布地点，有助于划分地区、突出中心的高层建筑的分布地点，高层建筑对主要道路观景的影响分析，已经确定的适当的建筑高度和尺度的格局，现有建筑尺度分类概况
	目标	—
	关于主要新建筑开发的基本原理	相关的说明性图纸
	主要新建筑开发的政策	关于建筑高度的城市设计准则，关于建筑体量的城市设计准则
邻里环境	需求	主要街道和公路上 24h 交通流量，邻里的维护质量（维护水平、自然环境、到旷地的距离、街道立面的视觉情趣），环境需求的社会指标，环境缺陷与社会经济因素的重合
	目标	—
	关于邻里环境的基本原理	相关的说明性图纸
	关于邻里环境的政策	住宅用地保护图，住宅用地保护规划详细说明图

资料来源：San Francisco City Planning Department. Urban Design Plan[Z]，1972.

比例

比例是建筑元素的尺寸关系。这些关系有数个层次：建筑物每个元素的各个尺寸（高度、宽度和进深）之间的关系，建筑元素彼此之间的尺寸关系和建筑元素相对于整个建筑的尺寸关系，以及建筑与其他顺着街区沿街一侧排列的建筑之间的尺寸关系。

- 街区沿街一侧的建筑的主要比例是否已经确定？
- 待建开发项目的比例关系能否确定？

竖向比例与水平方向比例相协调

位于特定的文脉环境之中的一座建筑能够拥有良好的整体感觉，通常是由于谨慎仔细地制定了尺寸关系的结果。比例失调的建筑会让人感觉与其周围环境失去平衡、互相矛盾或不协调

一个建筑项目的基本形状的比例应该与周围建筑的比例相一致。确定街区沿街一侧建筑的比例的基础步骤是绘制出那些确定建筑立面的竖直元素和水平元素，例如入口、窗户、檐口和车库门，然后分析它们的尺寸关系。

调整比例以达到更协调的效果

比例方面的一个简单改变常常会对建筑与周围环境的协调性产生巨大的影响。在竖向元素占主导地位的地区，一个具有非常明显的水平元素的建筑会对整体环境形成破坏。下面的例子演示了对窗户比例作出变化的一种情形，不管怎样，这个指南对建筑立面的每个元素都进行了规定。

窗户比例的变化使得这座建筑与周围的建筑更加和谐一致。在这座建筑达到设计指南所规定的最低标准之前，其他的设计元素当然也必须处理好。

图 4-7　旧金山居住区设计导则示意（1979）

（资料来源：约翰 · 彭特 . 庞玥译 . 美国城市设计指南：西海岸五城市的设计政策与指南 [M]. 北京：中国建筑工业出版社，2006：133）

大体量建筑阻碍了从公园远眺海湾景观的视线

图 4-8　旧金山居住区设计导则示意（2003）

（资料来源：Department of City Planning. San Francisco Residential Design Guidelines[Z]，2003）

在旧金山，城市设计审查制度已日趋完善。城市设计审查建立在区划法规基础上，城市规划委员会作为法定的城市设计审议机构，对城市设计审查结果具有很大的裁决权（图 4-9），委员会也会尊重来自政府部门的其他城市设计人员的具体建议。“城市设计审议的执行由建筑管理部门受理，但必须转送城市规划机构，并提呈城市设计规划委员会公开审

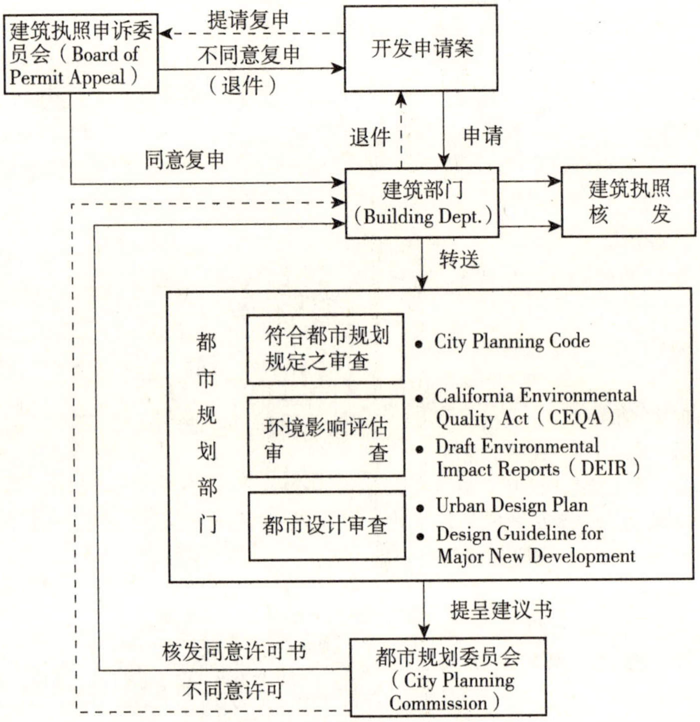

附注说明：旧金山都市规划部门所审查之事项，包含：
1.符合都市规划规定之审查
2.环境影响评估之审查
3.符合都市设计准则规定之审查

图 4-9　旧金山城市设计审议流程图
（资料来源：林钦荣．都市设计在台湾 [M]. 台北：创兴出版社，1995：164）

议，如获得审议许可再转交建管部门核发建筑执照，如被城市规划委员会否决的开发案，可经由上诉手续办理复申”[1]。旧金山的市民非常关注城市空间环境的品质，这种强烈意识通过民主的城市设计管理程序得以体现。在民众的支持下，政府的城市设计技术人员制定了十分严格的城市设计管理办法，导致建筑开发执照的获取变得十分不易，因而某种程度上也抑止了城市的开发建设。

4.1.2　英国：逐步渗入法定城市规划体系的城市设计运作机制

城市设计活动在英国拥有良好的传统和优越的社会环境支持，英国大多数市民都具备城市设计的观念，政府也非常重视城市设计在城市开发、城市保护等领域的作用。与美国地方政府主导城市规划管理的状况不同，英国的城市规划行政体系表现出很强的中央集权特征。地方政府的规划运作不仅受各种法规和政策的制约，同时必须接受中央政府直接指派的规划监察员的指导和监督。中央对地方规划的积极干预可以保障国家规划战略自上而下地落实，同时中央也给地方政府在规划管理上留有足够的自由量裁权。以“自由量裁”为特征的“规划许可”制度是英国城市设计运作的重要依托，城市设计管理主要

[1] 林钦荣．都市设计在台湾 [M]. 台北：创兴出版社，1995：166.

通过设计控制的审查体系来实现，对申请开发案的城市设计审查是保障城市空间环境品质的重要手段。

1. 英国城市设计发展历程简述

1909年英国颁布第一部城市规划领域的法律（Housing, Town Planning etc., Act），标志着城市规划作为一项政府职能的正式开端[1]。第二次世界大战后，英国的新城建设为城市规划实践提供了许多有价值的经验，1946年《新城法》（New Town Act）的颁布对战后城市规划的发展产生了重要影响。1947年颁布的《城乡规划法》（Town and Country Planning Act）为英国的现代城市规划体系奠定了基础，这部法律明确提出了"规划许可"制度——几乎任何开发活动在英国都要申请规划许可，制定规划成为每个地方政府的法定义务，中央政府负责地方规划之间的协调。城乡规划法同时建立了英国土地开发权国有化前提下的土地私有制权属观念，成为实施规划许可制度的切实保障[2]。

20世纪50年代以后，英国进入了持续的经济衰退期，因此20世纪"50~70年代这一时期内虽然在对历史地段的立法保护方面有了长足的发展，但由于规划观念的更新集中于社会与经济领域，在城市物质性环境建设质量的改善方面进展不大"[3]。1953年吉伯德在《市镇设计》中总结了英国新城建设中的城市设计经验。1967年英国制定《美化城市环境法》（Civil Amenities Act），授权地方政府在城市中划定"具有特殊建筑或历史意义的地区"（Area of Special Architecture Historical Interests），明确规定在这些历史保护地区内实施严格的设计控制，并在控制过程中引入公众参与程序。1968年，城乡规划法的修正确立了法定规划的二级体系（two-tier system），即"结构规划（Structure Plan）"和"地方规划（Local Plan）"[4]。

20世纪70年代以来，以库伦为代表的市政景观（townscape）学派所倡导的景观和形态分析，为制定各种城市设计政策提供了良好的方法和技术参照。20世纪70年代后期，伦敦的地方规划当局开始尝试将城市设计政策引入地方发展规划（法定规划），并不断充实和完善开发控制和规划上诉等管理途径，其他地方政府制定新一轮发展规划时纷纷效仿。在大多数地方规划中，城市设计政策往往作为环境保护政策或历史保护政策的组成部分。为响应查尔斯王子的倡导，皇家规划师协会主席梯伯特（F. Tibbalds）在1979年组织领导了一个拥有40名规划师和建筑师的"城市设计小组"（Urban Design Group），随后出版了英国城市设计小组宪章和重要的城市设计学术刊物（UDQ）。

20世纪80年代兴起的工业旧区更新促进了英国城市设计实践的进一步发展。20世纪

---

❶ 1919年《住房和城市规划法》（Housing and Town Planning Act,1919）规定所有2万人口以上的城市要编制规划，但由于经济发展成为政府战后的头等任务，政府的公共干预仅仅在住房方面取得了进展；1932年《城乡规划法》（Town and Country Planning Act,1932）将规划的控制范围扩大到所有地区，包括已建成区和未建成区；1940~1942年皇家委员会的政策研究报告针对社会状况和规划体系的弊端提出了建议；1945~1947年间的系列城市规划研究报告对二战后的城市发展和城市规划起到了重要的影响。

❷ P.Hall. 城市与区域规划 [M]. 邹德慈，金经元译 . 北京：中国建筑工业出版社，1985.

❸ 迈克 · 比道夫 . 当今英国的城市设计思想与实践 [J]. 马文军编译 . 华中建筑，2000（1）：73.

❹ 有一些城市编制整体性的发展规划（Urban Development Plan），发展规划通常由两部分组成，前一部分是倾向于策略的"结构规划"内容，后一部分是细节一些的"地方规划"内容。

80 年代中期，查尔斯王子对英国的建筑设计提出一系列批评[1]，从而使设计控制成为令人关注的议题。建筑师和规划师都明确认为"设计"应该是开发控制的重要考量因素，但对于"哪些设计要素应该被列入规划控制范围内"却始终争论不休。1990 年，英国修订城乡规划法，将原来的住宅与地方政府部门、公共建筑和公共工程部门、交通部合并为环境部（Department of Environment），并授予环境部修订城乡规划法及其相关法规和审核全国重要城市的城市规划的权力。1990 年的城乡规划法再一次明确，地方发展规划是开发控制的主要依据，1992 年的规划政策指导文件也强调了在发展规划中制定城市设计政策（design policies）的重要性。

1994~1995 年，环境部推行了城乡环境品质（Quality in Town and Country）和城市设计运动（Urban Design Campaign）两项计划，使得城市设计政策再次成为人们关注的焦点。"城市设计运动"的目的是在地区层面上考察城市设计如何介入开发项目的早期规划阶段，以明确城市设计在英国的规划和开发控制体系中的地位。环境部倡议，"在地区层面上，鼓励采用创新的合作和协商方式对开发项目进行城市设计控制"，同时在开发项目层面上要重视"为保证获得高质量设计而制定的开发概要（Development Brief）的作用和实效性"[2]。1997 年，英国环境部开展 21 世纪城市设计竞赛活动（Urban Design Campaign 21），同年环境部和规划部对规划政策指导文件（PPG1）进行修订，增加有关城市设计的政策内容，以法律形式确定城市设计的地位。1998 年，英国环境部和规划部共同推进地方城市设计战略的制定。2001 年英国政府颁布"城市白皮书"（Our Towns and Cities：the Future），白皮书以罗杰斯勋爵 1999 年主持的报告《迈向城市的文艺复兴》（Towards an Urban Renaissance）为基础，强调合理运用城市设计工具推进城市复兴运动[3]。

2. 英国城市设计运作的特点

英国城市规划体系对城市设计活动的开展具有决定性的影响。城市规划运作主要通过中央国土与经济规划的指引、地方发展规划、地方规划局对开发申请案的规划许可制度来实现。在宏观层面上，中央政府发布的政令通报（Circular）和规划政策指导（Planning Policy Guidance，简称 PPG）是地方发展需要共同遵循的策略依据。具体到地方，英国《城乡规划法》确定法定规划（发展规划，Development Plan）由战略性的结构规划（Structure Plan）和实践性的地方规划（Local Plan）构成，来自中央的特殊规划政策（Special Planning Guidance）可以影响和指导发展规划的制定（图 4–10）。规划编制过程中，公众参与咨询占有重要地位并具备法定效力。

综合来看，城市设计在英国的运作具有以下显著特征：

（1）逐步融入法定规划的城市设计政策和导则。英国良好的城市设计传统源自政府和公众对保护历史环境、重塑城市风貌的关注，因此严格的城市设计控制与引导主要集中在

---

❶ 1988 年，查尔斯王子十分关注城市设计的作用和发展，提出了"关于建筑与城市设计的十条戒律"。

❷ David W. Chapman，Peter J. Larkham. Urban Design，Urban Quality and the Quality of Life：Reviewing the Department of the Environment' s Urban Design Campaign [J]. Journal of Urban Design，1999，4（2）：221–232. 城市设计运动包括 21 个案例，遍及英国各地，内容包括对正在开发和即将开发的项目进行城市设计和执行设计。

❸ Urban Task Force 指出促进成功、可持续地保护或塑造场所的最佳途径是在规划和开发的起始点就考虑城市设计（Towards an Urban Renaissance，The Report of the Urban Task Force Charied by Lord Rogers of Riverside）。

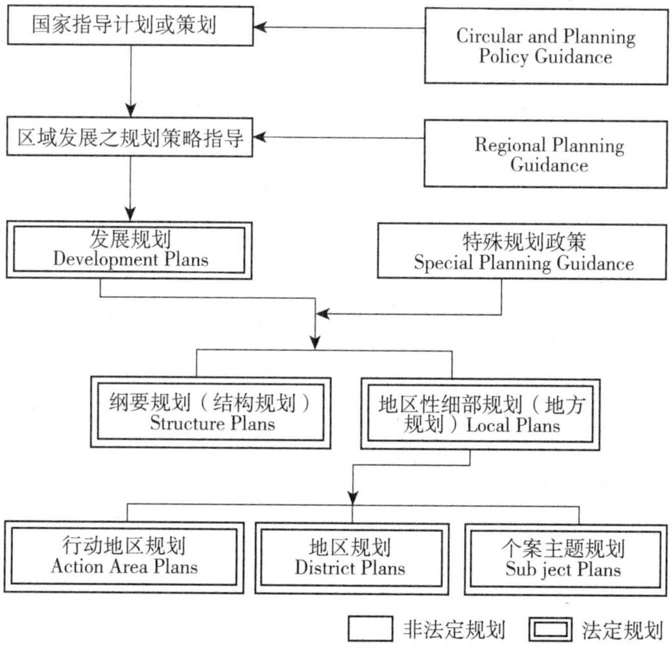

图 4–10 英国城市设计体系概要图
（资料来源：林钦荣．都市设计在台湾 [M]. 台北：创兴出版社，1995：185）

历史保护区内。20 世纪 80 年代以来，随着城市的不断发展、公众意识的提升、国家王储的重视、政府支持力度的增加，城市设计控制的范围普遍突破历史街区而覆盖到城市其他区域，城市设计政策也逐步渗入到法定规划体系之中。城市设计的范畴从传统的视觉艺术考量向公共区域的环境创造转变，一些地方政府开始制定各类城市设计导则乃至整体性的城市设计策略，并将其作为颁发规划许可证的考量内容。充实和完善发展规划中的城市设计政策为实施设计控制提供了有力的法定依据。国家的"规划政策指引（PPG）"中增加了对城市设计管理的说明，"结构规划"和"地方规划"也融入了如设计区域、开发控制强度、设计区标准形式控制等诸多规定。在上述规划政策指引和法定发展规划之外，补充性规划（Supplementary Plan）❶还可以具体针对特定地区或专题制定城市设计要求和开发建议。虽然补充性规划不在法定规划体系之内，但它仍然是开发控制与规划许可审查中必须考虑的因素，在城市设计导则和开发概要的制定方面扮演着重要角色。

（2）以自由量裁为特征的规划许可制度与城市设计审查。根据英国规划法规的规定，"法定的地方规划只是作为开发控制的主要依据而不是唯一依据，开发活动与地方规划相符合并不意味着能够获得规划许可"❷，因为规划许可证的颁发还要考虑开发项目的特定情况、具体的规划条件和设计要求等，由规划委员会综合评价各方情况得出最终审查结果。显然，英国的"规划许可"带有明显的自由量裁特征（图 4–11），这对管理者的审美素质、技术水平、沟通能力等提出了很高的要求。出于对公众需求和多元利益的尊重，在规划许

❶ 补充性规划通常包括设计导则（Design Guide）和开发概要（Development Brief）等。
❷ 唐子来，李明．英国的城市设计控制 [J]. 国外城市规划，2001（2）：3–5.

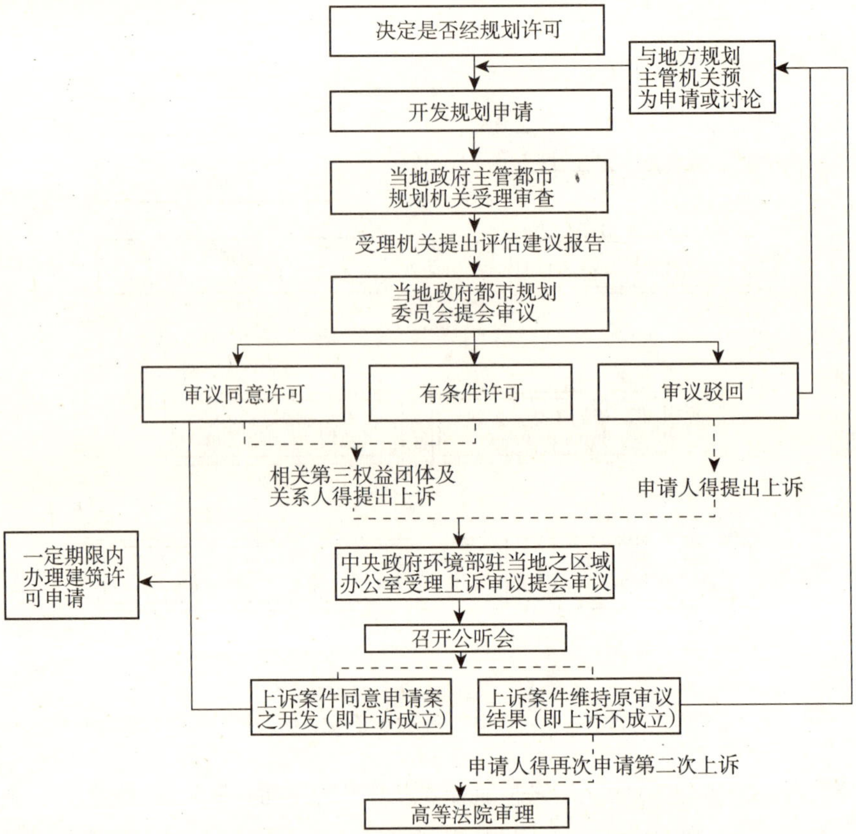

注：虚线部分，表示申请案件发生不服审议决定时，举行上诉抗辩时所须执行之流程作业。

图 4-11 英国规划许可中的开发管制审议流程图

（资料来源：林钦荣 . 都市设计在台湾 [M]. 台北：创兴出版社，1995：188）

可（Planning Permission）的申请与审议过程中，设计方案和其他团体及相邻邻居对该申请案的意见需要一并提交，作为地方规划局审查的参照。如果申请案被规划委员会拒绝，或者被授予有条件许可，或是在规定的时间内没有作出批准与否的通知，申请人可以向环境部大臣提出上诉（由中央环境部驻当地的区域办公室受理上诉审议），甚至可能上诉到高等法院[1]。地方规划局对申请案的考察主要包括以下诸项：地方的特征与宁适性（开发计划是否会增加噪声、产生毒气、恶臭或者停车等问题）；道路的安全性、车流的产生及与交通路线的配合；与临近的农业使用、绿化或者道路交通系统的配合及改良；有无满足需求的供水、排水设施及公用设备；基地大小是否适宜；有没有影响到历史文物；政府政策的考虑；上位规划、政策及策略的考虑与配合；地区安全与有无犯罪的应对措施等。

3. 关于城市设计控制美学主观性的思考

城市设计控制总是会涉及美学问题，而审美的主观性、不可量化性使得针对设计美学的管制经常遭到来自各方的质疑。在英国，土地开发方案由规划部门核准，但方案本身通常由私人开发商提出。由于开发商并不会将设计的质量问题放在最重要的位置，因此一些人认为设立美学控制政策是必要的；另一部分人则认为美学始终是一个难以进行客观评价

[1] 林钦荣 . 都市设计在台湾 [M]. 台北：创兴出版社，1995：187.

的主观范畴，一些领域需要放由市场需求来决定，设计控制不应干预太多细节，这样才能确保规划审批的科学性和运作效率。1995 年以来的英国城市设计运动促发了业界对设计控制的技术操作的全面思考，并涉及更深层次的法理问题，也即设计控制的美学主观性所导致的自由量裁问题。“英国环境部推行的设计控制政策具有明显的双重标准，即在保护地区内实施全面的和详尽的设计控制，而在其他地区则采取较为放任的态度”❶。总体上，英国城市设计导则的制定还是强调本着谨慎的态度，在理性的场地分析基础上，选择达成地区整体性所需要而且容易被认同的要素进行控制，尽量避免主观感受和审美判断。

4. 代表性城市设计案例研究

法定规划中的城市设计准则是“规划许可”审查的重要内容和依据；法定规划之外，其他形式的城市设计策略或导则也可以成为规划审查的核心参照标准。无论规划许可过程针对哪些城市设计内容或导则进行了审查，申请议案是否能获得“许可”的关键在于管理人员“自由量裁式”的决定。目前，英国各地都在积极建立从城市整体到局部地区的相互关联的设计导则（政策）体系，通过实施有限度的控制来获得开发的多方协调，下述几个案例将整体诠释这一点。

（1）发展规划中的综合性城市设计政策或导则。1990 年盖德佛得市的城市发展规划（Guildford Development Plan）针对城市环境建设确立了相应的城市设计要求（表 4-8）。盖德佛得发展规划中的“城市建成环境”这一章共提出了八项城市设计政策，涉及空间、材料、建筑细部、土地混合使用、停车设计、景观、非邻里开发、公共安全和无障碍设计等诸多方面。这些设计政策既包括具有法定强制力的要素，也涵盖自由量裁内容，以及相关的解释说明的段落，从而成为开发案在申请规划许可时需要遵循的重要设计标准。

盖德佛得城市发展规划中的城市设计政策（1990） **表 4-8**

1BE 设计标准。委员会将对城市提出高标准的设计要求，并且寻找机会提高和改善整体建成环境
2BE 景观导则。委员会将会对那些环境敏感区或易受重要开发影响的区域制定景观导则。违背这些导则的开发议案将不能获得规划许可
3BE 设计文脉。在考量设计议案的时候，委员会将确保建筑形式、街道模式、街区尺度、建筑红线、历史类型、景观视线、地标建筑、屋顶处理和其他景观要素等文脉被尊重
4BE 准确图纸和透视。委员会将要求开发过程需绘制准确尺度的立面和平面设计、屋顶概要和剖面等图纸（包括现状及未来设计）。申请议案同时还需包含以下图纸： ①与临近建筑和水平面的关系；②场地现状树木的详细信息，包括种类、位置、高度和树冠伸展；③对现有景观视线以及视觉的影响（基于准确的调查）；④所有关于植物、管道、防火设施、安全设备、窗户清洁和其他设备的细节图纸。 委员会在颁发规划许可的时候，会重点根据这些图纸和准确测量的地面情况及临近建筑的尺寸来考察申请议案
5BE 布局和开发时序。委员会要努力确保建筑布局对使用者来说清晰易懂，并且创造特性化区域。考虑到开发时序的问题，委员会期望在给出任何独立开发的许可之前有一个覆盖整个场地的总体规划
6BE 尺度、均衡和形式。在考量设计议案的时候，委员会将： ①保证任何新建筑都尊重周边环境的尺度、高度、比例和材质等，委员会将会拒绝那些在尺度、高度或者体量上过大以及与周边环境不协调的开发；②鼓励那些在传统街区能够减少视觉尺度、体量和国际式体形的建筑形式。委员会只允许楼板空间的替换，以确保可接受的建筑体量和形式。合理地减少楼层空间是形成这类建筑、获得规划许可的必要条件

❶ 唐子来，李明 . 英国的城市设计控制 [J]. 国外城市规划，2001（2）：3.

续表

7BE 公共视觉和屋顶形式。在考量设计议案的时候，委员会将： ①保护有价值的公共视觉环境，寻找机会创造有吸引力的新景观和新视觉；②在适宜的新开发中鼓励坡屋顶和这种建筑屋顶特征。如果屋顶是平的、机械的、高架的或其他这类结构，则要与现有的建筑景观相协调。任何窗户清洁设备在不使用的时候，应该隐藏在公共视线之外
8BE 街道界面设计。在考量设计议案的时候，委员会将保证组成步行界面的建筑和空间能够给通过者提供视觉兴趣和场所感

资料来源：John Punter. Design Control in England [J]. Built Environment，1994，20（2）：171.

（2）城市层面的城市设计策略。在总体规划层面推行城市设计策略的一个成功案例是伯明翰市。20 世纪 60 年代的大规模城市更新对伯明翰的传统城市空间造成了很大的破坏，20 世纪 90 年代伯明翰城市政府邀请许多专家和顾问，就如何创造一个更安全、舒适、便利、有吸引力和导向性的城市环境进行研究，制定出整体性的城市设计策略（表 4–9）。策略以伯明翰的整个城市中心区为对象，旨在管理和引导针对基础设施、建筑、城市空间等进行的私人或公共开发。城市设计策略是城市及开发商必须遵守的城市发展规划的组成部分，任何符合策略应用范围的开发议案都必须满足它的规定方能获得开发许可。总体城市设计策略建构了一个塑造城市中心区形象的管理框架，并得到地方政治家、居民及商人们的广泛支持。框架保证了公共投资的合理使用，保护公众利益不会因商业开发者的短期逐利而遭受损害，它是更小地区制定设计原则的基础[1]。另一个例子是 2001 年英格兰南部海港城市南安普敦（Southampton）颁布的《城市中心区城市设计战略（City Centre Urban Design Strategy）》。在此之前，南安普敦的设计管理主要依靠地方规划中为数不多的相关规定，进入 20 世纪 90 年代后，这些原则性规定已经明显不能满足城市建设管理的新需求，制定城市层面的城市设计战略无疑有助于提升城市形象、形成富于活力的城市中心和维护高品质的城市空间环境建设（图 4–12）。南安普敦城市设计战略作为地方规划的"补充规划指引（Supllementary Planning Guidance）"得以实施，它是针对城市开发控制目标的空间思考和形态考量。

伯明翰的城市设计策略 **表 4-9**

① 通过强调入口来帮助人们发现进入市中心的途径，比如主要道路交叉口、标志性建筑物、特点地块的转角处，并对某些地段的夜间照明加以处理
② 发现并保护（或创造）重要的景观以帮助游人形成方向感，并给人留下对城市的印象
③ 制定关于建筑物高度的政策及合理布置高楼以美化城市地貌
④ 通过将相互分离的个别建筑物连接组合，再生曾一度失去的传统街道立面形式
⑤ 制定如何改善街道立面并提供完善街道生活设施的策略，以清除胡乱布置的广告等杂乱无章的要素
⑥ 通过在城市中心定义新的公共使用空间并以步行系统相连接，加强界定建筑物与城市广场的界限，以产生形式的连续性来强调开放空间
⑦ 通过制定详细的城市设计原则，标明各地区在未来发展中需要强调的特性，以强调城市不同的传统特点

资料来源：迈克 · 比道夫 . 当今英国的城市设计思想与实践 [J]. 马文军编译 . 华中建筑，2000（1）：78.

[1] 迈克 · 比道夫 . 当今英国的城市设计思想与实践 [J]. 马文军编译 . 华中建筑，2000（1）：73–78.

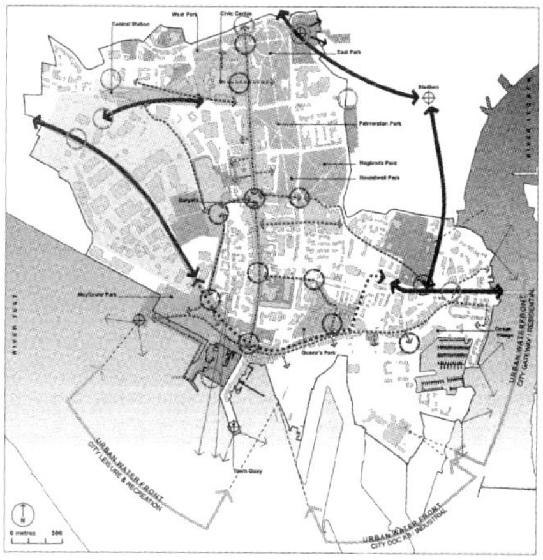

图 4-12 南安普敦的城市中心区城市设计战略
（资料来源：Southampton City Concil. City Centre Urban Design Strategy[Z]，2001）

（3）具体地段的城市设计准则。通常地方规划是比较具有原则性的，法律授权规划部门在核发规划许可时，可以根据开发活动的特定情况确定更加具体的规划条件。如图 4-13 的案例所示，由于开发商最初提出的议案并不理想，促使规划部门制定专门的地块设计概要（Planning Brief）来管理开发。在设计概要的指导下，规划管理者、设计人员与开发商不断进行协商，开发议案最终调整为大家所期望的模样。地块设计概要包括了开发控制和设计的细节内容，项目申请要获得政府的开发许可证，除了满足法定规划对本地区的规定外，涵盖城市设计准则的设计概要也是规划许可审议中的重要内容。为了指导汉普郡福利特（Fleet，Hampshire）北部一个新社区的开发，1998 年埃文瑟 · 赫兹发展机构（Elvetham Heath Developments）花费一年时间制定了针对该场地的设计概要。设计概要对如何创造高质量的城市场所、提供有吸引力的社区空间给予了积极引导，并与总体规划一起成为控制地区发展的核心准则。设计概要的主要内容包括项目介绍（introduction）、规划文脉及分析（planning context and analysis）、总体规划描述（master plan description），以及片区设计导则（area design guidelines）四部分。其中的城市设计策略涉及特殊边界的处理、重要的城市立面、地标建筑、广场和空间、地标的特征以及邻里绿化等许多细节内容。概要从场地的景观要素和地势分析出发，讨论了地段未来发展面临的主要问题，并明确提出地段的未来建设意象和高标准的开发途径（图 4-14）。

（4）其他类型的城市设计导则。其他类型的城市规划也给城市设计活动提供了广阔的运作平台，一个典型案例是泰晤士河"战略规划导则"[1]。几个世纪以来，泰晤士河一直在伦敦人的生活中扮演着重要的角色，然而这条河作为一份被忽略的财产，常常被大家视为废弃、割裂、障碍性的城市地段。因此，跨越伦敦市多个行政区的"泰晤士战略：从柯尤到切尔西（Thames Strategy - Kew to Chelsea）"逐渐提上日程，规划通过建立一个长期的远景框架，制定区域性的更新策略和城市设计导则，以及组织公共部门、私人部门、志愿者机构和地方社区的共同参与，来为泰晤士河的未来发展寻找新的机遇（图 4-15）。2002 年

[1] 唐燕 . 区域性城市更新计划 [J]. 国外城市规划，2006（1）：108-109.

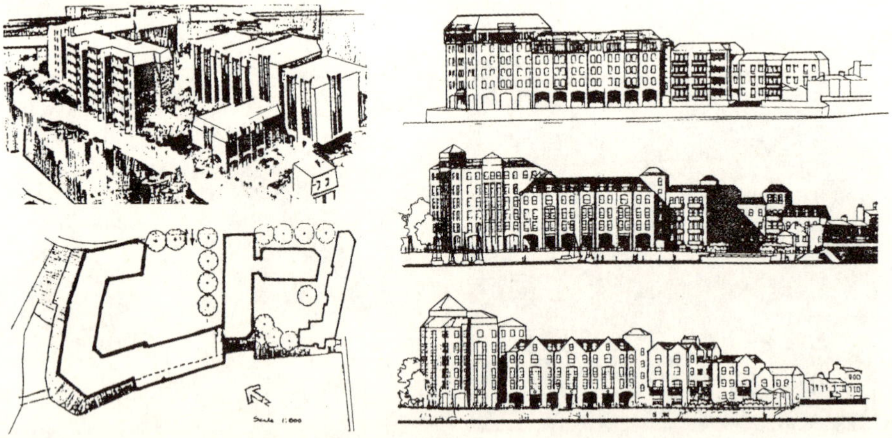

左图：开发商最初想获得规划许可的开发议案；右图：在规划概要的指引下，通过规划管理者与开发商的不断协商，设计方案渐进式调整后得到的结果。

图 4-13 运用规划概要确定的具体城市设计准则来管理城市开发

（资料来源：John Punter.Design Control in England[J].Built Environment,1994,20（2）：172.）

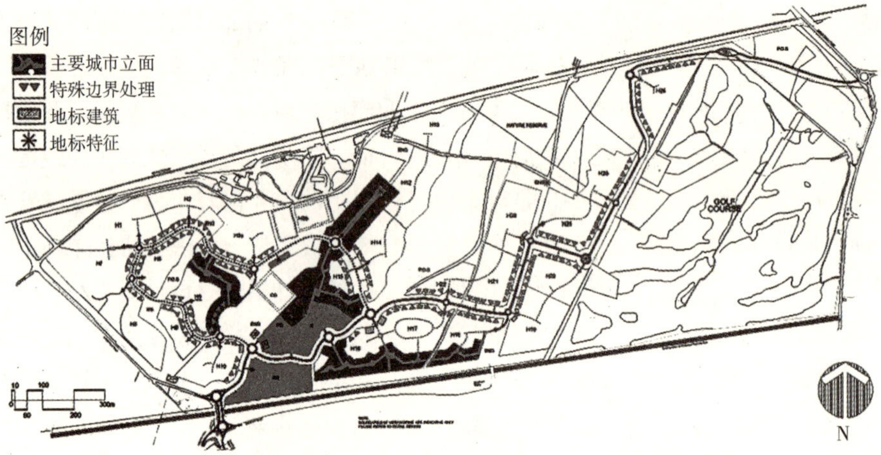

图 4-14 埃文瑟 · 赫兹设计概要中的城市设计策略

（资料来源：http://www.elvethamheath.co.uk/building/designbrief.asp）

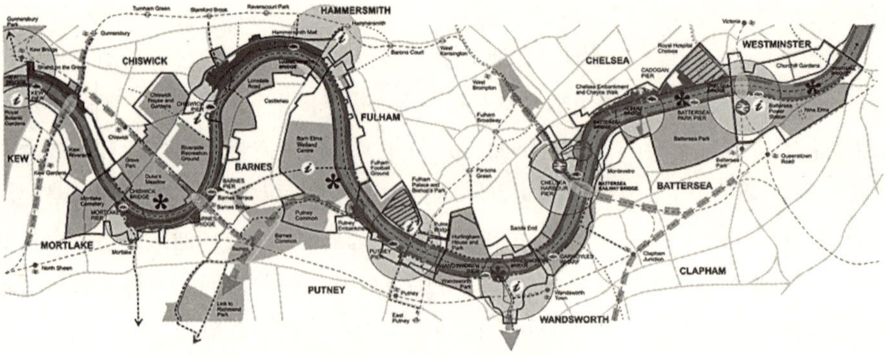

图 4-15 泰晤士战略

（资料来源：http://www.thamesstrategy-kewtochelsea.org.uk/）

6月，筹备多年的战略规划正式投入运作，整个计划涉及河道整治、历史遗产保护、视觉及地标、景观和开敞空间、生物多样性、休闲旅游、滨河运动、开发策略等多个方面，阿特金斯(Atkins)担任了主要的设计咨询工作。现在这个处于起步阶段的更新计划进展顺利，资金正通过政府支持、发行彩票、自愿捐助等方式获得，一个个具体项目的详细计划也在逐步出台。

4.1.3 制度环境下的中美英城市设计运作状况比较

无论英国还是美国，城市设计的运作实施都同时依赖于"正式制度"和"非正式制度"的双重约束。法定规划中的城市设计准则、城市设计审查制度、城市设计法令等是强有力的、保障城市设计实施的"正式"制度；而法定规划之外的其他设计导则、政策或补充规划等也从另一个层面，通过引导和软性约束等"非正式"制度方式保障了城市设计活动的有效开展。

分析中、美、英三国城市设计的制度环境和运作特点，比较它们之间的区别与共性可以看出（表4-10）：在地方分权、土地私有、权利制衡的美国，城市设计的实施管理主要依托具有法律效力的区划得以实现，这可以视为城市设计的"规定性"管理；在以中央集权为主、土地开发权国有的英国，城市设计策略的实现依赖于具有自由量裁特性的设计审查，通过"自上而下"与"自下而上"的互动管理过程贯彻执行，这可以视为城市设计策略指导下的个案式"量裁性"管理。我国以公有制为基础，中央集权与地方分权相结合，经济正处在逐步市场化的转型阶段，规划管理主要依赖行政审批，通过颁发以法定规划为依据的行政许可管理城市建设。如前几章所讨论的，城市设计运作在我国尚处在自发、无序的混沌阶段，城市设计的编制、管理和实施均没有形成确定的依据和模式。对于习惯通过颁发"一书两证"来管理城市建设的行政人员来说，是否应该制定相应的城市设计导则（政策）、确立明确的设计管理标准、成立审查委员会等来保障城市设计的正常运行是急待研究的重要课题。

中、美、英三国城市设计运作特点及制度环境比较　　表4-10

对比要素	美国	英国	中国
国家、政治体制	联邦制 民主共和制	合众国 君主立宪制	单一制 人民代表大会制
法律体系	判例法系 已有的法庭判决将影响和决定未来案件的判决。法律推理主要是类比推理	判例法系 已有的法庭判决将影响和决定未来案件的判决。法律推理主要是类比推理	大陆法系 法律条文和法律规范是法庭判决的根本依据。法律推理主要是演绎推理
经济环境	市场经济。新自由主义思想盛行，反对政府对市场的过度干预	市场经济。反对政府对市场的过度干预	从计划经济向市场经济过渡的转型时期
行政管理结构	地方政府具有处理地方事务的主要权利。行政管理主要分三级：联邦政府—州政府—市政府	中央集权的规划行政体制，地方拥有具体规划管理权。行政管理主要分三级：中央政府—郡政府—区政府	中央集权与地方分权相结合。行政管理主要分三级：中央政府—省政府—市政府

续表

对比要素	美国	英国	中国
土地开发利用	土地所有权、使用权个体私有	土地开发权国家所有，所有权个体私有	土地所有权国家、集体所有，使用权可通过不同途径转让为个体私有
城市规划体系	城市规划活动由联邦、州、市等几个层次构成，但主要由州和自治市负责。城市规划的行政体制和职能在各个州，甚至州内各个自治市均不相同	由中央统一管理的城市规划体制，城市建设要遵循法定规划及其他补充规划，地方管理服从中央要求	在遵循国家、区域规划要求的情况下，由地方具体开展城市规划的编制和管理工作，实现城市规划从中央到地方的管理
城市规划编制	以区划为核心，主要包括： （1）综合规划（Comprehensive Plan）； （2）区划条例（Zoning）； （3）土地细分（Subdivision）； （4）场地布置（Site Planning）	法定规划（Development Plan）的二级体系： （1）战略性的结构规划（Structure Plan） （2）实践性的地方规划（Local Plan）	城市规划分为两个阶段： （1）城市总体规划（部分城市还需编制分区规划）； （2）详细规划（控制性详细规划、修建性详细规划）
城市设计管理	法规性控制： 区划审查形式为主，土地细分、场地布置审查为辅；结合区划的城市设计审查	自由量裁式的规划许可： 主要通过开发许可中的有条件许可实现，基于个案的设计审查程序	城市设计管理非常薄弱： 主要依靠法定规划和“一书两证”的设计审查来实现
公众参与情况	注重公众参与及民主决策的法定程序要求	注重公众参与及民主决策的程序要求	尚处在起步阶段，城市设计的公众参与未有法律程序保证

4.2 发达国家城市设计运作机制的借鉴与启示

对不同国家城市设计运作概况的考察表明，发达国家的城市设计活动通常结合国家已有的城市规划体系，借助“正式”与“非正式”的制度约束运作实施，“城市设计导则”和“规划许可”是落实城市设计控制强有力的两项工具。随着各国对城市设计重视程度的加深，城市设计内容越来越多地融入到法定规划中，在英国、美国、法国、德国和西班牙均是如此。表 4-11 简要对比了法国[1]、西班牙[2]、德国[3]、日本[4]、荷兰[5]的城市设计开展状况，试图更加全面地展示城市设计在不同制度环境下的运作模式。

---

[1] Loew S. Design Control in France [J]. Built Environment，1994，20（2）：88–103；唐子来，程蓉编译 . 法国城市规划中的设计控制 [J]. 城市规划，2003（2）：87–91；卓健，刘玉民 . 法国城市规划的地方分权：1919–2000 年法国城市规划体系发展演变综述 [J]. 国外城市规划，2004（5）：7–15；张恺，周俭 . 法国城市规划编制体系对我国的启示：以巴黎为例 [J]. 城市规划，2001（8）：37–41.

[2] Calderon E. J. Design Control in Spanish Planning System [J]. Built Environment，1994，20（2）：157–168；唐子来，朱弋宇编译 . 西班牙城市规划中的设计控制 [J]. 城市规划，2003，（10）：72–74.

[3] Pantel G. Design Control in German Planning [J]. Built Environment，1994，20（2）：104–112；唐子来，姚凯编译 . 德国城市规划中的设计控制 [J]. 城市规划，2003（5）：44–47；殷成志 . 德国建造规划与城市详细规划法制化 [C]// 2004 年城市规划年会论文集，2004：767–772.

[4] 唐子来，李京生 . 日本的城市规划体系 [J]. 城市规划，1999（10）：50–54；谭纵波 . 日本城市规划行政体制概观 [J]. 国外城市规划，1999（4）：6–11；庄宇 . 城市设计的运作 [M]. 上海：同济大学出版社，2004：29–32.

[5] Nelissen N. J. M，De Vocht C. L. M. Design Control in the Netherlands[J]. Built Environment，1994，20（2）：142–156；唐子来，凌莉编译 . 荷兰城市规划中的设计控制 [J]. 城市规划，2003（3）：87–90；B. Wissink. 在社会变革中的荷兰空间规划——参与的政治学 [J]. 国外城市规划，2002（2）：11–14.

其他发达国家城市设计运作的特点及制度环境比较 **表 4-11**

类别	法国	西班牙	德国	日本	荷兰
国家政治体制	单一制 半总统制	类联邦政体 议会制君主立宪	联邦制 议会制共和制	单一制 议会内阁制	单一制 议会制君主立宪制
集权与分权	中央集权与地方分权结合（1983 年开始分权的尝试，部分权力下放到市镇政府）	分权（地方政府编制和审核市镇规划，最终由区域政府批准）	分权（强有力的地方政权，地方政府主管本地城市规划事务）	中央集权与地方分权结合（1968 年确定规划权限下放，地方政府职能加强）	中央集权与地方分权结合（中央政府的任务与权限越来越多地下放给省或行政区政府）
行政管理结构	四个层次：全国—大区—省—市镇	三级：自治区（国）—省—市	四个层面：联邦—州—区域—市镇	三级：中央政府—都道府县—区市町村	三级：中央—省—行政区
城市规划体系	两种发展规划：战略性的总体规划（SOAU），地方性的土地利用分区规划（POS）	三类：指导性（国土规划和区域规划）、结构性（市镇规划）和管制性规划（其他详细规划）	两级：概略的土地利用规划（F-Plan），具有法定约束力的建造规划（B-Plan）	多层级多类别：城市土地使用规划（包括地域规划、分区制度和街区规划），公共设施规划，城市开发计划等	两类：结构规划和地方规划（及与之地位等同的城市更新规划）
规划管理特点	土地利用分区规划的规划管理过程是规定性的，几乎没有自由量裁权（申请者和规划部门可以协商对规章的解释）	规划管理依据市镇规划规定、特别委员会和公众参与提出的有关限制（地方当局会相对灵活地实施）	严格完整的规划设计控制体系（规划当局和开发者之间的协商环节使设计控制具有一定灵活性）	执行严格的区划管理，土地绝对私有化使城市规划管制能力削弱（借助市民与团体的公众参与来实现灵活管理）	设计控制准则具有程序性特点，只涉及设计控制委员会将考虑的方面和使用的审核方法
城市设计实施途径	通常以地方性的土地利用分区规划作为设计控制的工具，借助建设许可制度实现：规划法典允许规划局仅以美观理由拒绝签发建设许可	通过市镇规划中的设计控制要求与开发许可制度实现	通过法定规划中的设计控制准则以及各种设计指南的引导，借助建造许可实施	立足“城市创造”理论，设计实施依赖于城市设计策略的拟订、市民和团体的积极参与、官方的引导等，多采用非正式的城市设计审查	依托设计准则和建造许可制实施城市设计控制。设计控制委员会审查设计是否满足要求，许可的最终决策由市长和议会作出
城市设计控制的地位	法定内容。设计控制与历史街区的立法紧密关联，新旧法律共存形成复杂的状况	法定内容。历史城镇、地段注重对城市设计控制的立法，新区建设拥有较大的设计自由度	法定内容。在法定建造规划中制定详细的城市设计控制要求	未在城市建设的总体规划、地区规划、建筑许可制度中获得法律地位（少数城市将城市设计纳入正式规划管理）	法定内容。住宅法规定地方建造法规必须包含设计评审准则，地方建造法规范本加以详细阐述
公众参与情况	保证地方协会和公众的参与权力。规划批准之前进行公众咨询，受到决定侵害的各方均可提出上诉	规划编制或采纳过程有公众参与，主要涉及私人利益的特定问题	联邦建造法典规定各种规划制定和开发方案的决策等都要保证广泛的公众参与	城市规划是一个广泛公众参与的过程，通常公众意见由上一级仲裁机构来审理	公众参与始终是荷兰规划体系的一部分。设计控制委员会召开开放的会议，公众能参与设计控制过程

4.2.1 开发控制与设计控制

城市规划管理通常涉及“开发控制”和“设计控制”两方面内容（图 4-16），其中“开发控制所关注的是城市建成环境的‘功能合理性’，通常会涉及土地用途、开发强度、交

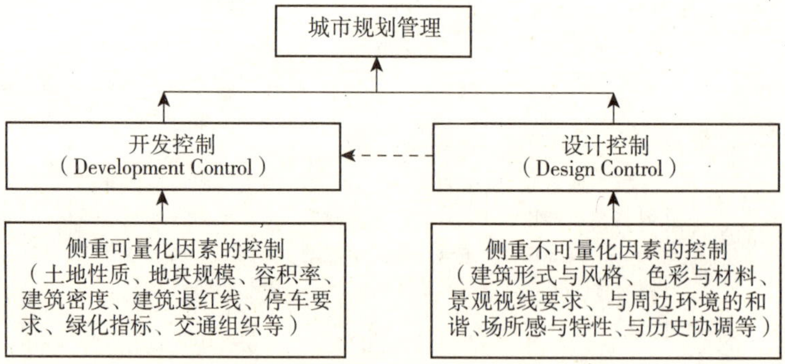

图 4-16 城市规划管理的开发控制与设计控制

通组织、设施配置和环境标准等方面的控制要求。设计控制所关注的是城市建成环境的'形态和谐性'……控制元素往往是根据特定情况有所选择"[1]。由于"开发控制"侧重对城市建设"可量化"因素的管理，表现出较强的确定性和规范性，所以一般是各国法定土地利用规划和规划许可审查的核心内容；而"设计控制"主要管理的是关乎生活舒适度与环境美观效果的"不可量化"因素，如城市形象、空间品质、视觉廊道等，其具体操作根据国情不同体现出较大的灵活性和差异性。

在大部分发达国家，开发控制和设计控制往往是有机整合在一起的。例如，美国的许多城市中，设计控制主要通过城市设计导则和设计审查的方式介入到区划平台当中，借助区划法规的实施而实施，以形成对开发控制管理的有益补充；德国的建造控制规划（B-Plan）中除了常规的区划控制指标外，还会涉及地区特定的设计控制要求，如室内外关系、视觉特征、植物种植、材料选择等[2]；英国的法定规划、补充规划以及其他城市设计导则的实施，最终通过自由量裁的"规划许可"制度来实现。也有少数国家或地区将开发控制与设计控制分开来实施，例如荷兰的设计控制在运作上就表现出较强的独立性。荷兰有覆盖全市的设计控制准则，设有专门的设计控制委员会来审查开发申请案并给出裁决建议，市长和议会最终决定开发议案是否满足准则要求。开发控制与设计控制相结合的城市建设管理途径，反映到我国就是"城市设计"编制实施与"城市规划"编制实施的结合，是现阶段许多学者推崇的城市设计运作方式。通过这种做法，城市设计可以在城市规划确定的制度体制内运作实施，无须另起炉灶建立一整套全新独立的城市设计体系。

实施设计控制的初衷是为了维护城市良好的空间环境品质，但实际上城市设计活动的目标已经远远突破了单纯的城市景观需求，开始涵盖经济、福利、生态等多个层面。菲比（Reiko Habe）考察了美国不同尺度城市设计的控制目标，发现城市设计实践在目的指向上是综合开放的，城市设计管理需要围绕这些综合性目标的实现来开展（表 4-12）。

---

❶ 唐子来，付磊．发达国家和地区的城市设计控制 [J]. 城市规划汇刊，2002（6）：1-8.

❷ 卡马拉等在《城市设计的维度》一书中指出：在德国、法国以及一些美国城市中使用的规划操作系统，是基于一种混合型体制——包括实行受法律约束的分区制度，以及通过规划或设计图则来引导设计等。

不同尺度城市设计的控制目标 表 4-12

社区尺度	小（Small）	中等（Medium）	大（Large）	超大（Metro）	县（County）	总计
数量	13	19	4	16	5	57
审美（%）	84.62	68.42	25.00	56.25	60.00	64.91
经济（%）	46.15	68.42	25.00	50.00	40.00	52.63
开发质量（%）	38.46	52.63	50.00	43.75	60.00	47.37
福利（%）	38.46	57.89	25.00	43.75	60.00	47.37
工具[1]（%）	30.77	42.11	25.00	43.75	20.00	36.84
适宜特征（%）	7.69	36.84	25.00	43.75	66.00	33.33
问题[2]（%）	15.38	52.63	0.00	12.50	0.00	21.05
心理[3]（%）	23.08	26.32	0.00	25.00	20.00	19.30
生态（%）	30.77	31.58	0.00	12.50	0.00	21.05
历史 / 文化（%）	7.69	26.32	0.00	25.00	20.00	19.30
功能[4]（%）	15.38	10.53	0.00	18.75	20.00	14.04
使用者[5]（%）	0.00	21.05	0.00	6.25	0.00	8.77
经济 / 审美（%）	7.69	0.00	25.00	0.00	0.00	3.51
移民[6]（%）	0.00	5.26	0.00	0.00	0.00	1.75
总计	45	95	8	61	21	230

注：1. 与总体规划原则一致的规划工具；
2. 预防城市问题；
3. 涉及人的心理舒适度；
4. 社区生活的功能性设施（例如：交通、停车）；
5. 满足使用者的行为需求；
6. 处理人口和商业的位置选择的规划工具（例如：向心和离散）。

资料来源：Reiko Habe. Public Design Control in American Community[J]. TPR，1989，60（2）：200.

设计控制针对哪些地区，管制的力度如何，这都将直接影响城市设计控制的成效。一些发达国家的城市设计控制采取了明显的双重标准：即在历史保护区内执行全面、严格而又细致的设计控制；其他地区推行相对宽松灵活的管理方式。例如，英国的城市设计控制并非均匀地全面铺开，而是重点致力于对历史文化街区的保护；大多数美国城市除历史地段等城市敏感区域内的设计项目需要全部实施城市设计审查外，其他区域内的城市设计审查主要针对那些对城市建设有较大影响的项目❶，事实上许多开发议案只需通过“柜台交易式”的区划检查就可获得开发许可。由于设计控制本身耗时耗力，因此并非越严格全面就越好，而要在保证城市整体环境质量的前提下有选择性地进行。强制执行那些过于刻板详尽的城市设计准则不仅可能扼杀建筑师的创造力，也可能因为准则自身缺乏科学性而引起城市空间环境的破坏。所以，在历史保护街区、重要景观区域以外实施灵活弹性的设计控制，简化过多的规划管理环节，可以获得简洁高效的规划管理效果。法国规划法典允许

❶ 美国多数城市的区划法都对需要进行审查的项目作了明确的分类规定，并非所有的项目都需要进行设计审查。通常情况下，依据开发议案的建设规模、基地区位、周边环境、建筑性质、建筑面积等来判断项目是否需要进行设计审查及属于哪种类型的审查。

规划局以美观理由拒绝签发建设许可，但在城市重点区域以外，这个规定并不是强制性的。这样既赋予地方政府依据城市设计进行城市空间管理的强势权力，同时又保留了地方政府实施设计控制的灵活度，地方政府可以根据实际情况决定是否要运用这个美学控制权。在我国，历史文化保护区通常编有专门的保护规划，保护规划本身涵盖了大量针对建筑形式与风格美学的城市设计控制内容，在此之外的其他地区，适宜得当的设计控制经常处于空缺状态。

4.2.2 设计竞标的价值

城市设计运作过程中，“设计竞标”带来的好处无疑是多方面的：设计竞标不仅可以帮助政府（其他团体或个人）获得最优秀的城市规划设计方案，同时也是宣传设计控制理念、加强公众参与和获得社会认同的有效途径。因此，设计竞标在发达国家的城市设计活动中得到了非常广泛的应用。在德国，法定建造规划包含了开发控制和设计控制的各项详细要求，而设计竞赛为编制高质量的建造规划提供了有力的保障。德国设计竞赛的组织形式和程序多种多样，主要取决于基地大小、设计复杂程度以及资源利用状况等，重要的设计竞赛都会在行业媒体中进行公告。对于不适合进行设计竞赛的基地，地方政府需要依靠其他渠道寻求规划思路，包括规划部门、设计咨询机构、规划设计者或潜在开发商提供的各种信息和技术方案支持[1]。法国也是重视设计竞标的国家，根据法国的公共合同法，任何公共投资的建筑工程都要进行设计竞标，竞标程序需要遵循严格的规定，竞标中的获胜方案不能免于申请建设许可。在一些规划设计项目中，设计竞标对象不仅是个体建筑和空间环境，还包括整个大的地区，竞标范畴也从政府公共项目扩展到民间投资项目，因而促进了城市设计水平的大幅提升[2]。荷兰设计竞赛的规范体系才形成不久，地方政府和私人开发者都在积极探索通过设计竞标寻找优胜方案的有效途径[3]。我国自20世纪90年代以来，各种形式的城市设计竞标，包括国际性设计招标活动，一直非常频繁。设计招标引发的市场竞争不仅提升了方案设计水平和设计师的专业技能，规划设计的“透明化”和伴随而来的公众关注也有助于达成社会认同和形成社会监督。针对设计竞标中出现的一些负面现象，我国需要大力整治规划设计市场，防止“暗箱操作”、寻租欺诈、模糊评审标准等不良情况的发生，以规范和维护设计竞标的组织程序和公平竞争。

4.2.3 设计管理的规定性与量裁性

城市设计管理涉及对大量不可量化因素的控制和引导，因此比以土地利用为核心的开发控制要模糊、复杂，并容易产生争议。在城市设计与区划管制合并实施的国家，设计控制表现出较强的规定性；那些对城市设计进行单独审查或主观考量的国家，设计控制的自由量裁成分相对较大。“规定性”与“量裁性”的城市设计管理各有优劣，因此现实中的

[1] 唐子来，姚凯编译. 德国城市规划中的设计控制 [J]. 城市规划，2003（5）：44–47.
[2] 唐子来，程蓉编译. 法国城市规划中的设计控制 [J]. 城市规划，2003（2）：87–91.
[3] 唐子来，凌莉编译. 荷兰城市规划中的设计控制 [J]. 城市规划，2003（3）：87–90.

设计管理往往会综合应用这两种途径。即使是在以设计控制准则详尽严格而著称的德国，建造规划规定了开发案的体量、布局、立面、开窗、材质和色彩等细节内容，但联邦建造法典的第 34 和 35 章依然为设计控制的灵活运用提供了依据——规划当局和开发者之间的协商环节使设计控制的实施变得具有弹性[1]。英国的规划许可制度具有强烈的自由量裁特征，结构规划和地方规划中的城市设计准则都是原则性和绩效性的，给设计审查留下了过多的主观量裁空间，因此通过编制设计概要等，对具体地块制定更加具体详尽的设计控制要求就变得极为必要。

城市设计管理有时侧重规定性（特别是历史街区），有时推崇自由量裁，与此相对应的城市设计导则也表现出以规定性（prescription）内容为主和以绩效性（performance）内容为主的两种特征。“规定性的设计导则强调达到设计目标所应采取的具体设计手段，如建筑物的高度、体量、比例的具体尺寸，立面的特定材质色彩和细部等。绩效性的设计导则注重达到目标的绩效标准，如建筑物的形体、风格和色彩应与周边环境保持和谐，而不是规定某一特定的形体、风格和色彩”[2]。规定性的城市设计导则较为具体详尽，可以给设计审查提供相对简单明确的评价标准，但也容易因此限制住建筑设计的创作空间；绩效性的设计导则通过提出建设需要达到的目标和可能实现途径来引导和鼓励优秀的开发议案，这有助于塑造丰富生动的城市景观，但也增加了设计控制的实施难度。

我国的城市设计编制侧重蓝图效果，城市设计导则与城市设计管理之间没有实现很好的衔接，设计成果与设计管理尚处于分离状态，因此制定松紧得当的设计控制准则和推行严紧适度的设计管理方式都急迫而必要。

4.2.4 城市设计的公众参与和评价体系

发达国家的城市设计活动普遍都很重视公众参与。无论在美国、德国还是日本，公众参与对维护市民权益、保障设计水平、促进城市设计实施等方面均起到了积极作用，部分国家还将公众参与程序写入法律，以保证城市设计编制过程和项目审批过程的公正性。日本的田村明曾在“城市创造”理论中指出城市设计必须由一定的民众去创造一个能主宰自己生活的、方便的、富有人情味的物质环境。由于土地绝对私有化的限制，城市设计在日本很多地方主要依靠民间团体来组织小规模的设计控制，市民和社区机构对城市设计的拥护和支持成为保证城市设计运作的关键力量。

具体到单个项目的设计审查，一些国家和地区通过建立专门的“评价体系”来帮助政府核定开发议案的优劣，评价体系使得城市设计审查更加公正透明。由于评价体系的建立和实施都是非常费时费力的，负责人员需要使用各种矩阵或图表来对每个方案进行打分和排序（表 4-13），因此不区分建设项目的轻重而广泛地推行“设计评价”体系并不适宜。总体看来，强化公众参与、建立综合的城市设计管理目标、合理推行城市设计评价体系都是我国城市设计运作值得借鉴的国际经验。

---

[1] 有些地方的设计控制较为放松，也没有编制详细的建造规划。

[2] 金广君 . 美国城市设计导则介述 [J]. 国外城市规划，2001（2）：6-9 .

美国马里兰州贝塞斯达（Bethesda）的城市设计项目评价体系
（数值表示项目在某方面的表现得分） **表 4-13**

排序	项目名称	A 居住	B 步行						C 影响					D 管理	总分	差别
		住房供应	与地铁的联系	私人用地的通道	公共活动场所	街道景观要素	吸引力	鼓励步行	其他提升措施	建筑体量	高效的内部空间	定位	环境质量	其他提升措施	组织提供		
1	切维克斯花园广场	8	7	1	1	2	6	2	4	1	2	2	1	2	3	42	12
2	阿特雷组织总部大厦	9	7	7	4	1	4	4	6	2	1	1	2	1	5	54	4
3	7475 维斯康新大道	9	1	2	5	6	1	1	5	4	4	4	5	5	6	58	10
4	入口大厦	9	8	7	3	3	2	3	8	3	3	3	4	8	4	68	11
5	4600 东西公路	9	2	7	7	7	3	6	9	5	5	8	7	3	1	79	4
6	社区停车场	6	5	5	7	4	6	7	9	6	7	5	3	6	7	83	3
7	弗兰克林大厦	9	4	3	2	5	8	5	9	7	6	6	6	9	7	83	14
8	空权酒店	5	3	6	6	8	5	7	9	8	9	9	9	9	7	100	4
9	伍德蒙特空权	9	6	4	6	8	7	7	9	9	8	7	8	9	7	104	
	总量	73	43	42	41	44	42	42	68	45	45	45	45	52	47	674	

资料来源：Courtesy of the Montgomery County Planning Commission，Maryland．转引自：John Lang. Urban Design：The American Experience[M]. New York：Van Nostrand Reinhold，1994：397.

5

城市设计制度建设的争议与悖论

制度是一种社会博弈规则，是人们所创造的用以限制相互交往行为的约束框架。我们通常所说的城市设计制度建设是指通过“正式制度”的建立或变迁来促进城市设计的有效运作。在大多数发达国家，正式制度与非正式制度对于维护井然有序的城市设计实践都具有非常重要的意义。但即便是在充分认识到正式制度对于城市设计行业发展至关紧要的今天，面对我国城市设计的制度建设问题，我们依然会举棋不定：国家整体制度环境的不完善以及城市设计制度的复杂性和内在争议性是引发这种摇摆的重要原因。城市设计依靠市场力量可以得到理想的运作吗？严格的正式制度对于城市设计真的那么不可或缺吗？从非正式制度走向正式制度就能更好地实现城市设计的实践目标吗？本章将深入剖析城市设计制度建设的内在争议与悖论，以此揭示城市设计制度建设的矛盾性和两面性。

5.1　市场机制下的城市设计运作

如库波特所见，“资本与市场的经济驱动力是城市设计存在与发展的主导因素”❶。那么具体来看，市场力是如何影响城市设计运作的？通过市场竞争与利益博弈是否可以实现城市设计的有效组织和实施？

5.1.1　不同利益主体关注城市设计的动因

城市设计的参与者众多，包括政府、投资商、公众、使用者等。很明显，不同利益主体对城市环境质量的关注可能出于不同的动机，他们支持或投资好的城市设计的理由也经常随时间和环境的变化而改变。一些利益团体可能偏好品质“适度”的设计，认为城市建设水平只要合适、过得去就好，以减少投资花费；而另一些人则可能赞成高标准的环境建设质量，提倡通过高水平的城市设计促进城市的长远发展。

2000 年，英国建筑和环境委员会（CABE）联合环境交通及区域部门（DETR）就“城市设计的价值”问题展开了深入研究❷。研究提供的表 5-1 总结了利益主体关心城市开发的主要动机以及他们对好的城市设计所持的态度。从表中可以看出，如果将城市开发中的利益主体划分为“私人利益”、“公共利益”、“社区利益”三类，那么：①私人利益主体追求的往往是在合理的风险下，如何获得最大的经济回报，他们之所以关注好的城市设计仅仅是因为希望能够因此促进房地产的销售或者提高地产价格及租金。那些长期投资者常常比短期投资者更有可能愿意对好的设计进行投资。②公共利益主体（主要是规划部门）高

---

❶　金勇．城市设计的空间政治经济学类型——A. R. Cuthbert 的“Design City”述评 [J]. 国外城市规划，2005（6）：73–77.

❷　Commission for Architecture and Built Environment. The Value of Urban Design （a research project commissioned by CAEB and DETR to examine the value added by good urban design） [R]. Great Britain by Latimer Trend，2001. 卡马拉等学者选取了六个不同质量的城市设计案例进行定性结合定量的分析，并从两方面考察了城市设计的潜在价值：研究首先利用一个简单的评价工具对选取案例的城市设计质量给出评分，对它们如何满足政府的设计目标（特色、连续性和围护，公共领域的质量，便利的活动，易辨识、适宜性和多样性等）进行综合评估；接下来研究者采用面谈等方式详细收集并描述了城市设计主要利益主体——投资者、开发者、设计者、居住者、地方政府和使用者等对待城市设计价值的不同观点，以此挖掘城市设计的市场价值和意义所在。

度关注城市设计，希望能够通过政府力量保护广泛的公共权益，减少开发对环境的不利影响。但是当经济目标与社会、环境目标发生冲突时，他们总是难以处理其间的各种矛盾。③社区利益主体由于将直接承受开发带来的各种影响，他们通常以保守的态度高度警惕地注视着城市设计的动向，防止坏的开发给他们造成不利。事实上，他们常常没有参与开发决策的真实权力，无法左右城市的开发决议。

不同利益主体关注城市设计的原因及动机　　表 5-1

利益主体		主要动机	对好的城市设计的关注
私人利益	土地所有者	最大限度地从土地开发中获得回报	仅在利益不会被破坏并且其他财产也获得保护的范围内
	短期集资者	确保经济安全，风险和回报间的平衡	仅当高风险能够被高回报平衡时
	开发者	生产可建造的、适于销售的、有利可图的、很快出产的建造产品	如果好的城市设计能够促进销售或者获利
	专业设计者	满足设计概要设定的条件，满足顾主；个人的设计、创新	取决于受训练的情况，通常关注建筑设计而牺牲城市设计
	长期投资者	好的资金流动，运作成本低并易于维护，长时期的获利	如果市场存在，并且如果好的城市设计能够增加获利、减少长时期的运行成本时
	管理代理人	管理效率	仅当增加的费用能够通过高收费获得时
	租用者	钱的价值，灵活的、安全的、功能的、合理的形象	仅当好的城市设计能够创造更加有效的工作环境，并且费用上可支付时
公共利益	规划执政者	保护地方宜居性；分配规划获利，满足规划政策要求；注重广泛的公共利益，降低环境影响	高度关注，但是经常不能够清楚说明设计要求，或者解决广泛存在的经济和社会目标不协调一致的问题
	道路交通执政者	安全、有效、可采用的（道路）	只有当功能要求能够被最先满足时
	消防及紧急服务机构	在紧急事件发生时的可达性	没有直接的关注
	警察	通过设计来阻止犯罪	仅当好的设计能够提高意象，减少犯罪时
	建筑控制	通过设计来保护公共安全	没有直接的关注
社区利益	非政府的宜居性组织	设计和用途与现有文脉协调一致	高度关注，但通常在景观上很保守
	地方社区	反映地方的喜好，保护财产价值	高度关注，但通常希望地方上根本没有任何再开发

资料来源：Matthew Carmona，Claudio de Magalhaes，Michael Edwards. Stakeholder Views on Value and Urban Design [J]. Journal of Urban Design，2002，7（2）：148.

好的城市设计在社会、经济、环境方面带给不同利益集团的收益不一样，对他们也就意味着不同意义的城市设计价值和需为之付出的必要成本（表 5-2、表 5-3）。总体来看，基本上所有的利益主体都承认能够从好的城市设计中获益，但通常只有在收益高于成本的情况下，市场驱动才会促发优质城市设计活动的进行。可见城市建成环境是不同利益集团之间的博弈结果，城市设计质量主要取决于政府、开发商、投资者和使用人员等的态度，他们不停地在成本、收益和风险之中寻找平衡。所以，仅仅依赖市场力量无法确保长期公共利益的实现，政府作为重要的公共利益维护者参与并管理城市设计是不可或缺的。

城市设计价值的受益者 表 5-2

主体	短期价值（社会、经济和环境）	长期价值（社会、经济和环境）
投资者	确保市场投资的安全性；高的租金回报；增加资产价值；减少运行成本；具有竞争力的投资边际	高质量的材料更容易被维护；保持资产价值 / 收入；减少维护成本（全生命周期）；更好的再出售价格；更高质量、更长时期的承租人
开发者	很快获得许可（减少成本和不确定性）；增加公众的支持（减少反对）；更高的出售价值（利润率）；独特性（加大产品差距）；增加融资潜力（公共 / 私人）；允许改造困难的场地，并因此获得更高的建设密度	更好的声誉（提高信任 / "品牌"价值）；更多和其他开发者 / 投资者未来进行合作的可能性
设计者	增加工作来源，获得来自高素质、稳定顾客的再次委托任务	提高职业声誉
租用者	—	愉快的劳动（更好地招收新员工和保持旧员工的活力）；更好的生产力；增加业务方（顾客）的信任；更少的搬迁；对其他设施的更高的可达性；减少保安费用；增加使用者的声望；减少运行成本（能量使用）
地方执政者	更新潜力（带动其他地区的开发）；减少公共与私人利益或意见的不一致，减少规划重复编制的次数	减少公共支出（防止犯罪 / 城市管理 / 城市维护 / 健康问题）；更多的积极肯定的规划；提高邻近地区的经济生存能力和开发机会；增加地方税收；塑造更多可持续发展的空间环境
社区利益	—	更安全和减少犯罪；增加文化活力；减少污染（更健康）；减少压力（更健康）；生活质量的提高；更多内容丰富的公共空间；更加公平 / 易到达的环境；更强烈的市民自豪感（社区感）；加强场所感觉；更高的财产价格

资料来源：Matthew Carmona，Claudio de Magalhaes，Michael Edwards. Stakeholder Views on Value and Urban Design [J].Journal of Urban Design，2002，7（2）：167.

好的城市设计需要满足的成本 表 5-3

业主	短期成本（社会、经济和环境）	长期成本（社会、经济和环境）
投资者	富于声望的开发需要更多的初期投资	如果保持混合使用的可能，会带来更加复杂的管理程序和成本
开发者	如果对保护 / 材料等制定细节规定，会造成更高的建设 / 设计成本	—
设计者 / 租用者	—	更高质量的开发带来更高的租金
地方执政者	如果采取积极活跃的规划，设计建议、导则制定、奖励计划等需要更多的前期公共投资	—
社区利益	—	中产阶级侵占劳动阶级的领地的威胁

资料来源：Matthew Carmona，Claudio de Magalhaes，Michael Edwards. Stakeholder Views on Value and Urban Design [J].Journal of Urban Design，2002，7（2）：168.

5.1.2 城市设计利益主体间的三方博弈模型

我们来看一个城市设计利益主体之间的博弈模型，以此考察市场机制可能导致的城市设计运作结果。这里建构的是一个简化的三方博弈：政府部门、公众和开发商（图 5–1），模型设定运用序数效用理论，收益矩阵依次为政府部门、公众和开发商。假设在某个地区

		政府短期政策 开发商		政府长期政策 开发商	
		高质量	低质量	高质量	低质量
公众	关注	8，3，4	1，1，2	6，7，8	3，5，6
	不关注	7，4，1	2，2，3	5，8，5	4，6，7

图 5–1　不同城市设计利益主体之间的三方博弈模型

的城市设计活动中，政府管理城市建设可以采取“长期政策”或者“短期政策”；开发商进行项目建设可能是“高质量”或者“低质量”的；公众对待城市设计的态度有“关注”和“不关注”两种。那么，利益三方在博弈过程中可能采取的占优策略分别为：①无论政府和开发商如何决策，公众的占优策略是不关注。公众是抽象的群体，根据集体行动的逻辑，个人关注城市设计活动的成本常常会大于城市设计带来的收益，因为城市设计的总收益摊到每个人身上的比例实在太少了。另外，公众基本上只能“被动”地接受城市设计带来的各种结果，而无法积极参与其中。②开发商的占优策略是在公众不关注的情况下进行低质量的开发，公众关注的情况下进行高质量开发，以应对公众监督可能造成的麻烦。③政府在传统上应该全力促成高质量的城市建设，以维护公共利益。但布坎南的公共选择理论显示，政府也是拥有自身利益的正常经济人，他们不可避免会更多地关注自身政绩。因此，在开发商进行低质量开发时长期政策是其占优策略（缓和的长期政策有助于掩饰和转移城市建设失败的后果），开发商进行高质量开发时短期政策是其占优策略（如果城市建设的成效要在政府领导下台以后才能显现，那他将享受不到高质量开发带来的好处）。模型中最终处于纳什平衡的策略是：公众不关注、开发商进行低质量建设、政府推行长期政策。这个不完美的结局显示，市场机制下的纳什平衡并没有实现帕雷托最优，因此通过引导性或强制性的公共制度约束来规范城市设计运作的方向就变得十分必要。

5.2　作为“公共物品”的城市设计制度

约束和管理具体城市建设行为的城市设计制度（正式制度）是一种公共干预，设计它的目的是为了对市场力量决定城市未来的社会、政治、经济、环境秩序的过程设定限制条件。因此，城市设计制度作为“公共物品”，是政府对城市设计运作的干预形式，它的制定并不是针对某一个人，而是整体的城市环境和相关利益主体。

萨缪尔森（Paul A.Samuelson）把公共物品定义为“个人消费这些物品或服务不会有损其他任何人的消费”。公共物品的概念是相对于私人物品来说的，消费中的“非竞争”和技术上的“非排他”是公共物品最基本的特征[1]：一方面，每个人对该产品的消费不会造成其他人消费的减少；另一方面，公共物品一旦被生产和提供出来，生产者无法决定谁来

[1] 在某一个物品的消费过程中，如果由于一个消费者增加一个单位的消费量而导致其他消费者的消费减少一个单位，那么这个消费是竞争的。相反，如果其他消费者的消费量不受该消费者增加消费的行为影响，那么这个物品的消费是非竞争的。技术上的非排他是指下列两种情况之一：第一，在某一物品的消费过程中，任何人无法选择性地对部分消费者提供服务，将某些消费者（例如不支付费用的消费者）排除在外；第二，将拒绝付费者排除在外的做法虽然在技术上可行，但在经济上明显地得不偿失。

得到它。城市设计制度与其他公共物品相比具有一定的特殊性，这主要体现在：一般公共物品都是有形的，表现为具体的实物，如城市公共设施；而作为公共物品的城市设计制度是无形的，它是人们观念的体现以及既定利益格局下的公共选择，表现为法律或其他规则、规范等。由于城市中很多地区是公共所有，公共部门在塑造城市环境方面起到了重要作用。公共部门还可以提供一个管理控制框架，在这个框架下，个体建设需要遵循来自政策、法规等这张“看不见的网”的约束❶。

5.3 城市设计制度建设的争议与悖论❷

发达国家的城市设计制度建设已有几十年的历史，这些设计制度的确立意味着国家或地方对城市设计运作的高度认可和重视，乃至利用政府强权和法律法规等工具来强制性地推动和管理城市设计实践。虽然城市设计运作的制度化趋势在越来越多的国家和地区获得响应，但是全面考察各国的城市设计开展状况不难发现：发达国家已经建立并正在执行的设计制度并不像表面看起来那样光鲜，这些“正式”制度——特别是设计控制和审查制度——往往遭受着来自各方的非议。什么原因导致了这种状况的出现呢？城市设计活动独特的个性特征表明，现代城市设计自诞生之初，其内部就隐含着制度建设的各种内在悖论。

美国城市设计控制或审查中存在的问题　　表 5-4

涉及方面	具体问题
成本与效率	审查程序增加了项目审批所需的时间和经济成本
	设计控制并没有明显提升建成环境的品质
公平与权利	设计管理通常只是基于个人的价值观和审美观，而非公共利益
	强制规定设计应该努力的方向，违背了言论自由权
	设计控制偏袒了专业技术人员的话语权，让少数“专家”来指挥和控制他人的项目建设
	看似公平的设计管理程序其实很容易通过诱劝、漂亮图片与政治手腕加以操纵
程序与准则	设计控制违背了这样一个原则：美的创造不能用规则来强加限定
	设计审查常常由未经过专业设计训练、工作经验不足的政府管理人员来具体操作
	设计导则所提出来的原则经常过于抽象和普遍，脱离基地的实际情况
	设计审查为长官意志提供了生存空间，设计准则在实际执行中可能被打破或者曲解
	设计问题的解决途径是多样的，设计控制缺乏有效的程序来回应这种多样性
	设计审查工作经常表面化、流于程序
结果及成效	对设计的管理常常导致循规蹈矩、平庸作品的泛滥，创造性思维遭到扼杀
	设计政策中的原则有些过于武断，有些意义含糊，从而失去了指导城市建设的意义
	设计控制由于对个体开发项目过于关注，而忽略了地段的整体效果
	开发者为了安全快捷地通过审查，对已批复的邻里项目进行抄袭和模仿，导致场所文脉与地方个性的消失

资料来源：Brenda Case Scheer. Introduction：The Debate on Design Review [M]// B . Case Scheer，W. Preiser. Design Review，Challenging Urban Aesthetic Control. London：Chapman & Hall，1994：1–9.

❶ Richard Tseng-yu Lai. Law in Urban Design and Planning：The Invisible Web [M]. New York：Van Nostrand Reinhold Company，1988.

❷ .根据已发表论文整理：唐燕，吴唯佳 . 城市设计制度建设的争议与悖论 [J]. 城市规划，2009（2）：72–77.

1994年，布伦达（Brenda Case Scheer）对公共部门意图通过法定程序来影响设计的做法进行了指控和批判，她提出美国公共部门的设计控制或审查中存在着大量问题，涉及成本、效率、公平、程序、效果等诸多方面（表5–4）。布伦达认为，由于设计本质上是一种主观的学科，因此制度管理常常是"武断、含糊和肤浅"的。卡马拉则根据英国的情况，将城市设计制度建设中的种种悖论归纳为十个主题：干预与干涉、程序与产品、客观性与主观性、设计技能、设计创新、城市设计与建筑设计、民主与个体权利、已形成的文脉、"设计"解释和职业角色[1]。这十个主题"总体来讲，如果不是从细节上考察，在美国和欧洲都是如此"[2]，它们解释了任何规划系统在试图解决冲突，提供一个基础深厚、广泛认同、卓有成效的框架来发展和控制设计所面临的困难（表5–5）。城市设计的内部悖论向构建"完美"城市设计制度体系的构想发出了挑战，也反映出事物普遍具有"矛盾性"和"两面性"的哲学特征。

同样，我国城市设计的制度建设也无法回避这些争议主题，特别是在追求好的城市设计的过程中，公私之间的决策关系常常成为问题的焦点。从国外情况出发，结合国内城市设计的实践特点，这十个争议主题可解释如下。

城市设计制度建设的十个争议主题 　　**表5-5**

十个主题	争议点	矛盾双方的立场
合理干预还是过度干涉	寻找"合理干预"与"不合理干涉"之间的平衡点	支持干预（▲）：政权对设计的权威规定防止了破坏性建设的出现，提供了有效的途径来保障开发设计议案尊重所在地点的整体文脉。 反对干涉（●）：开发者和设计者要求拥有足够大的自由来追求他们在设计上、经济上的目标，偏好最小的政府干预
程序管理还是产品控制	设计控制应该重点针对"程序"还是"结果"	支持程序控制（▲）：规定"设计程序"无疑可以导致好的设计产品，并减少对设计导则的需求。 支持结果管理（●）：应通过城市设计导则对设计"结果"施加约束，程序管理只会导致项目延迟和成本增加，以及复杂的设计申请环节
客观标准还是主观判断	能否建立一个可以预想的、客观的"框架"来进行设计评价	支持设计控制并非完全主观（▲）：设计是一个非常广泛综合的概念，不仅指美学问题，并且许多设计本身是可以作出客观判断的。 反对主观的设计控制（●）：设计实质上等同于某种程度的"审美"，由于美学评价是高度个人化的判断，因此"非客观性"的设计控制并不适宜
设计技能还是大众品位	规划管理人员是否缺乏必要的物质形态设计技能	维护管理者的管理能力（▲）：强调"外行"与"专业"者的设计品位之间的差别以及管理人员作出设计判断的合法性，管理者总是准备反映更加广泛的公众设计需求而不是追随专业设计人员。 指责管理者缺乏设计技能（●）：规划管理人员通常缺乏必要的物质形态设计技能来制定决策、进行设计评价

[1] Intervention vs Interference，Process or Product，Objectivity vs Subjectivity，Design Skills，Innovation in Design，Urban Design vs Architectural Design，Democracy Rights vs Individual Rights，Established Context，Interpreting "Design" and Professional Role.

[2] Matthew Carmona. Design Control—Bridging the Professional Divide，Part1：A New Framework[J]. Journal of Urban Design，1998，3（2）.

续表

十个主题	争议点	矛盾双方的立场
设计创新还是循规蹈矩	设计控制如何能够不抑止创新性的设计	支持设计控制没有抑止设计创新（▲）：设计控制的作用更多的是确保规划申请的水平至少保持在一个可以接受的程度上，而不是窒息创造性设计者的创新能力。 指责设计控制抑止设计创新（●）：设计控制窒息了建筑的创造性表达，导致安全的、没有冒险性的设计结果的产生
城市设计还是建筑设计	设计管理只是简单地针对建筑设计还是更加广泛的目标	广义的城市设计管理（▲）：城市设计正逐步从专注于视觉“城镇景观”、标准化的功能用途等，走向更加广阔的设计、感知和环境概念，并慢慢被政府认识和加入到城市政策之中。 狭义的城市设计管理（●）：设计控制主要针对建筑设计
民主决策还是个人权利	城市设计审查是否维护了公众利益和民主观念	支持设计审查维护了民主（▲）：城市设计管理能够在提高设计质量中扮演积极的角色。这个角色是民主的，它反映和整合了公众要求（由民主选举出的、负有责任的代表提出），否则公众意见总是会被忽视掉。 指责设计审查破坏了个人权利（●）：公众经常并不懂得建筑背后的真实信息，设计审查系统只不过在强化基于大多数人的文化偏见
尊重文脉还是开发限制	设计控制是否要着重强调保护“已形成的文脉”	支持保护已形成的文脉（▲）：设计评价及干预要反对那些否定或诽谤文脉价值的行为。 反对过分强调文脉保护（●）：文脉尽管很重要，但不应作为阻止当代开发的生硬工具。保护文脉的规定常常被管理者用作增加开发控制权力的途径，而不是出于对设计质量的真正关心
导则解释中的语言歧义	如何避免城市设计法规和导则在解释上的出入	设计解释的出入难以避免：无论多精细的语言思考也仍然存在多重解释的可能，设计语言的多重解释造成了设计控制过程中时间、精力和经费的浪费。 尽量减少解释出入：利用不同学科来解释不同的设计术语，也许可以减少设计控制实践中关于政策和导则中的术语的争吵
专业角色还是多方参与	如何处理城市设计活动中诸多参与者的关系	城市设计参与的多角色：鼓励城市设计活动的多方参与，充分肯定设计开发过程中所有独立角色的作用和价值。 参与角色的权力不平等：不同角色对城市设计产生的影响和拥有的决策权力很少是平等的，项目优劣很大程度上取决于开发商和投资者愿意为设计质量进行付出的程度

注：▲表示站在这个立场上的主要是公共利益一方；●表示站在这个立场上的主要是私人利益一方。

5.3.1 合理干预还是过度干涉

在城市设计管理中，一些政府为保证控制力度，规定了设计管理的很多细节性内容，甚至具体到场地的方案设计；而另一些政府只对设计提出尽可能少的建议。因此，如何在“合理干预”与“过度干涉”之间找到平衡，在“控制”和“放开”之间进行取舍，是地方政府需要努力解决的难题。从开发者和设计者的角度来看，他们要求拥有足够大的自由决策空间来追求其在经济、设计上的目标，因此偏好最小的政府干预。他们认为，过多的僵化干预只会带来重复、单调的城市空间环境；由那些没有或者很少经过设计训练的行政管理人员不加疑问地执行设计政策和导则，或者由道路工程师本着通行效率最大化的目标来创造城市空间是不可取的。所以，过于细节化的设计准则应该从强制性的规划文件中分离出去。从城市环境建设的角度来看，政府对设计的权威规定目的是为了防止破坏性建设的出现，保障开发设计议案与环境的融合。由于绝大部分地方政府总是企图强化设计导则甚至细部准则的效力，以实现更加有效、更符合政府意图的设计控制，开发建造者对政府的这种企图不惜“爪牙相向”，不断通过上诉来减轻导则的地位，促使城市设计政策或导则能够在表述上更加概括和灵活。

5.3.2 程序管理还是产品控制

城市设计既是程序也是产物，所以城市设计管理既可以通过程序设定对设计“过程”施加控制,也可以通过导则对设计“结果”进行约束。支持程序控制的人们认为,规定好“设计程序”不仅可以带来更好的设计产品，还能减少对设计导则的需求。他们关注设计控制中的过程性环节，如对基地进行环境评价并以此作为设计的基础、聘用高素质设计师来提高设计水平、规范设计申请材料的文字和图面表达等。反对者则支持对设计结果进行细节管理，他们认为通过制定严格细致的设计导则，能够保证理想设计产品的出现。目前，城市设计管理总体上越来越注重“过程”，但开发者出于对经济利益的考虑，不断呼吁设计控制应该针对“结果”而不是“程序”。对开发者而言，过分注重设计过程不可避免会导致项目审批消耗的时间过长、经济成本增大，从而给开发运作带来额外负担。程序控制的捍卫者们辩护道，增加决策次数和设计审批步骤当然会造成项目成本的增加，但如果因此可以取得好的开发质量，付出这个代价是值得的。

5.3.3 客观标准还是主观判断

管理的主观性是城市设计制度争论中经常涉及的话题。在建筑师看来：设计实质上等同于某种程度的“审美”，由于美学评价是一种高度个人化的判断，它取决于个体的阅历和主观品位，因此“主观性”的设计控制对于城市建设并不适宜。一直以来，“审美控制”备受指责，通过设定少的设计导则而非多的、建立原则性规定而非具体性的、使用清楚可测量的数量标准而非质量标准作为设计控制的基础，以增加控制的客观性和确定性是建筑师们希望达成的目标。但城市环境的维护者和规划人员却认为：设计是一个非常综合的概念，不仅指美学问题；另外，许多设计本身是可以进行客观评判的，特别是借助一系列规划工具（如设计政策、导则、法规等），对申请项目是否延续了场所文脉、能否达到预期目标等可以给出公正客观的结论。对于开发者来说，他们需要规划管理提供最大的确定性，需要执政者认识到设计决策的拖延会在经济上给他们带来损失，并对市场销售造成负面影响，因此主观判断的“不确定”是促使他们反对设计控制的重要原因。

5.3.4 设计技能还是大众品位

城市设计管理制度的不足还在于：规划管理人员通常缺乏必要的物质形态设计技能来制定决策、进行设计评价。这一方面使得设计管理中主观性及个人喜好的影响增大，另一方面也导致管理者的职业地位和判断能力受到质疑。自规划教育从建筑教育中逐步分离出来以后，规划教育对物质形态设计的关注越来越少，使得这种消极局面进一步扩大。不过这并非是一个不能解决的问题，尽管这需要很长一段时间来实现规划教育体制的改革，以及强化地方政府工作人员的素质培养。指责规划管理人员缺乏设计技能的论断同样遭到了批判，批评者指出“外行”与“专业”人员在设计品位方面的差别正好可以帮助管理者作出合理的判断，因为管理者总是准备反映更加广泛的公众设计需求而不是追随专业设计人员。与此同时，建筑设计师缺少城市设计教育，他们对城市文脉的忽视也是要求进行设计控制的合理理由。通常，设计师和甲方希望自己的开发能够从背景环境中突显出来，而规划管理者从当地居民及广泛的公众利益角度出发，坚持新开发要确保与其所处的环境相协调。

5.3.5 设计创新还是循规蹈矩

被广泛争议的问题还包括：城市设计控制窒息了建筑创意的表达，导致安全、没有冒险性的设计作品泛滥。很多人认为设计控制阻止了设计成果合理展示它的时代特征，剥夺了设计师自由创作的权利，鼓励了对建筑环境过去样式的简单复制。在他们眼里，“规划管理行为已经远远超出了应有的职责深度，规划部门总是特别傲慢自大，频繁破坏一些敬业的、有想象力的建筑师的努力”[1]。在这种情况下，管理部门经常被斥责为“建筑师”的压迫者。支持设计控制的一方则高度强调广大群众对于现代建筑设计的基本不信任，这种不信任应该反映到规划管理行为中，因此设计控制必须（至少是部分地）执行并用来监督建筑设计的准入门槛，设计控制的作用更多的是确保审批项目的设计水平至少保持在一个可以接受的程度上，而不是窒息创造性设计者的创新能力。对此，一些评论者反驳道：规划管理者对于导致沉闷的建筑设计有很大的责任，因为“标准”而不富于挑战的答案总是更加容易获得规划许可，具有创意的设计总会成为规划审查委员会仔细审核的对象，并且因此延长了审批时间、增加了额外费用。乏味的“传统”解决方案比较容易通过审查，这样做只会造成空间环境创新潜力的丧失。

5.3.6 城市设计还是建筑设计

城市设计管理的内容不仅仅局限于建筑，但是许多制度争论却都聚焦在建筑设计问题上，因此很多评论家支持更加广义的“城市设计”概念，认为城市设计要面向更广阔的城市环境，包括城市空间、密度、布局、景观、可达性以及建筑外观标准等，这个理念转变获得了包括设计师和规划师在内的大部分人的支持。城市设计逐步从专注于视觉“城镇景观”、标准化的功能用途等，走向更加广阔的设计、感知和环境概念，从而慢慢被政府认识并加入到城市政策之中。对于低质量的城市建设，开发商和地方管理者同时负有责任，其原因可归咎于开发商对短期利益的追求，规划空间布局过度依赖标准化的路网体系等。由于道路工程非常技术化，不太重视艺术审美，道路工程师设计的简单方格式路网频繁成为批评者的笑柄。尽管很多城市都在尝试通过增加协商来提高道路系统的设计水平，但这种协商一次又一次覆盖同一块地，花费了大量时间和金钱，最终采纳的结果却仍然是那些简单、标准、花费较少的路网方案，可见要解决这类问题并非易事。

---

[1] Manser M. An Excuse for Lousy Buildings[J]. RIBA Journal, 1980, 87 (2): 49.

5.3.7 民主决策还是个人权利

多数政府已经接受了城市设计管理能够在提高设计质量的活动中扮演积极角色的观点。这种角色是民主的，它反映和整合了公众要求。"规划和建筑如此重要，不能只留给专业设计者去做，必须有一个黄金规则，使我们大家都涉及其中"[1]。公共干预的"公平性"和"民主性"对保障设计质量仲裁的合法地位具有重要意义。虽然好的设计离不开优秀的设计师，但场地的直接和间接影响者的要求不能被忽视，因为建筑和城市设计是一种公共艺术，其长期作用的对象主要是地方居民，而不是设计师、开发商或者投资者。地方居民必须和新完成的开发项目生活在一起，每天接受来自它的影响。但建筑师从争取自由表达权力和保护财产所有者自由处置财产的权利出发，认为"社会公众通常并不懂得建筑设计的真实意图，没有人关心建筑师所想，那根本没有甲方的想法重要"。尽管有批评家指出，美国的设计审查只不过是基于大多数人的文化价值观的"暴政"，与保障自由权利的第一权利修正案相冲突，但美国法庭一直在支持增加设计导则、通过公共政策或者法令对设计进行控制的做法。

5.3.8 尊重文脉还是开发限制

已颁布的设计导则一般都强调要保护"历史文脉"，设计评价（及干预）反对那些否定或诽谤历史文脉的行为。在这种观点的倡导下，文脉控制的两级系统被发展出来：历史保护区和优先开发的非历史区域。然而，设计师和开发者始终认为历史文脉虽然很重要，但不应作为限制当代开发建设的生硬工具。在他们看来，保护城市历史文脉的规定常常被规划管理人员当做加大设计控制力度的依据，而不是出于对提高设计质量的真正关心。这些反对意见表达了设计师希望少些"细节"设计控制的内在需求。事实上，在英国，规划师和城市规划委员会的确倾向于强调历史文脉的重要性以不断延伸和强化设计控制工具的效力，从而获得比政策规定要多得多的管理权力。为维护城市环境的宜居性，很多评论者认为文脉的价值应当被充分肯定，设计者需要设法使历史保护与城市开发建设相协调。社会大众对尊重历史、保护"熟悉和珍爱的地方景观"的法律规定也给予了强有力的支持。

5.3.9 导则解释中的语言歧义

尽管城市设计法令或导则要求语言上的精雕细刻，以防止模糊、含混和歧义的产生，但城市设计法规和导则在解释上的出入似乎无法获得根本性的解决。从单体建筑到公共空间，设计标准总是不可避免地在不同尺度上被解释应用，有时是细节上、有时是总体上，导致设计准则的释义视角时大时小。此外，无论多么精细的语言思考，也仍然存在多重解释的可能，设计导则的多种解释造成了设计控制过程中时间、精力和经费的巨大浪费。比尔（Anne Beer）认为，在制定决策的过程中，所有重要角色之间的交流是一个非常困难的过程，因为不同角色常常关注着互不相干的内容：建筑师谈论设计；开发商议论商业机会；市政工程者论述技术水平；规划者述说政策等。很明显，每一个职业都有自己的专业术语，

[1] HRH the Prince of Wales. A Vision of Britain：A Personal View of Architecture[Z]，1989.

这些术语都有可能不被参与决策的其他人所理解[1]。或许利用不同学科来解释不同领域的设计术语，可以减少设计控制中有关政策和导则的歧义的争吵。

5.3.10 专业角色还是多方参与

城市设计是一个多方参与的实践活动，它的成功或失败与参与其中的所有角色息息相关。在设计和开发过程中，不同参与者对城市设计产生的影响和拥有的权力很少是平等的。举例来说，只有很少的审批项目能够完全由公共部门来决定其建设质量，项目的优劣很大程度上取决于开发商和投资者愿意为设计质量付出多大的努力。如果没有开发商和投资者的支持，设计控制系统的不断加压，只会导致更多平庸之作的产生。在自由市场中，左右城市开发建设的力量主要还是利益驱动，因此设计干预成为保障公共利益和开发水平的重要手段。少数英明的开发商和投资者也认为，设计控制能够帮助他们保持投资的长远价值，因为在长期的经济运作中，环境建设质量肯定会成为确保财产增值的积极要素。公共政策中的各种设计限制，还可以给建筑师提供有力的理由来抵制甲方的错误想法——这些甲方通常只在谋划如何以最高价格销售出最低廉的建筑以获取最大利益。因此，鼓励城市设计活动的多方参与，充分发挥设计开发过程中所有参与者的作用是当前城市设计管理的重要任务。

5.4 城市设计制度争议的案例分析

从早期自发无意识的城市设计行为到当今城市设计控制与审查的普遍推广，很多国家和地区的城市设计制度在非议、踯躅和摸索中逐渐形成并日臻完善。虽然城市设计的制度建设内部充满矛盾和不可调和性，但社会各界维护美好城市空间环境的强烈愿望，人们对市场机制能否带来优秀设计的巨大不信任，以及政府为城市发展提供“公共物品”的客观职责等，都给城市设计制度的存在和运行提供了充分的理由。在英国、中国台湾或中国香港，政府对城市设计制度建设的立场总体上是趋于日渐支持的态度，这三个案例从不同层面反映了不同程度的城市设计制度创新过程，以及伴随其间的争议和反复。

5.4.1 英国：国家规划政策指引对城市设计管理的态度转变

虽然城市设计在英国拥有良好的舆论环境，然而“直到最近，城市设计才被既有建成环境行业看做重要的实践领域，而被中央和地方政府认可并完整纳入规划编制就是更近的事情了”[2]。在利用政策影响空间设计质量的意图是否具有合理性的讨论中，对于“审美主观性”的指控是导致城市设计制度建设在英国长期无法推进的重要原因。因此，英国的城市设计制度建设与美国及欧洲其他国家相比有些滞后，这种趋势直到规划政策指引（PPG）从国家层面上明确了城市设计管理的法定地位之后才有所缓解。

---

[1] Beer A. Development Control and Design Quality，Part 2：Attitudes to Design[J]. Town Planning Review，1983，54（4）：383-404.

[2] 卡马拉等 . 城市设计的维度：公共场所——城市空间 [M]. 冯江等译 . 南京：江苏科学技术出版社，2005：前言 .

在英国，中央政府主要通过“上诉”工具来监督和管理地方的规划实践，英国的开发商也似乎比其他任何地方的开发商都更加注重规划“上诉系统（Appeal System）”的运用[❶]。彭特等英国学者调查了1994~1995年间，英国地方规划政权接到的规划上诉议案及其裁定情况[❷]。图5-2中的左图显示的是地方规划政权接到的规划许可上诉议案中，与设计控制相关的议案所占的比例及其空间分布关系；右图则说明了这些议案被驳回的比例及其空间分布关系。1994~1995年的规划上诉议案包含了较高比例的“设计”关联上诉，而设计关联上诉被驳回的几率和进行上诉的几率基本持平[❸]。尽管通过数据统计和访谈来确定影响规划“上诉”比例和“驳回”比例的因素比较困难，但彭特在1999年和2000年发表的研究报告都显示出，城市设计已经成为英国规划监督机构、地方规划管理部门和开发申请者都非常重视并经常产生分歧的问题。

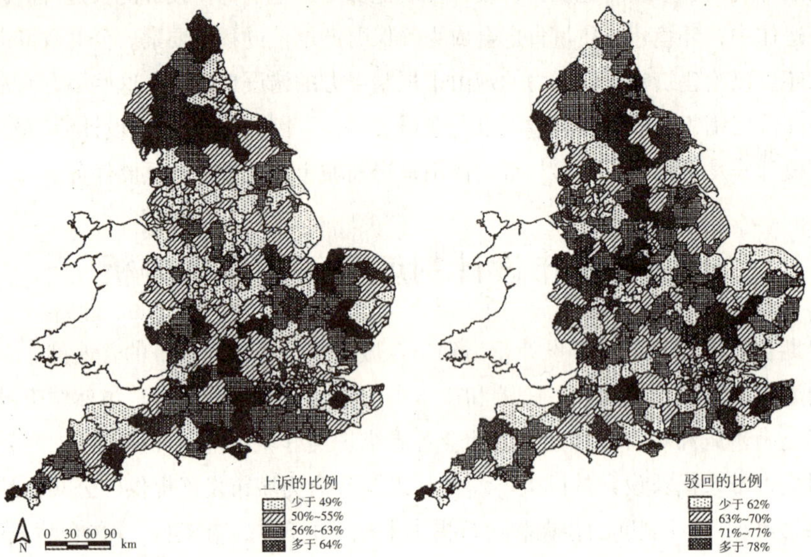

1994~1995年英格兰地方规划政权处理的上诉议案中，与设计相关的议案所占比例（左）以及与设计相关并被驳回的议案所占比例（右）

图5-2 设计控制导致的规划上诉议案所占的比例及空间分布情况

（资料来源：John Punter，Andrew Bell. English Local Planning Authorities and Design Appeals：Perceptions and Realities[J]. Journal of Urban Design，1999,4（1）：71-72）

20世纪80年代，英国的国家规划政策指引（PPG1）明确指出“规划部门应当认识到审美观念是一种极度主观的事物，因此不应将其品位强加于开发者”（表5-6）。1992年版的PPG1中，这种类似的表述依然存在。为了减少社会争议、确定城市设计管理的必要性，国家规划政策指引逐渐对设计控制表现出越来越明确的支持态度，以至于到1997年，

❶ 那些申请“规划许可”未获批准的开发者可以向州大臣提出上诉，这样规划设计议案将由中央政府派驻地方的规划监督员来重新审议。

❷ John Punter，Andrew Bell. English Local Planning Authorities and Design Appeals：Perceptions and Realities[J]. Journal of Urban Design，1999，4（1）：67-95.

❸ John Punter，Andrew Bell. Design Appeals in England in the 1990s：An Aggregate Analysis[J]. Urban Studies，2000，37（2）：275-299.

PPG1 中有关“审美主观性”的说法基本消失，从而侧面肯定了城市设计管理制度的合理性（表 5-6）。“这种变化是政府设计观念演变的缩影——它也受到房地产开发产业的尝试性支持。演变的前提在于承认设计问题可以根据预想的政策及导则，最好是在对基地特征的系统性评价的基础上进行处理。它表明公共部门控制设计的重心正由详细的建筑设计控制（即艺术方面）转变为主要通过城市设计进行引导”❶。

英国国家规划政策指引关于“审美主观性”的表述转变　　表 5-6

时间	有关城市设计的表述
1980 年	规划部门应当认识到审美观念是一种极度主观的事物，因此不应将其品位强加于开发者
1992 年	规划部门应当拒绝通过在尺度及特征等方面明显与其环境不相协调的设计。但审美观念在一定程度上是主观的，因此规划部门不应将其品位强加于申请者
1997 年	地方规划部门应当拒绝通过某些不好的设计，特别是当他们的决定得到已经接受公众咨询并被当地规划部门采纳的明确的规划政策或补充设计导则支持时

资料来源：卡马拉等 . 城市设计的维度：公共场所——城市空间 [M]. 冯江等译 . 南京 : 江苏科学技术出版社，2005：240.

目前，国家政策对城市设计问题的规定主要体现在 PPG1 中，而 PPG 的其他组成部分（如 PPG3、PPG6 等）也对此提出了相关引导（表 5-7）❷。随着 PPG1 的修订，以法定规划中的城市设计准则和其他城市设计导则（或政策）为依据，借助规划许可制度实施设计控制的英国城市设计制度基本建立。这场逐步明确、基于政策的城市设计控制方法的变革，与英国 1991 年掀起的“规划引导”体系的变革思路是一致的。1991 年的规划变革对原本随意性较大的开发控制体系作出了修改，试图平衡规划管理中“确定性”与“机动性”之间的关系——之前的体系给城市规划部门的工作提供了过多的机动性（因为他们不受自己制定的规划的制约），对开发者来说不确定性也因此大大增加。

PPG 中关于城市设计的规定　　表 5-7

类别	名称	针对城市设计的规定
PPG1	总体政策和原则	针对规划对设计的思考制定导则，强调好的设计是一个关键目标
PPG3	住宅	在住宅开发中提倡高质量的设计、景观和开放空间，加强开发概要在制定设计标准中的作用
PPG6	市区中心和零售开发	推行基于城市设计分析的城市中心区战略，为开发概要提供政策框架及基本内容。提倡提高街道家具、铺装、标识和停车场的设计标准
PPG7	乡村：环境质量和社会经济发展	鼓励高标准的设计，参照乡村设计概要、村庄设计综述和景观特征评价等
PPG13	交通	要求新的开发能够创造可持续的场所；目标是提供正确的条件鼓励步行、自行车和公共交通方式的使用
PPG15	保护区和被列名的建筑	在保护区鼓励对建筑外观的细节控制，强调农户与周边环境协调和城镇景观质量的重要性

资料来源：Commission for Architecture and the Built Environment.By Design：Urban Design in the Planning System，Toward Better Practice[M]. London：Thomas Telford Publishing，2000：41.

❶ 卡马拉等 . 城市设计的维度：公共场所——城市空间 [M]. 冯江等译 . 南京：江苏科学技术出版社，2005：240.

❷ Commission for Architecture and the Built Environment. By Design：Urban Design in the Planning System，Toward Better Practice [M]. London：Thomas Telford Publishing，2000：41.

5.4.2 台北：城市设计审查制度的逐步建立

20 世纪 60 年代，台湾地区的经济起飞带来了一场城乡移民的风暴，快速城市化使以台北、高雄为首的大都市地区集结了全岛二分之一以上的人口[1]。台北因此面临着前所未有的城市过度开发、都市服务功能不足、城市环境品质恶化等大量问题。公共部门管制能力薄弱、民间土地投机活动旺盛、土地资源稀少等因素导致台北的城市发展陷入一种失控状态，推行积极有效的城市规划和设计管理制度势在必行。20 世纪 70 年代末期，台北开始尝试在城市局部建设中结合规划编制推行城市设计实践，在短短的几年时间内建立起以委员会为中心的城市设计审查制度，并逐步从局部地段推广至全市（图 5-3、图 5-4）——台北的城市设计经验对整个台湾城市设计体制的建立产生了重大影响[2]。

台北的城市设计制度与美国城市设计制度有着很多相似之处，设计控制与土地使用分区管制相结合。台北的城市设计实践大致可追溯到 1977 年，当时台北市政府由于城市西部中心区过度发展，决定在东部信义地区整体规划一个副都市中心，为此组织编制了“信义副都心计划案”，并在规划中引入城市设计手法，让城市设计内容成为法定规划的实质组成。1980 年“信义计划区”城市设计案正式公布之后（图 5-3），台北市于 1982 年开始推行城市设计审查制度，并拟定了“台北市信义计划地区都市设计委员会设置要点”，这是城市设计在台北建立正式制度的开始。最初委员会的审查只针对信义计划区，但是随着台北市重大开发项目的增多，为提升生活品质、改善居住环境，城市设计审查的范围逐渐扩大。1988 年内政部同意将委员会改组为“台北市都市设计委员会”。1991 年 7 月，台北市议会通过《台北土地使用分区管制规则修正案》，其中第 95 条正式授权台北市政府设置“台北市都市设计及土地使用管制审议委员会”[3]，城市设计审查进一步拓展到全市，特定地区及大规模的基地开发区都纳入到设计管制范围内。1992 年市政府公务局都市计划处正式成

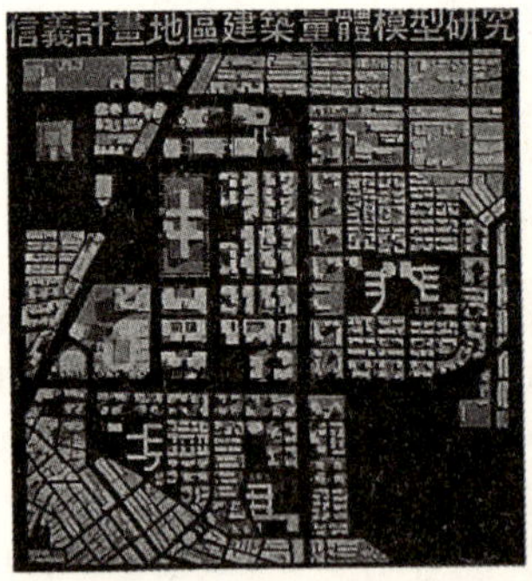

最早期的信议计划区城市设计案

台北车站特定专用区开发计划

图 5-3 台北城市设计案例示意

（资料来源：http://web.kyoto-inet.or.jp/org/gakugei/judi/semina/s9802/azi017.htm）

---

❶ 林钦荣．都市设计在台湾 [M]. 台北：创兴出版社，1995：15.

❷ 林钦荣．都市设计在台湾 [M]. 台北：创兴出版社，1995：15. 台北城市设计制度的特点是：针对整体都市环境最具关键影响力的一定地区或一定规模以上的建筑开发或都市重大公共工程，行使都市审议要求，并以“都市设计审议制度”的法定程序介入开发过程的监控，以保障公共空间环境形式与品质提升，落实都市设计规划。

❸ 1999 年该委员会更名为“台北市都市设计及土地使用开发许可审议委员会”。

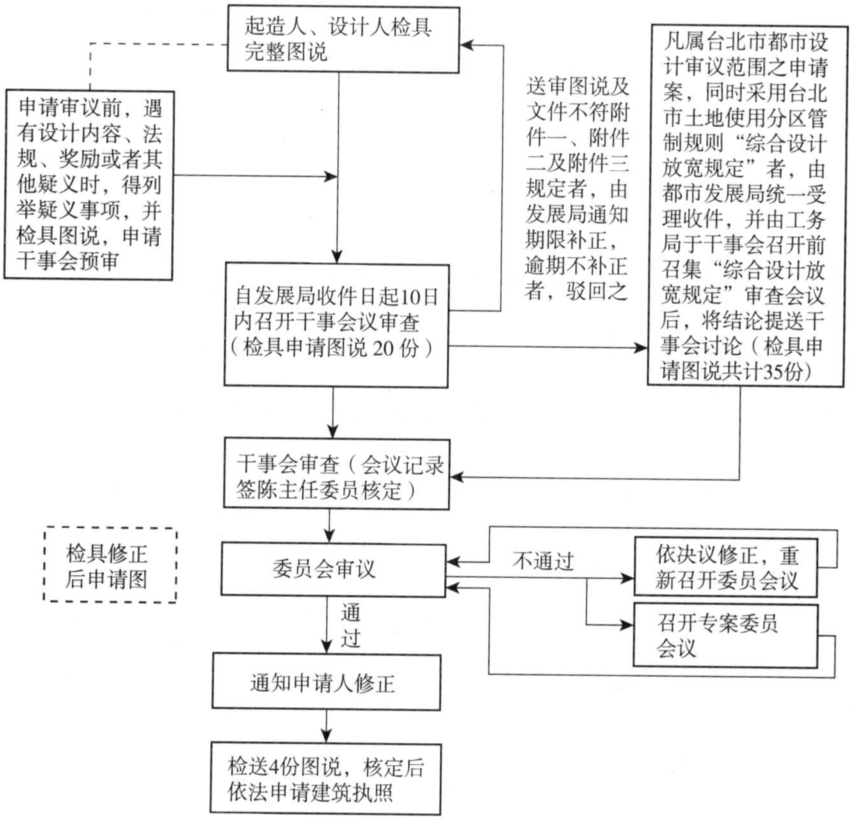

图 5-4　台北城市设计审查的流程图

（资料来源：贺士麃 . 台北市都市设计制度之研究 [J]. 南亚学报，2005（25）：40）

立了"都市设计科"（政府体制内最早的城市设计专责单位），之后又发展成为"都市发展局"。截至 1994 年，台北市专门实施城市设计管制的区域占了全市总面积的 4.6%（图 5-5）。

图 5-5　台北实施城市设计管制的地区（统计到 1994 年）

（资料来源：林钦荣 . 都市设计在台湾 [M]. 台北：创兴出版社，1995：117）

城市设计制度已经被台北确立为全市性政府规划工作的重要组成内容，城市设计审查也成为一项被地方民意机构立法认可的法定审议业务。台北市的城市设计工作经验，逐渐成为台湾其他县市的参照范例，影响了如台中市、高雄市、花莲市、台北县、宜兰县等诸多地方（表 5-8）。各地方政府"或已正式运作起都市设计审议作业，或已纳入地区都市计划案之实质内容，或已循地方立法将都市设计准则规范之拟定公告程序纳入正式法定计划业务，或已执行都市设计规划研究"[1]，城市设计制度在台湾地区获得了空前的重视和发展。然而，时至今日，台湾的城市设计制度建设依然面临许多问题：如何将城市设计与城市规划、建筑管理紧密结合？怎样促进更加弹性、合

[1] 林钦荣 . 都市设计在台湾 [M]. 台北：创兴出版社，1995：3.

理的设计管理机制？城市设计准则公告后引发的市民观念对立如何解决？城市设计审查为何缺少上诉机制？如何使设计审查的标准更加清晰客观？……城市设计制度建设的内在矛盾性在台湾正逐步彰显出来。

台北城市设计制度建设概况 表 5-8

制度	内容
都市设计规划	针对城市新区和再开发的特定地区制定都市设计规划，也就是拟定土地的开发管制要求和都市设计准则。一些特殊规划区，如重大项目工程区、历史文化街区、文化设施更新区等，也可以看做是实施都市设计规划及纳入都市设计管制的地区
都市设计审议	凡都市设计管制范围内的公、私建筑行为或者营建事项，都需要经过都市设计审议程序，通过审议的项目才能依法向建筑管理机构申请建照以进行建筑或工程行为
都市景观规划设计	为配合台北市综合发展规划拟定全市性的景观规划政策指导。在制定特定地区的细部规划时，要同时拟定景观系统的规划和管制内容。台北市政府最近还推行了专题性的景观改善实施方案，如招牌广告美化规划等
都市设计的公众参与	①都市设计方案的制定过程中要进行都市设计的公听会；②加强市民参与城市环境设施的管理维护，通过地方单行法令的立法来促进市民参与城市环境建设的积极性，鼓励参与管理维护及认养行为；③为都市设计的推广努力建立民间业界的共识，规划部门辅导民间团体举办“都市设计研究班”
都市设计专责机构	在都市计划处内正式成立了“都市设计科”专门负责管理都市设计、都市景观规划、都市设计审查事务

资料来源：林钦荣 . 都市设计在台湾 [M]. 台北 : 创兴出版社 ,1995：115-117.

5.4.3 香港：非法定的城市设计指引的运作实施

香港因其优良的港口贸易条件和自然地理环境，从昔日一个默默无闻的小渔岛快速发展成为现代化、多元化的综合性国际金融中心。经济的繁荣、人口的急剧增长使得城市对土地的需求不断增大，有限的空间资源造成城市建设高度密集化，建筑不断往空中拓展。这种发展模式对城市的景观风貌造成了很大冲击，因此香港规划署于 1998 年开展“香港城市设计指引”研究，期望利用城市设计政策与导则来引导城市景观的健康发展。2003 年，《香港城市设计指引》（以下简称《指引》）正式颁布，这标志着城市设计在香港城市规划体系中的重视和强化。

1. 香港城市设计指引的结构与特点

“城市设计是就不同发展阶段的社会和经济环境，为城市中的建筑物和空间订定设计方向的一项过程”[1]。香港奉行“小政府”和“不干预政策”的自由贸易体制，因此城市设计导则的制定需要与整体制度环境相配合，充分考虑现有体制、自身条件、发展的问题与需求等诸多因素的影响。城市颁布《指引》的目标是“拟定一套城市设计指引，以提高公众对设计因素的认识和重视，并作为城市设计评审的概括纲领”[2]。《指引》包括“一般的城市设计指引、特定的主要城市设计课题指引、特定的主要土地用途指引”三部分（图 5-6），从宏观、中观、微观三个层面对城市设计的基本要素进行了分析和概括，并拟定城

❶ 香港规划署 . 2003 香港城市设计指引行政摘要 [Z]，2003.

❷ 香港规划署 . 2003 香港城市设计指引 [Z]，2003.

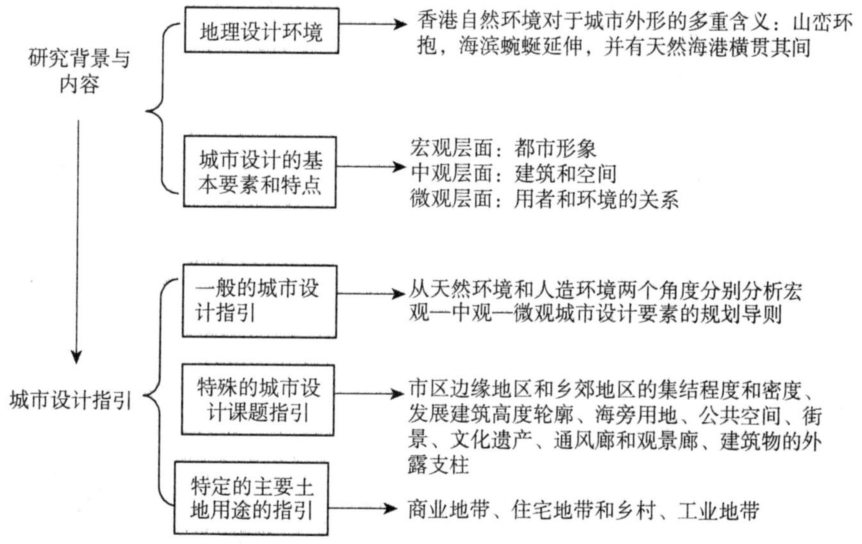

图 5-6　2003 年香港城市设计指引的整体框架

市设计考虑因素核对表，用以评估规划或发展议案可能涉及的城市设计问题（表 5-9）。《指引》整体上没有对设计问题作出严格的限制和规定，只在公众呼吁度特别高的敏感问题上，如山脊线远眺景观的保护等方面，拟定了相对细致严谨的准则（图 5-7）。

香港城市设计指引确定的城市设计要素　　表 5-9

宏观层面：都市形象		
天然环境 海港 山脊线 基础设施	环境保育 地区特色和市容 轴线规划 都市模式和外形	门廊 功能分区 土地用途和活动
中观层面：建筑物和空间		
建筑物的组合 建筑设计和风格 都市空间和城市广场 街道和它的模式	观景廊 集结程度和高度 地标	休憩用地和公园 行人路和行人连接通道 建筑物之间的连接和融合
微观层面：用者与环境的关系		
人本比例 和谐 街道设施	用料、色彩和材质 渐变	街景 广告和指示牌

资料来源：香港规划署 . 2003 香港城市设计指引 [Z]，2003.

2. 城市设计指引的实施困境

然而，香港只是在城市设计的制度建设上迈出了尝试性的第一步，因为编制完成的引导性《指引》只是规划管理部门颁布的准则性文件，没有配套任何强制实施的措施或依据。《指引》虽然被纳入《香港规划标准与准则》中，但《香港规划标准与准则》作为香港规划机制中一个不可或缺的组成部分，因其不具备法定效力，能否发挥作用还有赖于政府内

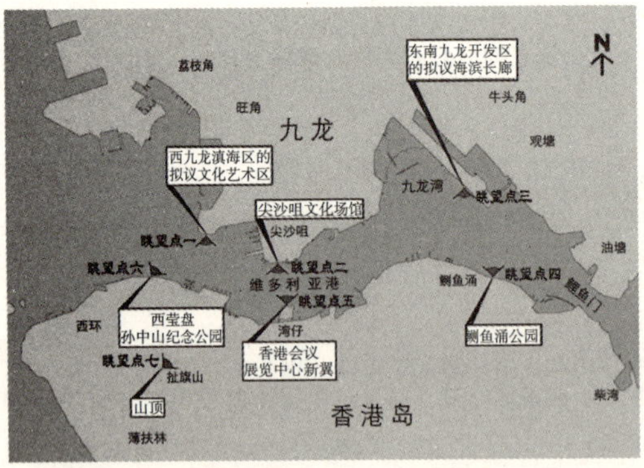

指引提议的眺望点（经公众咨询）

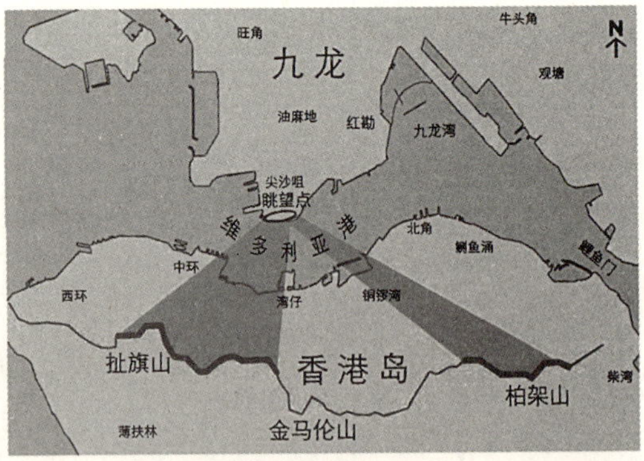

从尖沙咀文化馆远眺看到的值得保护的山脊线范围

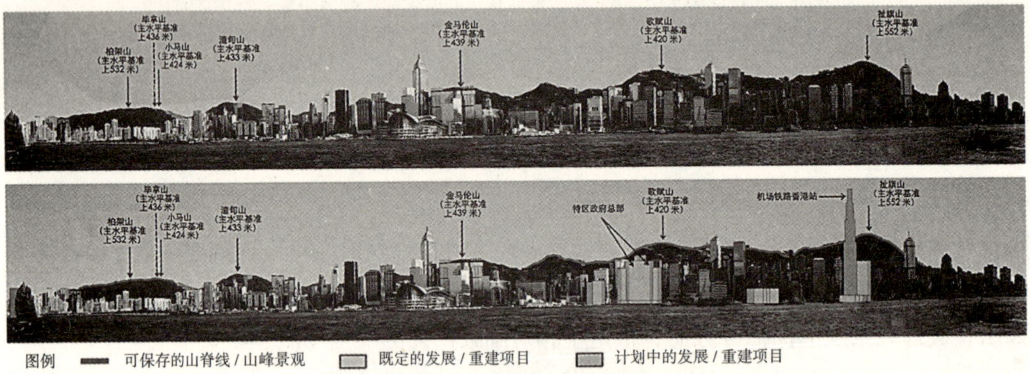

对尖沙咀瞭望点所见建筑轮廓的高度控制建议

图 5–7　指引对维多利亚海湾的眺望景观和建筑高度的控制引导

（资料来源：香港规划署 . 2003 香港城市设计指引行政摘要，2003）

部对各项标准与准则的准确了解、灵活应用与各部门间的通力合作等。此外，开发商是否会在政府引导下积极遵循准则也同样成为问题。在《指引》中，海旁发展、城市景观、行人环境、舒缓道路交通噪声和空气污染的措施等城市设计议题，都是参考性规定而非强制要求，需要通过行政措施加以宣传推广，并鼓励政府和私人机构的设计师在规划设计工作中加以运用才能发挥作用。

香港城市设计指引的编制过程加入了广泛的公众咨询，为以后的实施打下了良好基础。但由于内容宽泛，缺乏法定依据和强制执行措施，《指引》在实践过程中仍然面临着许多矛盾。以建筑物的高度控制为例，虽然《指引》要求“从主要和人流汇聚的瞭望点望向的山脊线，应维持一个不受建筑物遮挡的地带”（图 5–7），但很多人认为这个规定依赖的只是主观判断，由于从不同地点观察大厦的高度会有所不同，根据指引无从判别建筑物是否真正遮挡了山脊线。并且，负责审核全港城市规划项目的城市规划委员会，没有权力对住宅和商业用地的发展项目的详细设计提出反对意见，因此也影响了城市设计高度控制实施的可能。城市设计指引的原意是为业界订立设计准则，但内容上的含糊不清很可能导致不公平现象的出现，因此很多人建议政府立项，将明确的高度限制指引加入卖地条款中。

3. 城市设计指引实施的未来出路

面对《指引》运作的种种困境，规划署就《指引》的实施问题开展了进一步的探索。政府、公众、开发团体等社会各方都在积极讨论《指引》的具体实施办法，并构想出两种主要实施途径：一是建议将《指引》立法，“现时指引只作参考之用，不具法律效力，业界不一定遵从。立法才能令香港的规划制度更完善”❶；另一种是建议在管理城市建设的“分区计划大纲图（Outline Zoning Plan）”中加入城市设计指引的相关规定，借助现有区划管理体制实施城市设计。这些建议在具体实践中得到了探索性运用，《指引》的部分内容已经开始通过立法或融入法定规划等途径获得实施❷。

例如，2000 年“香港城市设计指引”研究的咨询过程曾探讨是否应该通过立法的方式实施保护山脊线及维多利亚港景观的建筑物高度限制。当时大部分人都同意另一个比立法更直接并较有弹性的方式，即把有关的建筑物高度限制纳入法定分区计划大纲图内，这样公众可以依据《城市规划条例》参与分区计划大纲图的拟备和修订过程，从而影响城市设计对建筑高度限制作出的决策。立法会的“规划地政及工程事务委员会”在 2001 年 12 月的会议上对此表示赞同。2004 年 11 月，规划委员会同意将建筑物高度限制纳入观塘南、牛头角及九龙湾的分区计划大纲图内。现在，维多利亚港两岸的 21 张分区计划大纲图中，有 15 张已经纳入了建筑物高度限制的相关规定❸。《指引》中的其他诸多内容也被纳入（或讨论纳入）相应的法定分区计划大纲图内加以实施，如《湾仔发展计划第二期》就参照了城市设计指引确定的相关准则。

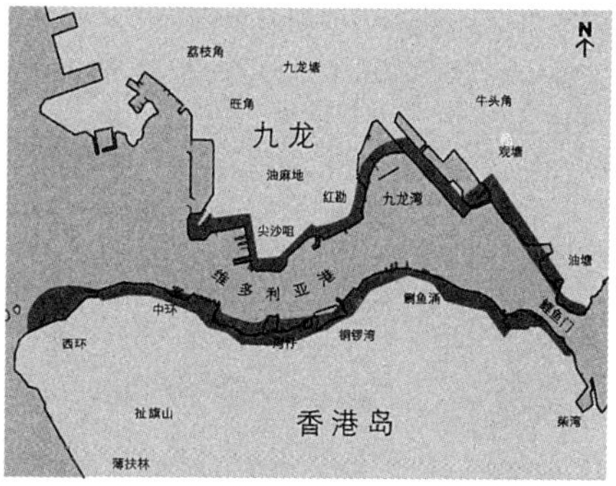

图 5–8　建议可作特别设计的海旁地区
（资料来源：香港规划署 . 2003 香港城市设计指引行政摘要 [Z]，2003）

对于一些重要的城市滨海地段，《指引》还思考了其他可能的设计控制办法。例如针对维多利亚港的发展，《指引》认为要实现城市规划委员会确定的“维多利亚：理想和目标”，办法之一是预先制定发展规划，但此举可能流于僵化，规划出的功能未必切合未来发展项目的性质要求；另一个办法是不预设发展规划，改而指定维多利亚港两岸的海边发展需要经过特别设计。基于后一种思路，城市规划委员会可以在实施现行法定规划与开发管制程序的过程中，皆而考虑海旁地区开发设计的特别要求——也就是说，委员会在评审海旁地区的开发设计时，可以同时评估开发议案对山脊线远眺景观的影响。那些想在海边开发超级摩天大楼作为地标的项目，委员会需要审核其理由是否充足，是否满足了城市设计要求等。还有一种可能是把海旁地区的开发交给一个“特别设计小组”进行管理。这个小组可设在城市规划委员会之下，成员包括来自各个相关行业的专家，专门负责海旁地区的规划管理和设计控制（图 5–8）。

❶ 香港城市规划师吴永辉的讲话。

❷ 香港的规划系统主要有三个层次，即全港性的发展战略—次区域发展策略和指引—地区层面的详细土地用途图则。其中，全港性和次区域发展战略不是法定文件，而是政府经过详细研究和广泛公众咨询后制定的香港中长期发展战略。

❸ 资料来源于 2004 年立法会会议上陈婉娴议员就“立法会第三题：保护山脊线及维多利亚港的景观”的提问，以及“房屋及规划地政局”局长孙明扬的口头答复等新闻发布内容。

综上所述，市场与政府是决定城市发展建设的两股重要力量，由于单纯通过市场竞争与利益博弈并不能实现城市设计的有效组织和实施，因此政府推行的设计制度建设对于城市设计实践的有序开展具有重要意义。总体来看，英国将城市设计纳入法定规划和规划许可制度之中加以实施；台北的城市设计导则、城市设计审查制度与土地管制许可紧密相关；香港的城市设计指引刚刚制定不久，城市设计的具体实施策略尚处在探索起步阶段，城市设计的制度建设任重而道远。

6

我国城市设计制度建设的迷惘与探索

毫无疑问，如何促进和引导好的城市设计实践已是摆在我们面前的重要课题。当前，我国城市设计运作面临的主要矛盾在于：一方面，对于城市设计活动的自发、混乱和散漫，很多人期望能通过规范化的制度建设来保证城市设计成果编制的科学性和城市设计管理实施的有效性；但另一方面，我们也不得不看到稳定的“正式”制度难免会引发新的争议和矛盾，并且现阶段在我国构建城市设计制度还必将面临来自行政体制、发展阶段、规划改革等众多制度环境因素的制约。我国的城市设计运作究竟需不需要强化制度建设？要不要实现从“非正式制度”向“正式制度”的逐步转化？前景似乎并不像想象中那样明朗。本章从制度、政策、法律角度入手，分析我国城市设计运作的具体特点和制度建设中存在的各种迷惘，提出以地方政府为主导、渐进改良的制度创新构想。

6.1 强化城市设计运作成效的主要途径

进入新世纪以来，越来越多的学者致力研究如何建立适宜我国国情的城市设计运作机制，以摆脱城市设计运作的现实困境，推进城市设计的新发展。一些人主张在现有城市设计运行状态下，继续强化“技术创新”，通过对城市设计编制技术、城市设计制定标准等的改良来逐步提高城市设计的实践成效；另一些激进的观点则是期望借助“制度创新”，逐步培育起一个明确规范、保障完善的城市设计运作框架，通过推行城市设计制度改革来消除城市设计运作的现存弊端。显然，在新的时代背景下，城市设计应对的问题、工作内容和操作程序等越来越综合复杂，“技术创新”和“制度创新”都是强化城市设计运作成效的关键途径。

6.1.1 途径一：技术创新

技术创新是提高城市设计科学性、改善城市设计编制水平、明确城市设计价值、强化城市设计可操作性的重要方法之一。自 20 世纪 80 年代城市设计活动在我国尝试性开展以来，技术创新对促进城市设计实践的发展曾起到了决定性作用。对发达国家城市设计技术方法的学习引进，以及规划设计人员的自主技术创新，为城市设计方案的编制提供了强有力的技术支持和工具依托。

在技术分析工具上，地理信息系统、网络、地理遥感等技术已经广泛应用于各类城市设计实践中（图 6-1），计算机辅助设计使得城市设计的物质形态塑造和信息统计分析变得轻易可行。例如，比尔 · 希利尔的“空间句法”理论和分析运算系统，从全新的视角揭示了物质空间结构与社会行为活动之间的关系（图 6-2）。

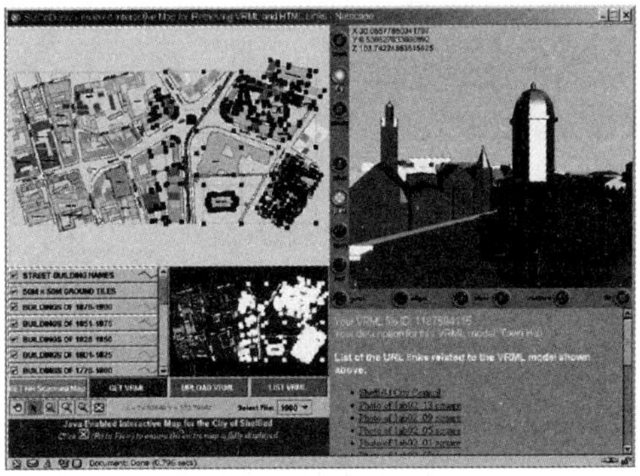

图 6-1 设菲尔德的城市文脉数据库系统的交互式平台（SUCoD）

（资料来源：Chengzhi Peng，Peter Blundell Jones. Reconstructing Urban Contexts Online for Interactive Urban Designs[J]. Design Studies，2004，25（2））

在思想方法上，新的城市设计思潮不断

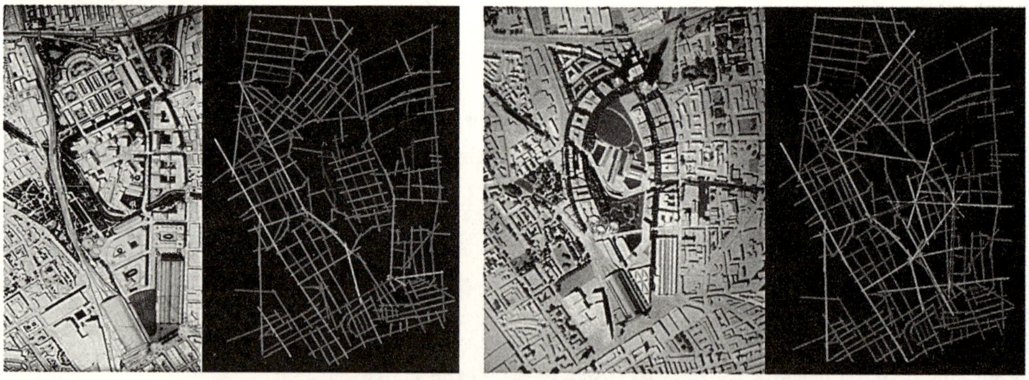

伦敦国王十字铁路枢纽站的城市设计方案
（左为 SOM 提供的方案，右为福斯特事务所接受空间句法咨询后的修改方案）
图 6–2　城市设计的空间句法分析
（资料来源：比尔 · 希利尔 . 场所艺术与空间科学 [J]. 世界建筑，2005（11）：29.）

涌现。例如，新城市主义（New Urbanism）对多样性、紧凑性、步行环境、功能混合、生态保护等诸多原则的强调使得设计实践更加注重“以人为本”（图 6–3）[1]。绿色设计、精明增长（smart growth）、可持续发展（sustainable development）等设计思想为在更大层面上实现人与自然的协调共生给出了具体的实践对策（图 6–4、图 6–5）。

在价值观念上，关注弱势群体、关注公共价值和市民参与等都是城市设计的重要主题。

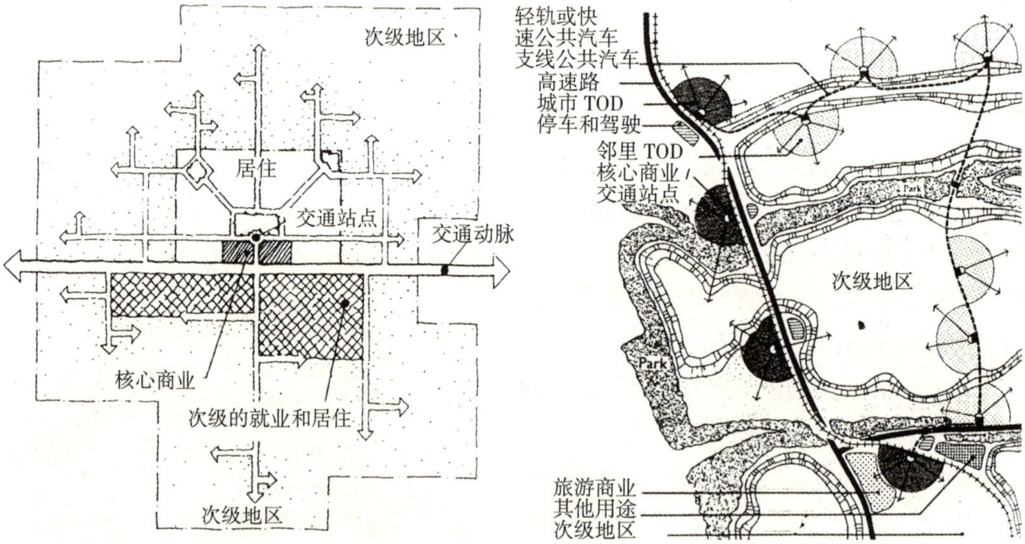

图 6–3　新城市主义提倡的“公交导向型（TOD）”开发模式
（资料来源：Donald Watson etc.，eds. Time–Saver Standards for Urban Design [M]. TN：Quebecor/Kingsport，2001）

[1] 新城市主义积极推行 TOD 与 TND 的设计思想，TND 即 Traditional Neighborhood Development，意为“传统邻里发展法”；TOD 即 Transit–Oriented Development，意为“交通导向开发”。

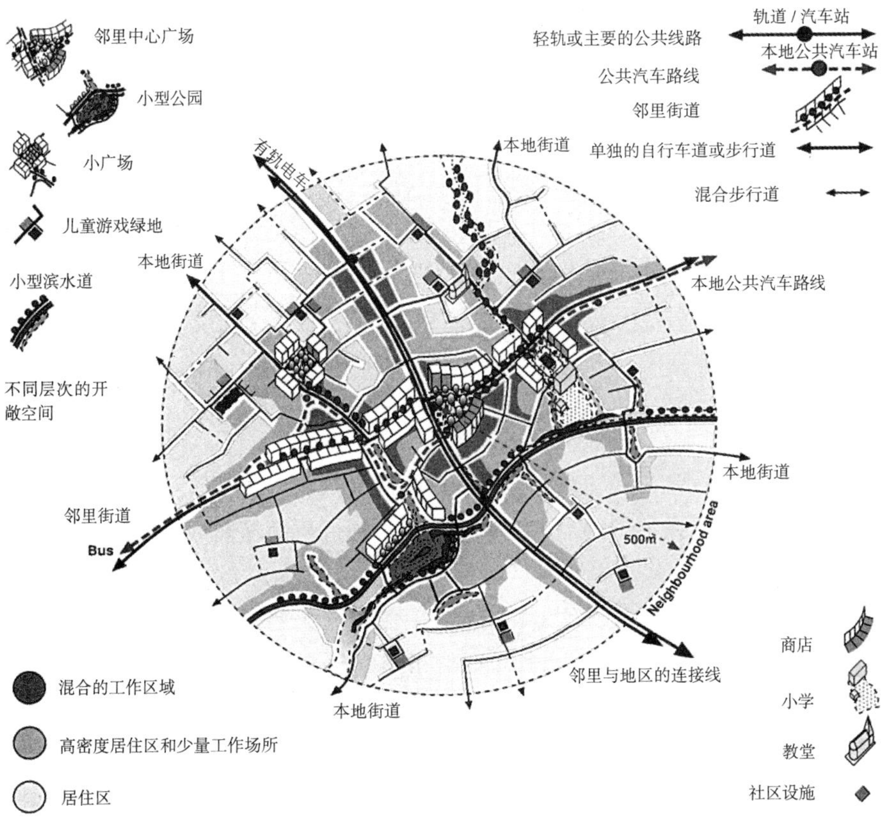

图 6-4　混合发展的城市空间模式

（资料来源：Urban Task Force. Towards an Urban Renaissance：Final Report of the Urban Task Force[M]. London：E & FN Spon，1999：66）

例如，城市设计的“性别”研究把空间环境对妇女的尊重放到了重要位置上（表 6-1），“妇女对公共空间的主观解读不仅仅取决于物质环境本身，还取决于妇女在社会中的地位和她们对所处场所的整体感受”[1]。此外，马克思主义思想在城市设计中的应用则从更为激进的层面探讨了社会结构与阶级矛盾之间的内在联系。

技术创新为我国城市设计发展作出的贡献有目共睹，技术领域的持续改革和进步为我们带来了大量先进的技术方法和思想理念以解决城市设计活动中出现的种种新问题。

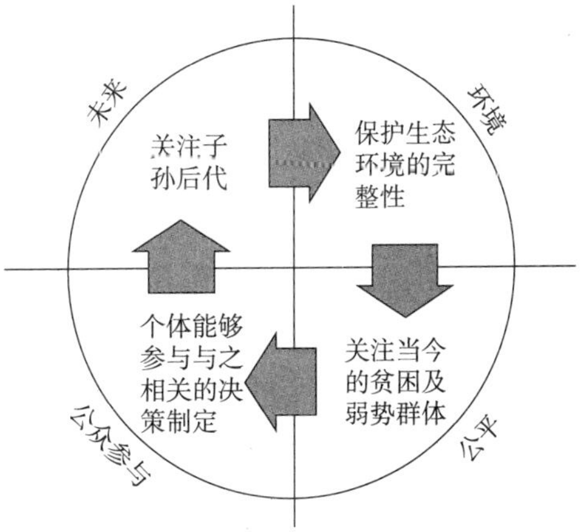

图 6-5　可持续发展的潜在原则

（资料来源：Martin Symes，Sophie Pauwels. The Diffusion of Innovations in Urban Design：The Case of Sustainability in the Hulme Development Guide [J]. Journal of Urban Design，1999，4（1）：103）

[1] Wekerle G. Women in the Urban Environment [M]// C. R. Stimpson，E. Dixler，M. J. Nelson，K. B. Yatrakis，eds. Women and the American City. Chicago：University of Chicago Press，1980.

影响妇女回避或使用公共空间的因素　　表 6-1

影响因素	回避	使用
个人经验或者犯罪的谣言	74%（其中 32% 是中年以上）	—
昏暗的街道照明	87%	—
人的影响	59%（其中 32% 是中年以上）	18%（只在 40~60 岁之间）
劣质铺装和缺少步行空间	33%（其中 32% 是中年以上）	—
街道上的整体活动	—	28%（只在 40~50 岁之间）

资料来源：Rachel Kallus. From Abstract to Concrete：Subjective Reading of Urban Space[J]. Journal of Urban Design，2001，6（2）:144.

6.1.2 途径二：制度创新

制度创新是指制度的积极变动和替换，是新制度被构造及其旧制度被替代的过程。制度作为一系列被制定出来的规则、守法程序和行为的道德伦理规范等，它提供了人类相互影响的框架，建立了构成一个社会（或更确切地说一种秩序）的合作与竞争关系。城市设计的发展不只是一个封闭的技术质量提高过程，它还受到各种制度力量的深刻影响（推力或阻力）。张京祥认为从宏观效果看，中国城市规划事业总体表现为系统内“技术领域的自身剖析理念太强，而对外延制度环境的开拓创新意识不足”[1]。

任何“技术创新”都是在特定的制度化结构体系和相应的环境背景下进行的活动。对应不同的制度安排，技术创新的绩效存在明显差异：专制或是民主的政治制度；肯定个人物质利益或是否定个人物质利益的经济制度；保护私有产权或是否定私有产权的法律制度；崇尚创新或是贬斥创新的文化制度……它们对技术创新的影响完全不同。技术创新在特定制度环境中进行的事实，使技术创新与制度创新紧密关联并相互影响。

6.2 双刃剑：要从“非正式制度”到“正式制度”吗？

虽然“正式制度”结合“非正式制度”的城市设计运作模式能够带来比较理想的实践成效，这种模式是否适合我国或怎样应用于我国尚是悬而未解的难题。制度变迁是一个复杂过程，我国的城市设计运作究竟需不需要从“非正式制度”向“正式制度”转变？这个问题充满争议：一些设计技术人员和学者高度强调城市设计制度的重要性，虽然他们对国家或地方的规划管理、政策法规建设等总是显得力不从心；与此同时，为保持城市设计的灵活与弹性，反对将城市设计制度化的呼声也并不微小。

“制度变迁实质上是一个‘非帕累托最优’的过程，即每一项改革新举措不可能在不减少任何当事人的个人福利的条件下使得社会福利最大化，一部分人利益的增加可能要以另一部分人的利益损失为代价，因此要求全体对每一项制度安排作出一致协议（或布坎南的一致同意）几乎是不可能的”[2]。在我国，公众对城市设计是否应该进行制度建设通常没

[1] 张京祥．论中国城市规划的制度环境及其创新 [J]. 城市规划，2001（9）：21.

[2] 卢现祥．西方新制度经济学 [M]. 北京：中国发展出版社，2003：131.

有给予足够的关注，而其他利益主体对城市设计的制度创新问题基本持有“一分为二”的观点，这表明了制度建设的可能性和争议的广泛性（表 6–2）。

不同角色对城市设计制度建设的态度及原因　　　　表 6-2

对象	支持的原因	反对的原因
政府及规划管理人员	通过城市设计制度建设，明确城市设计的地位和程序。依法行政使城市设计管理变得更加简单易行，减少争议	增加规划建设管理的审批程序和时间，可能带来寻租等负面行为
城市设计的编制者	借助制度建设强制推行城市设计可以最大限度地发挥城市设计的作用，使之不再停留在编制阶段	强制性制度与城市设计的灵活性和不可度量性相抵触
建筑师	城市设计制度的整体控制可以使建筑设计更加符合城市需要，帮助建筑融入城市环境，也为建筑师提供与甲方沟通谈判的条件	细致僵化的城市设计控制会制约建筑师的创造力
开发商	能更清楚地了解政府意图。开发案从最开始就尽可能考虑符合城市设计的要求	增加审批程序和审批难度，对设计的过多限制使得自己的开发想法无法实现
公众	不够关注	不够关注

6.2.1 赞同制度变迁的原因

“制度不是万能的，但是在我国市场化改革过程中，我们最缺乏的是具有激励功能和约束功能的制度”[1]。在日渐成熟的市场经济环境下，城市公共部门直接提供建筑环境或公共空间的做法将越来越少，城市建设大部分是私人开发程序和财产市场直接作用的结果。因此，制度建设的支持者认为，合理的城市设计制度可以弥补市场这只“看不见的手”的不足，将设计质量与私人部门的开发利益联系起来，通过城市设计管理实现个人和社会的多重效益。其次，我国现行的城市设计运作模式远远不能满足城市建设的实际需求，城市设计常常与城市规划脱节，从而造成建设管理的混乱和矛盾。要改变城市设计运作的放任局面，规范城市设计的程序和内容，在规划管理中推行城市设计控制等都离不开制度创新。同时，设计成果不规范、设计市场混乱、编制与实施分离等一系列城市设计弊病也需要通过制度建设途径加以解决。

我国正处于制度创新和经济转轨的过渡时期，无论是行政、法规还是市场建设都尚未完善，城市建设具有极大的随机性。制度建设的支持者们指出，在我国的改革开放过程中，制度缺失和制度老化的现象非常突出，制度非均衡与制度供给不足使得在新时期强化城市设计制度建设是紧迫而又必要的。现阶段，“人治”现象在我国表现得依然明显。人治社会的一个突出特点是不重视制度（尤其是法律制度）对人的行为约束，而强调个人品德及自律。在我国这个市场经济欠发达，人们特权意识较浓厚的国家里，人们尊重规则的意识依旧比较淡薄[2]，因此社会各个领域都急需弱化非制度化传统在公共管理中的消极作用。

---

[1] 卢现祥．西方新制度经济学 [M]. 北京：中国发展出版社，2003：20.

[2] 卢现祥．西方新制度经济学 [M]. 北京：中国发展出版社，2003：21. 我国的“人治”特点主要体现在三个方面：一是中国人都希望找到规则的漏洞，并利用这个漏洞使自己的收益最大化；二是除了寻找规则的漏洞以外，国人还喜欢规则能约束别人，而自己却除外，如明明违规也要找熟人通融一下，即规则对别人是硬的，对自己是软的；三是有利时遵守规则，无利时不遵守规则。

6.2.2 反对制度变迁的原因

城市设计本身具有很大的灵活性和不可度量性，那种通过制度途径将城市设计完全固定下来的做法固然简单明了，但是城市设计也会因此失去许多自身优势变得“僵化”甚至“八股”。基于这种认识，反对者们认为城市设计应因时、因地、因需而生，所以维持现阶段非正式制度下的城市设计运作是积极的，不应通过制度建设来强化某种定势。反对者担忧建立明确的城市设计制度以后，现有规划管理人员是否具备基本的设计技能来进行设计控制管理。这些管理者通常缺乏必要的想象力和和创造性，没有足够的能力应对复杂的设计议案。城市设计制度的强化还可能会增加长官意志的干预程度，最糟糕的情况是城市变成政府权威控制下的建设产物。

其次，缺乏经济、行政上的可行性以及改革风险大是反对者们强调城市设计无须制度化的常用理由。由于每一项预期能带来收益的制度安排都需要消耗成本，并且制度变迁和制度建设作为一项复杂的社会实践过程，其活动内容和方式有很大的不确定性，成本构成和成本水平也很难预测，因此城市设计制度建设过程中耗费的社会成本及面临的改革风险都可能是极其巨大的（表 6-3）。虽然我国目前正处在经济飞速发展阶段，但人均 GDP 总量仍不高，各地的经济能力差别很大，规划运作的成熟程度及成效差异明显。因此，如果在现有城市规划体系内强制增加城市设计的制度安排，很难保证城市设计投入的社会成本能够带来与之平衡的综合效益。对于大量欠发达的中西部城市，现有的城市规划管理工作都难以得到有效保障，强制推行城市设计制度也只能是纸上谈兵。

城市设计制度建设的主要成本与风险构成　　表 6-3

制度创新	运行成本与风险构成
成本消耗	设计新制度以及组织应用的费用 改变旧有规划体系结构，加入城市设计环节和内容的费用 消除来自部分开发商、地方政府等阻止制度变革力量的费用 实施城市设计制度的费用及摩擦成本 制度变革的不合理方面造成的损失 制度变革过程中产生的随机成本 ……
改革风险	制度设计不合理造成资源浪费和城市空间环境破坏 与已有制度形成矛盾和冲突 利益集团的反对与集体不合作造成制度失效 ……

反对者们还认为在尚无法预测实施结果的情况下推行城市设计制度创新，很可能引发各种利益集团的不合作行为，由此影响制度实施的效果并降低政府干预城市建设的威信。制度史的分析表明，制度演化的方向并不总是顺应于创新主体的愿望和目标。相反，某些特定类型的制度可能因为对个人或组织的物质福利、行为自由、财产保障以及其他价值目

标产生了不利影响，导致新制度的失效甚至恶化。根据路径依赖原理，城市设计制度建设的过程中难免会影响或削弱部分集团的利益（如开发商等），这些利益集团可能会想尽办法来维持原有的操作方式或不惜违背新规定，导致新制度成为无法真正落实的一纸空文。如诺斯所说："人们在过去作出的选择决定了他们现在可能的选择。初始的制度选择会强化现存制度的惯性，因为沿着原有制度变迁的路径和既定方向前进，总比另辟蹊径来得方便一些。""就像商品供给存在意愿供给与实际供给差异一样，制度供给中也存在实际制度供给与意愿制度供给的不一致性"❶。在城市设计制度供给的过程中，由于信息不完全、需求不确定以及地方差异等因素的影响，城市设计制度的制定可能与客观要求并不吻合。由于城市设计制度的推行无法建立在社会一致同意的基础上，各级政府部门、开发者和设计技术人员在贯彻、执行和实施新制度的过程中很容易会"修正"制度供给，以机会主义的态度实施新规则，使这种规则更适合实现自身利益的最大化。制度安排的"修正"方法有"层层截留"、曲解规划、"补充文件"、"改头换面"等❷。

6.2.3 制度选择：一个政府和开发商的博弈模型

下面建构一个开发商与政府之间的博弈模型来剖析城市设计制度创新的困境和挑战，模型设定运用序数效用理论，收益矩阵依次为政府部门和开发商（图 6-6）。在我国某地区的城市建设管理中，政府部门可以通过原有的"非正式制度"模式运作城市设计，也可以通过改革创新采用"正式制度"运作城市设计；开发商对某地段拥有"开发"或者"不开发"两种选择。设计博弈为完全信息扩展式博弈，分为两个阶段。对于开发商而言，当政府选择非正式制度下的城市设计运作时，他是相对有益的，因为可以在熟悉的原有制度环境下进行项目开发；或者，开发商也可以选择放弃此开发，转去投向其他更好更有吸引力的项目。当政府选择正式制度下的城市设计运作时，开发商会感觉有些别扭，因为正式制度使得开发周期拉长、审批程序增多、条条框框的限定变严，因此比较简单的策略就是放弃开发，其次才是在保证有利益回报的情况下，顶着压力进行项目建设。开发商的支付情况如下：U（正式制度，开发）$>U$（正式制度，不开发）$=U$（非正式制度，不开发）$>U$（非正式制度，开发），（4>3=3>2）。对于政府而言，若是开发商选择了开发，政府自然具有较高的支付，

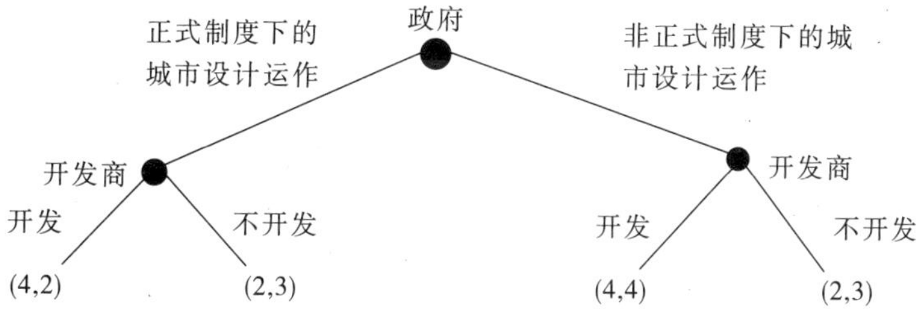

图 6-6 城市设计运作的制度博弈（政府与开发商）

❶ 卢现祥. 西方新制度经济学 [M]. 北京：中国发展出版社，2003：131.
❷ 杨瑞龙. 论制度供给 [J]. 经济研究，1993（8）：46-52.

		开发商		开发商	
		（开发，开发）	（开发，不开发）	（不开发，开发）	（不开发，不开发）
政府	正式制度	4，2	4，2	2，3	2，3
	非正式制度	4，4	2，3	4，4	2，3

图 6–7　政府和开发商两方博弈模型的战略式表述

大于在开发商不开发情况下的支付：*U*（正式制度，开发）=*U*（非正式制度，开发）>*U*（正式制度，不开发）=*U*（非正式制度，不开发），（4=4>2=2）。将开发商的信息集从左到右排列，则为（开发，开发），（开发，不开发），（不开发，开发），（不开发，不开发）。图 6–7 是这个博弈的战略式表述，支付依次为政府和开发商。

在这个博弈中，纯策略纳什均衡有三个：（正式制度，（不开发，不开发）），（非正式制度，（开发，开发）），（非正式制度，（不开发，开发））。均衡结果依次为（正式制度，不开发），（非正式制度，开发），（非正式制度，开发）。城市政府与开发商博弈的最终结果是（非正式制度，开发），因此政府如果预料到开发商在"非正式制度"下的开发收益大于"正式制度"，那么政府通常就会采取"非正式制度"的管理策略，通过简化手续等优惠条件来吸引开发商支持本地建设，"非正式制度"下的城市设计由此成为一种发展趋势。

模型说明了我国城市设计制度创新面临的部分现实阻力。要改变原有的操作模式，顺利实现新制度的引进，需要政府具有坚定的决心和清晰的目标，并积极采用奖励政策和引导措施减少开发商的"隐性"利益损失，以营造一个良好的社会支持环境，推动城市设计制度建设的进行。

6.3　制度创新的初露端倪与进展

6.3.1　我国城市设计制度创新的初露端倪

"非正式制度"在一定程度上规范了我国城市设计活动的开展。非正式制度的产生减少了决策和实施成本，使简单交换等社会活动得以发生，但同时又存在一定的局限，在正式制度缺位的情况下，缺乏强制力的非正式约束常常会提高运作成本，阻碍复杂活动的进行。过去的近十年间，为了更好地实现城市设计的有效运作，政府、学术机构以及一些经济基础好、先进开放的城市（或地区）率先开展了城市设计"正式制度"的理论建设和实践探索活动。

（1）学术年会对城市设计制度建设的探讨。1997 年 12 月，建筑学会邀请建筑师、建筑教育家、城市规划师等在上海召开了以城市公共活动空间设计为主题的学术年会。会上提出关于加强城市设计工作的七条倡议：第一，城市是当今人类社会、经济、政治、文化等活动的中心；第二，人始终是城市的主体，而城市空间则是人们进行生活活动和相互交往的场所；第三，城市街道兼具有交通与生活双重功能，是人们活动最频繁的公共空间；第四，城市广场是城市重要的公共活动场所；第五，旧城改造的规划设计要尊重历史文化传统；第六，单体建筑物要考虑群体的关系，强调城市空间环境的连续性；第七，积极开拓城市设计实践空间。其中，第七条从三方面明确倡导了城市设计的制度建设：①尽快建立城市设计体制，确立城市设计的法律地位，制定城市设计编制、审批、管理办法以及相应的收费标准；②努力推进我国城市设计理论研究与实践，加强城市设计人才的培养；③结合中国的实际情况，努力探索结合中国国情的城市设计体系。类似地，中国城市规划学会于1998年8月在深圳市召开“全国城市设计学术交流会”，会议探讨了如何从我国国情出发，加强城市设计制度建设以推进城市设计理论与实践的进一步发展。2000年以后，以城市设计为主题的国内、国际会议更是有如雨后春笋般涌现，其中不乏围绕城市设计制度建设进行的思考。

（2）原建设部关于“城市设计实施制度框架”的课题研究。原建设部城乡规划司于1999年年初委托中国城市规划学会组织开展“城市设计实施制度框架”的课题研究，为原建设部进一步制定城市设计的相关技术政策提供基础理论依据。研究由夏宗玕、石楠策划，课题组成员包括吕斌、王凯、边兰春、扈万泰、陈延松等。经过多次论证、修改和完善，研究报告于2000年10月完成。报告分四个部分论述了建立城市设计实施制度的整体设想，即建立城市设计实施制度的必要性与迫切性；各国城市设计实施制度的比较分析；我国城市设计实施制度构筑的框架；推进城市设计实施的对策构想。课题研究对城市设计的实施机制、审议体制、资金筹措、公众参与等进行了专门论述，从总体、片区、重点地段三个层次提出我国城市设计的编制体系，并建议城市设计编制与现行规划体制相一致（即城市设计结合规划的各个阶段同步编制，并纳入城市规划方案中同步实施）、城市设计审批与城市规划审批相一致。虽然由于制度改革风险和体制阻力等原因，研究成果没有在实践中得以直接应用，但研究课题的设立充分表明了国家规划主管部门对城市设计制度建设的关注和重视。

（3）地方省市对城市设计制度建设的探索。20世纪90年代末期以来，地方省市的规划建设部门也开始注重城市设计编制及审批的制度化、规范化问题，制定并颁布了一系列城市设计技术规范。1998年，黑龙江省建设委员会下发《黑龙江城市风貌特色规划编制办法》以规范和指导黑龙江省各地方的风貌特色规划的具体开展——这里所指的风貌特色规划是一种城市总体层面的城市设计思考。1998~1999年，河北省建设委员会向各市建委、规划局印发《河北省城市设计技术规定（试行）》，探索了将城市设计融入城市规划各阶段的编制、审批及实施方法。1999年，山东省建设委员会组织开展“现代城市设计理论与山东城市设计实践研究”，研究报告论述了城市设计的编制、审批、政策及机制问题，并分“融入不同规划阶段的城市设计”和“独立编制的城市设计”两种情况进行讨论。2005年10月，重庆市规划局颁发了第一部有关城市设计的技术性规范文件《重庆市城市设计编制技术导则（试行）》。2010年北京市规划委员会公布了《北京中心城地区城市设计导则编制标准及管理办法研究》。

（4）深圳城市设计制度体系的初步建立。深圳在过去的二十多年里经历了前所未有的高速发展，这一过程相当于近现代西方城市半个世纪甚至更长时间发展历程的浓缩。早在1996年，深圳规划国土局就在《深圳市规划国土局依法行政手册》中对城市设计的编制和审批程序作了明文规定。深圳市规划国土局与深圳市城市规划设计研究院（城市设计研究所）在 20 世纪 90 年代末进一步对全市开展整体城市设计研究（图 6–8、图 6–9），积极梳理城市设计与城市规划之间的关系，为特区城市设计活动的整体有序开展奠定了良好基础。目前，深圳已建立起了“整体”结合“局部”的城市设计指引体系（图 6–10），不同层次的法定规划对相关的城市设计内容均有所体现，特别是“法定图则”中设定的城市设计准则更让城市设计上升成为具有严格法定效应的制度安排（图 6–11）。深圳市城市规划管理部门中“城市设计处”的建立也为城市设计的实施提供了组织机构保障。“深圳规划标准与准则”中的《城市设计与建筑控制》、《深圳市规划国土局城市设计指引》、《深圳城市设计编制技术规定（内部试用）》等众多部门规章或技术文件都对城市设计的编制要求、运作过程、成果实施等给予了清晰的解说和指引。显然，深圳市的城市设计制度建设已经走在了我国前列。

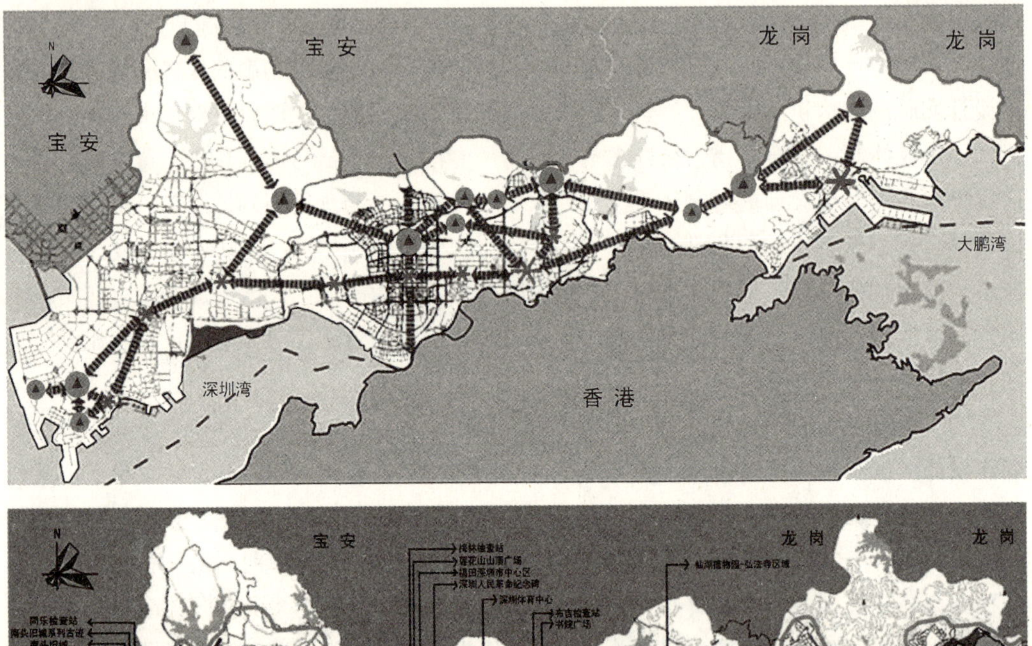

图 6–8　深圳经济特区整体城市设计研究

（上：人工眺望景观；下：重要城市景观区域、节点与联系路径）

（资料来源：深圳市规划国土局，深圳市城市规划设计研究院城市设计研究所．深圳经济特区整体城市设计研究报告 [R]，1998）

4.1 南山中心地区 NS — 01
区级商业文化中心区，集金融贸易、商业文化、办公、居住、轻型加工业为一体的综合城区
规划高层发展区
已有城市设计方案的严格遵循
4.2 蛇口地区 NS — 02
包括滨海居住、旅游、商业、文化等的综合生活区
城市中低开发强度、密度控制区
建立滨海生活性岸线步行区，完善各类水上活动服务设施
完善现有环境绿化，加强各室外空间的公共性和连贯性
严格控制现有工业区发展，逐步改造、外迁
4.3 大南山地区 NS — 03
包括大南山郊野公园，少量的居住和工业
城市高层建筑限制发展区
加强对大南山等自然山体环境的保护与利用，强化该区背山面海的自然特质
荔枝林地的严格保护
4.4 赤湾地区 NS — 04
以港口、临港工业、少量居住为主，包括小南山、赤湾山城市公园及大量名胜古迹
城市高层建筑限制发展区
建设小南山城市郊野公园，完善绿化种植，建设赤湾山城市公园
赤湾天后庙、古炮台、宋少帝陵等历史古迹的严格保护，及其周边用地环境协调区的确定
4.5 妈湾地区 NS — 05
以港口、临港工业、仓储为主，西部物流中心
城市高层建筑限制发展区
工业区环境的改善
4.6 前海地区 NS — 06
区行政中心，以居住、办公、商业、工业为主的综合区
城市中低开发强度、密度控制区
公共绿地及相关服务设施的增加，居住环境的改善
南头旧城内名胜古迹的严格保护与利用，步行街与各类休闲广场的建立与完善，完善的旅游服务设施
4.7 高新技术产业园区 NS — 07
文化教育、体育中心，市级高新技术产业园区
城市中低开发强度、密度控制区
良好的工业、居住环境的营造，相应控制指标标准的提高及严格控制

图 6-9　标准分区及各区城市设计指引示意

（资料来源：深圳市规划国土局，深圳市城市规划设计研究院城市设计研究所．深圳经济特区整体城市设计研究报告 [R]，1998）

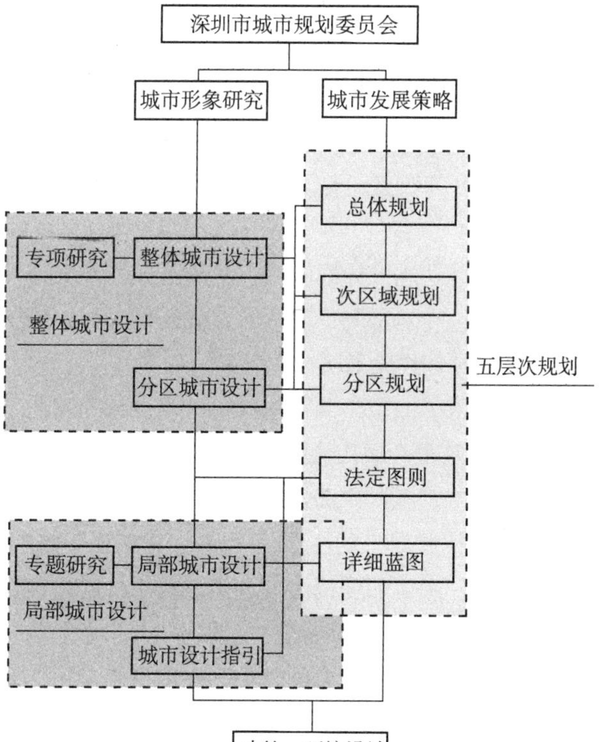

图 6-10　深圳市城市设计体系框图

（资料来源：深圳市规划国土局，深圳市城市规划设计研究院城市设计研究所．深圳经济特区整体城市设计研究报告 [R]，1998）

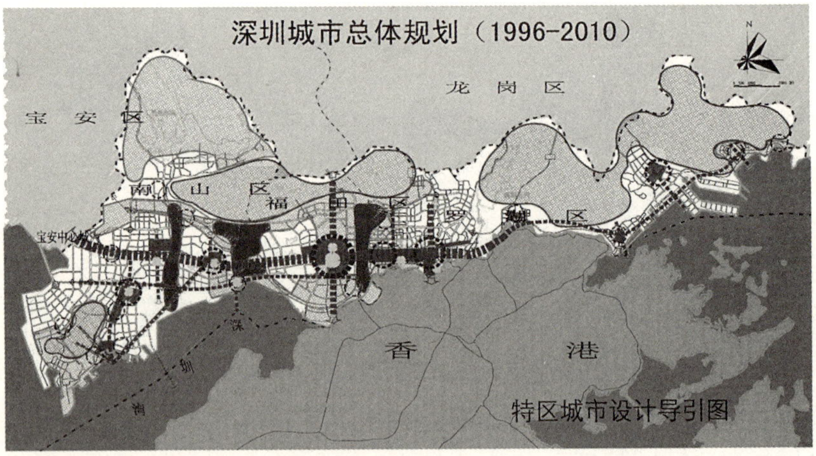

图 6-11　深圳总体规划中的城市设计引导内容
（资料来源：深圳城市总体规划（1996-2010）[Z]）

6.3.2 《城市规划编制办法》对城市设计内容的修订

国家层面的法律法规甚少论及城市设计，只在 1991 年颁布的《城市规划编制办法》的第一章第八条有所提及："在编制城市规划的各个阶段，都应运用城市设计的手法，综合考虑自然环境、人文因素和居民生产、生活的需要，对城市环境作出统一规划，提高城市的环境质量、生活质量和城市景观的艺术水平"。尽管这种简练、概要性的描述对城市设计实践的具体开展没有起到太多的规范或约束作用，但仍给规划技术人员和规划管理者提供了有关城市设计运作的一点点制度依据。

2005 年 12 月，建设部颁布新修订的《城市规划编制办法》。新的编制办法表明了新时期我国城市规划工作将实现的几大转变：规划组织方式由单一政府部门负责转变为"政府组织、专家领衔、部门合作、公众参与、科学决策、依法办事"；规划重点从突出增长速度向控制合理环境容量、确定科学建设标准转变，从侧重确定开发建设项目向对各类资源实施有效保护和空间管制转变；规划研究范围从城市规划区向强调区域统筹和全市域城乡统筹转变；城市规划技术属性向公共政策属性转变等。

意外的是，新编制办法取消了旧版编制办法有关城市设计的阐述。这是不是意味着国家规划主管部门对城市设计的忽视和城市设计制度建设的否认呢？《城市规划编制办法》的这种修订无疑引发了从业者的诸多讨论和疑虑。综合来看，这种对城市设计地位的顾虑多少有些杞人忧天，编制办法作此修订的主要目的是为了增强条文的严谨性和可操作性。首先，新编制办法比老版编制办法更加强调法规条文的科学性、严密性以及可操作性，更加讲求"依法行政"的必要性，所以去掉诸如"在编制城市规划的各个阶段，都应运用城市设计的手法……"这样含糊的规定是必要的，因为在旧有条文中，城市设计并不是一项具体工作，而被当做一种抽象设计手法来对待。其次，在城市设计工作尚没有明确定位的现状条件下，城市设计作为非法定规划不出现在针对法定规划制定的编制办法中也是情理之事。因此，新编制办法的修订不会也不应影响城市设计活动及城市设计制度创新在我国的开展。但规划编制办法的修订和建设部《城市设计实施制度框架》课题的终结也从侧面说明，由于制度环境的约束，要在短时期实现从中央到地方、自上而下的城市设计制度创新尚存在很大困难。因此，我们需要探索一条更加现实可行的城市设计制度建设道路，寻找城市设计制度创新的适宜策略。

6.3.3 城市设计制度演进的阶段展望

城市设计制度建设的理论和实践探索在我国已经初露端倪，一些经济发达地区的城市也已初步具备了开展城市设计制度建设的环境条件。从发展历程来看，在正式约束设定之前，人们之间的关系主要靠非正式约束来维持，即使在现代社会中，正式约束也只占整个社会约束很少的一部分，人们生活的大部分空间仍然受制于非正式规则。图 6-12 说明了我国城市设计制度建设可能经历的阶段，在 A 位置是以非正式制度为主的城市设计运作模式。未来随着我国制度环境的不断完善，在时机成熟之后，城市设计的运作则有可能发展到 A’ 位置，也就是以正式制度为主要保障的城市设计运作方式。

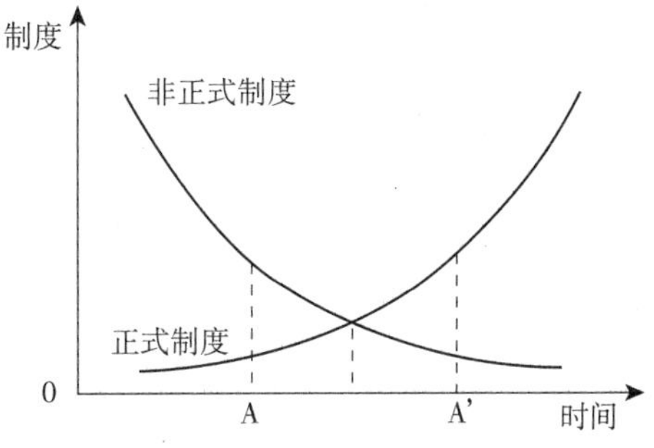

图 6–12　城市设计的制度演进过程

我国社会各领域的制度建设都尚不够完善，不成熟的制度环境对城市设计制度的建立和发展形成了一定的影响和制约，也使得城市设计制度创新的课题变得更加错综复杂。就当前的形势来看，经济发展水平较低、城市建设管理不够完善的城市，可以根据实际需要确定是否要编制运行城市设计，或者通过在城市规划中增加相应层次的城市设计内容等方法来达到维护城市空间环境的目标，基本保持目前“非正式制度”下的城市设计运作方式。在那些经济发展水平较高，城市特色问题突出的地区，为促进城市开发从粗放型向集约型转变，实现城市形象的提升和空间品质的完善，应当积极开展城市设计制度建设的相关探索，不断强化和规范城市设计活动来引导城市空间的健康发展。

6.4 现阶段我国城市设计制度创新的策略[1]

在现阶段，是否敢于进行制度变迁，以及制度变迁选择的时机、路径与方式正确与否，对一个国家经济与社会的持续、稳定、健康发展，具有举足轻重的影响。“大部分西方发达国家之所以能实现长期的稳定发展，前苏联以及前东欧部分社会主义国家之所以在改革的过程中屡遭重挫，中国以建立社会主义市场经济体制为导向的改革之所以能取得辉煌成就，可以说与制度变迁所选择的道路与方式直接相关”[2]。

当前，那种期望建立一整套从中央到地方、稳定严谨的城市设计管理体制，以及“国家—省—地方”不同层次城市设计政策（导则）的做法并不现实。城市设计制度建设在我

---

❶ 根据已发表论文整理：唐燕，许景权 . 城市设计制度创新的策略和途径 . 城市问题，2011（4）：16–21.

❷ 蒋满元 . 不同国家制度变迁路径与方式的比较 [J]. 重庆社会科学，2005（10）：26.

国不宜作“一刀切”的整体规定，而是要根据不同地方的不同特点有针对性地提出应对方案。因此，我国城市设计制度建设应当在国家整体发展政策的指导下，主要从地方出发，由地方政府依据各地城市的特点和具体需求，确定不同的城市设计编制规则、管理方式、机构组织和人员任用等内容。总体来看，我国的城市设计制度建设应以供给主导型的“渐进改良”为主，探索建立弹性灵活又具备一定强制力的城市设计运作方式，形成富于变化又拥有一定程序稳定性的城市设计体系。

6.4.1 地方政府为主导的城市设计制度创新

新制度经济学认为制度创新的主体有政府、团体、个人三个层次。其中，政府处于核心地位，它是制度的最大供给者，是一种最为关键的生产性资源，它本身就是制度的载体和基本存在形式。拥有独立利益目标和一定资源配置权的地方政府在我国社会转型过程中发挥着特殊作用：中央与地方的几次大规模分权改革，使地方政府获得了对地方资源和经济决策的控制权以及财政支配权，具有制度创新和制度实施的潜能[1]。我国现阶段的城市设计制度创新应当以地方政府为主导，而不是通过中央政府在全国范围内推行统一的制度变迁。

以地方政府作为主导推进制度创新具有明显的优势。一方面，我国地大物博，地区间差异巨大、社会情况复杂，局部范围内的创新试验是降低风险和改革难度的有效途径。与中央政府相比，地方政府推动的制度创新具有更大的实验性，收益大、风险小，与我国“先试点后推广”的整体改革思路一致。另一方面，地方政府对本地特定制度环境的认识比中央政府更加全面敏锐，更能准确了解地方制度资源的状况以及个人、团体的需求。因此，地方政府的制度创新，从形式到内容更容易与本地区实际情况相结合，满足当地客观需要、降低创新成本，从而使制度供求达到优化均衡状态。所以，地方政府应该成为我国城市设计制度创新的“第一推动集团”，从创新设想、制度设计到组织实施的各个环节均可先在地方政府的指导下进行[2]，取得的成功经验再向其他地区推广。各地之间相互取经可以促使更多机动灵活、可操作性强的城市设计运作方法进一步衍生出来。

6.4.2 “强制性”与“供给主导型”的城市设计制度创新

林毅夫将制度变迁的典型模式归纳为“诱致性”变迁和“强制性”变迁两种类型。在

---

❶ 地方政府制度创新的最大动力来自三个方面：政府组织内部的最大化利益追求；当地民众的利益要求；地方政府之间的制度创新竞争。中国地方政府作为制度创新主体的地位，从理论上说，在新中国建国初期就已经得到确立，其标志是1954年制定的《中华人民共和国宪法》。但从发挥实际作用的角度来看，中国地方政府的主体地位的真正确立和提高是在中国实行改革开放以后。1982年的我国第四部宪法明确了发挥地方各级政府主动性、创造性的原则，强调“中央与地方的国家机构职权划分”遵循在中央统一领导下“充分发挥地方的主动性、积极性的原则”。一级立法体制变为两级立法体制后，地方政府获得的立法权为地方政府创新提供了直接的法律机制。

❷ 诺斯等人认为，制度创新过程可分为五个阶段：①形成“第一行动集团”，这是指在决策方面支配着制度创新过程的一个决策单位，它预见到潜在利润的存在，并认识到只要进行制度创新，就可以得到潜在的利润。②“第一行动集团”提出制度创新方案。③“第一行动集团”对推行之后纯收益为正数的几种制度创新方案进行选择，选择的标准是最大利润原则。④形成“第二行动集团”，这是在制度创新过程中为帮助“第一行动集团”获得预期纯收益而建立的决策单位。制度创新实现后，两个行动集团之间可能进行追加的收益再分配。⑤两个行动集团的共同努力，使制度创新得以实现。

此基础上，杨瑞龙进一步论述了“需求诱致型（诱致性）”和“供给主导型（强制性）”的制度变迁模式，并强调指出中国所选择的其实是一种“政府供给主导型”的制度变迁[1]，这点明了我国城市设计制度创新的主要动力机制。需求诱致性的制度变迁是“个人或一群人，在响应获利机会时自发倡导、组织和实行”的制度变迁；供给主导型的强制性变迁则由“政府命令和法律引入和实行”[2]。由于城市设计制度本身作为一种公共产品具有其特殊性，城市设计制度不能给个人或群体带来明显的直接大于成本的预期利润，城市设计形成的公共利益又常常伴随着大量“搭便车”现象，因此通过“诱致”实现制度变迁的可能性较低，我国城市设计的制度创新需要走强制的、政府供给主导型的制度变迁道路。虽然推动城市设计制度创新的主体可以有个人、团体和政府，但重点在于如何充分发挥政府作用和有效利用政府组织系统，与此同时调动个人、团体的积极性，以较低的改革成本逐步推进制度变迁。

6.4.3 “移植式”结合“创设式”的城市设计制度创新

根据制度变迁途径的选择机制，曹元坤提出了“创设式”制度变迁与“移植式”制度变迁的概念[3]。“创设式”制度变迁是指变迁的目标制度基本上依赖自我设计和自我建构，这种性质的制度安排或制度结构基本上没有先例，制度论证在很大程度上依据理论的预期分析，没有他方制度的实际绩效可供参考，因此创设式制度变迁具有很强的个案开拓性，同时也具有很大的风险。“移植式”制度变迁是参考他方已经运作并具有一定效率的制度而进行的制度变迁。他方制度运作绩效的强有力的示范效应使得移植式制度变迁初始成本较小，并具有较高的预期可信度，但具体的途径选择仍需综合考察制度环境、国家经济状况、国民素质等多方因素的差异性，以及制度移植的预期成本和收益等。考虑到制度的示范作用及制度创设成本等原因，发展中国家一般选择移植式制度变迁。目前我国城市规划中的许多制度安排都是从国外“移植”进来的，如法定图则、控制性详细规划等。城市设计的制度建设也可以主要依靠移植式制度变迁，并在这个过程中积极鼓励结合中国国情的创设式制度变迁。虽然借鉴国外城市设计制度建设的先进经验无可非议，但这个过程必须深入考察制度移植的本土适用性，否则借来的制度可能既无法实施又难以奏效。拉美国家 90% 的制度从欧美国家复制而来，但实施绩效却远远不能和欧美国家相比，这就像卢梭所说：“同一个法律并不能适用于那么多不同的地区，因为它们各有不同的风尚，生活在迥然相反的气候之下，并且也不可能接受同样的政府形式。”[4]

6.4.4 “渐进改良式”的城市设计制度创新

推行设计控制制度、将城市设计纳入现行的城市建设管理体制，应当采取渐进改良的

---

[1] 杨瑞龙．论制度供给 [J]. 经济研究，1993（8）：46-52.

[2] 林毅夫．关于制度变迁的经济学理论：诱致性变迁与强制性变迁 [M]. 胡庄君译 // 财产权利与制度变迁——产权学派与新制度经济学派译文集．上海：上海人民出版社，2003：384.

[3] 曹元坤．从制度结构看创设式制度变迁与移植式制度变迁 [J]. 江海学刊，1997（1）：37-43.

[4] 卢梭．社会契约论 [M]. 北京：商务印书馆，2003：60.

方式。我国改革开放事业的“渐进式”特点决定了制度转型的主要途径并非事先设计，而是在实践中逐步探索形成的。渐进改良方式在制度创新的初期成效相对显著，但新制度逐渐成长起来之后，要彻底取代旧制度就需要突破原有制度以及双轨制的路径依赖，这是制度变迁的难点所在。渐进式的城市设计制度建设还包括另一层含义：城市设计制度的建立应该先以某些地区、某些城市为试点，实践性个案的成功将为其他地区提供方法和技术上的借鉴。因此宁骚指出，“分析问题和制定政策要遵循从特殊到普通，再由普通到特殊的认识过程……我国的改革和建设是没有现成的模式可以照搬的，只能是摸石头过河，这就需要决策者通过试点来寻求创新。在没有取得具体经验之前，不要一下子把工作全面铺开，以避免造成被动局面；应该选择条件适宜的地方先搞试验，以取得经验，逐步推广”❶。

6.4.5　保持“多样化”与“差异性”的城市设计制度创新

我国幅员辽阔，地区发展不均衡，东、中、西部城市所处的经济发展阶段和城市建设状况各不相同。由于每个城市的经济水平和建设水平存在巨大差异，城市设计实践中面临的问题也不尽相同，因此城市设计制度创新不能囿于某种模式，而要因地制宜，保持制度设计的“多样化”与“差异性”。对于中小城市，特别是城市规划编制及管理实力不强，经济不够发达的地区，可采用将城市设计内容融入各层次规划中的方式来实现。对于经济发达、城市设计问题突出的地区，则建议编制独立的城市设计政策、导则或方案，并可尝试建立设计审查制度以发挥城市设计对城市空间环境的管理和塑造功能。在条件成熟的情况下，中央政府可以在全国范围内，对城市设计运作的整体程序或内容要求等作出概要性、指导性的规定，地方政府以此为依据结合本地特色灵活开展工作。

6.4.6　结合现有城市规划体系的城市设计制度创新

城市规划体系对城市设计的运作具有极其重要的影响。在当前的规划体制下，将城市设计制度化的做法难以避免会面临如下困境：①城市设计的范畴很大，小到一条街巷、几组房子，大到城市与区域都存在城市设计问题，因此城市设计不应该也不可能成为城市规划设计中的某一个阶段；②如果因为城市设计同城市规划在层次上具有一定的对应性，而将城市设计作为各阶段规划编制的组成部分，显然会在已经负重过多的规划身上增加更多的包袱，也减弱了城市设计内容的广泛性和完整性；③如果将城市设计当做与规划设计并列的体系进行制度建设，则可能夸大了城市设计的地位，也会因体制变革的力度过大而难以获得政府及社会各方的认同和支持。城市设计的对象是一个千变万化的城市三维空间，设计内容总是因情况而异，城市设计要达到的社会、美学、环境、宜居等目标也无法用统一的标准去评价和判断……城市设计的艺术性、创造性、地方性等使得城市设计目前很难像城市规划（主要是土地利用规划）一样，形成一整套固定、独立的编制实施体系。因此，刘宛提出“在我国的城市规划体制下，把城市设计依附于城市规划的体制，在短时期内是比较适合我国实际情况的。在这个关系的前提下，城市规划和城市设计共同作用，保障城

❶　宁骚．公共政策学 [M]．北京：高等教育出版社，2003：74.

市的健康发展，城市设计作为城市规划的补充，为城市规划的深化和落实提供了重要的政策保障和实施手段"[1]。虽然没有任何具体规定，城市设计在我国已然成为城市规划的一个组成内容。城市设计制度建设需要通过与现行城市规划、建筑设计、景观设计体系的有效结合来实现其良性运作，另起炉灶或影响破坏现有城市规划体系的城市设计制度安排并不适宜。从其他各国的情况来看，独立且与城市规划并行的城市设计体制寥寥，城市设计的一些相关规则要么包含在城市规划的各种法律条文中，要么以不同形式的地方性法规文件或政策公文得以体现。

综上所述，城市设计运作从"非正式"制度走向"正式"制度的过程综合复杂又充满不确定性，将"地方"作为城市设计制度创新的实验田，走以地方为主体的制度建设路径，是降低制度变迁风险、体现地域差别、激发创造活力的有力途径。城市设计制度创新在我国不宜"一刀切"，各地方可依据本地情况作合理的选择。也就是说，各个城市根据自身的社会经济发展状况、自然地理条件、政治环境特点等采用不同方法，制定适宜的政策，进行不同程度的制度改良来推动城市设计发展。

6.5 我国城市设计制度创新的进程分析

改革开放以来，我国不少全国性制度安排的形成途径是：个人以及由个人自愿组成的团体的自发安排→地方政府的默认或局部肯定→中央政府的局部肯定和全面肯定（例如家庭联产承包责任制度、企业利润提成奖制度、劳动合同制度、股份合作制度等的变迁）。另一种主要的制度形成途径是：中央政府发起的制度改革→地方政府的推进和实施→个人或团体的遵循与落实（例如国有企业体制改革、政治体制改革等）。由于制度改革在我国往往采取"先试点后推广"的办法，因此试点地区或城市的地方政府事实上拥有中央政府的权威，有较大的自由度实施自主的、积极的制度创新。在这种情况下，地方政府已经由单纯的中央政策的接受和执行者，转化为相对独立的行为主体，在公共政策制定和城市管理中承担了多种制度创新任务。我国台湾地区城市设计制度建设的经验表明，先以单个项目为试验对象，单个项目的成功催生了台北市的城市设计制度，台北的经验转而影响其他城市，向我国台湾各地辐射、推广，最终促使全台湾城市设计制度的诞生。

我国大陆城市设计的制度创新宜采用下述途径：地方政府的制度安排→上级政府的默认或局部肯定→中央政府的局部肯定或全面肯定[2]，城市设计制度变迁流程大致可以分为以下六个阶段（图 6-13）[3]：

第一阶段："矛盾与需求"形成城市设计制度创新的内在动力。城市特色丧失、城市建设无序、公共空间恶化等现实矛盾，迫使城市政府寻求通过制度建设发挥城市设计效应，

---

[1] 刘宛．城市设计与相关学科的关系 [J]. 城市规划，2003（3）：53-72.

[2] 抑或由上层政府（中央或省级政府等）选择合适的试点城市进行有意识的制度创新尝试，走"自上而下"结合"自下而上"的路线，这主要取决于上层政府部门的决策方针。

[3] 地方政府在制度创新过程中发挥了举足轻重的作用，公众和中央政府对城市设计制度创新的影响同样不可忽视。

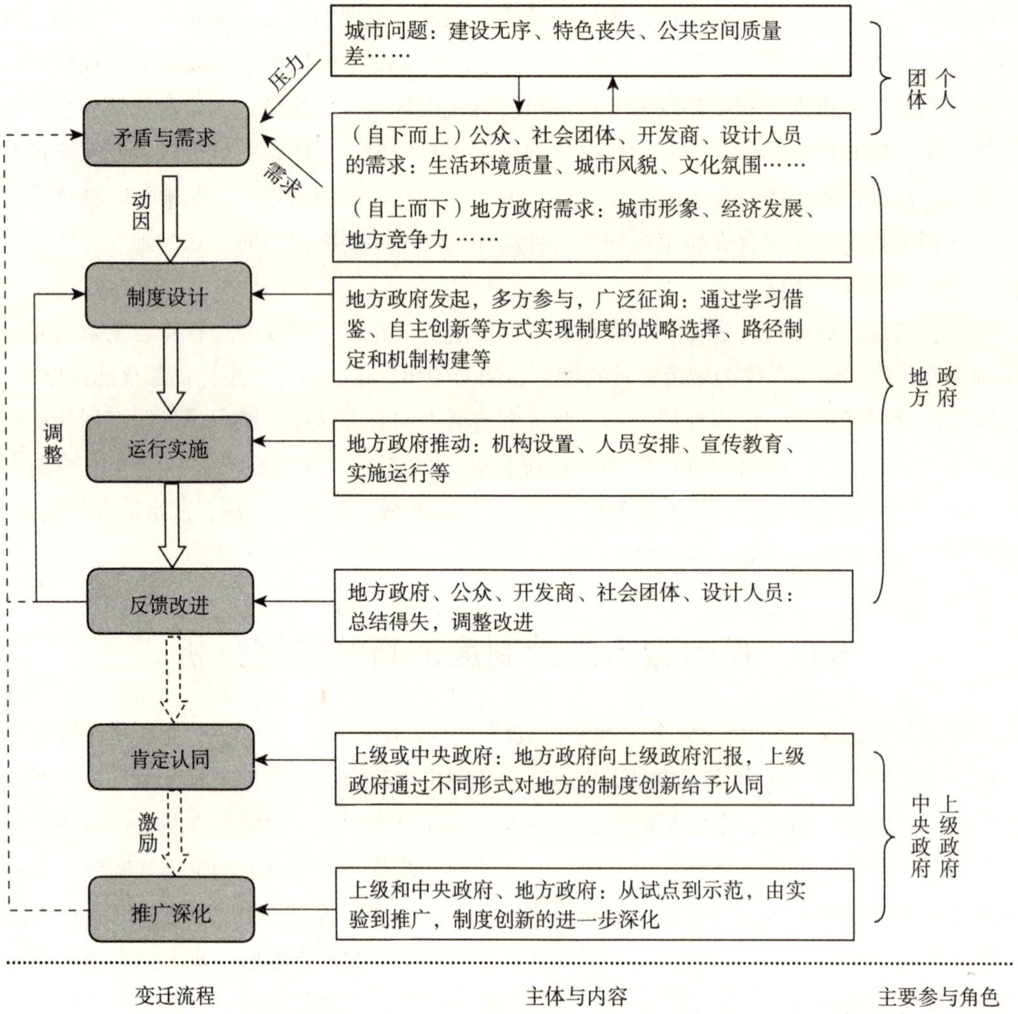

图 6-13　我国大陆城市设计制度创新进程

重塑城市形象和空间品质的途径。公众、社会团体、开发商、设计人员对城市环境质量的更高要求，以及地方政府本身对树立城市形象、发展经济、提高地方竞争力的利益考虑，都成为城市设计制度创新的推动力。

第二阶段：城市设计的制度设计。有效的制度设计是制度变迁的关键。地方政府出于上下压力和潜在利润的吸引，开始探讨城市设计制度变迁的战略选择、规则制定和机制构建等。经过多方参与、利益博弈和广泛的取经学习，地方政府组织完成城市设计的制度设计工作。

第三阶段：城市设计制度的运作实施。地方政府通过设置相应的机构、组织安排人员、发布必要的法规政策、对公众进行宣传教育等方法，强制推行城市设计制度的试验性运作。

第四阶段：城市设计制度运行的反馈与改进。新制度初步付诸实施后，地方政府开始考虑如何依据制度变迁的反馈意见对制度改革进行深化和提升。在广泛宣传和动员当地市民和团体的基础上，政府不断总结经验得失，调整改进制度建设方向以推动制度变革的新发展。

第五阶段：制度改革获得上级部门的认同。地方政府将本地制度创新取得的成就向上级主管部门总结汇报，上级主管部门向中央政府总结汇报，中央政府（或上级政府）对地方政府的制度创新通过会议、讲话、公文等形式予以确认。

第六阶段：城市设计制度的推广深化。这是由试点到示范、由实验到推广的阶段。中央政府（或上级政府）从各地的创新实践中获得了激励、明确了制度变革方向，开始在全国提倡和推广，从而出现城市设计制度创新整体推进的格局。

7

我国城市设计运作的制度建设方法与途径

正式制度结合非正式制度的城市设计运作模式，为城市设计实践的有效开展提供了严谨而又灵活的操作平台（图 7–1）。从我国城市设计发展的总体状况来看，设计制度创新将主要发生在法律法规、公共政策、行政管理、公众参与等领域[1]，来自这些方面的制度变革是推动我国城市设计逐步走向系统规范的重要突破口。本章从这四个领域出发，研究讨论我国城市设计制度创新的具体方法和途径，为各个城市（或地区）正在或将要进行的城市设计制度建设提供多种可行的模式参照，从而对我国城市设计运作的制度迷惘、制度建设策略、制度改革途径等核心问题给出必要的建议和解答（图 7–2）。

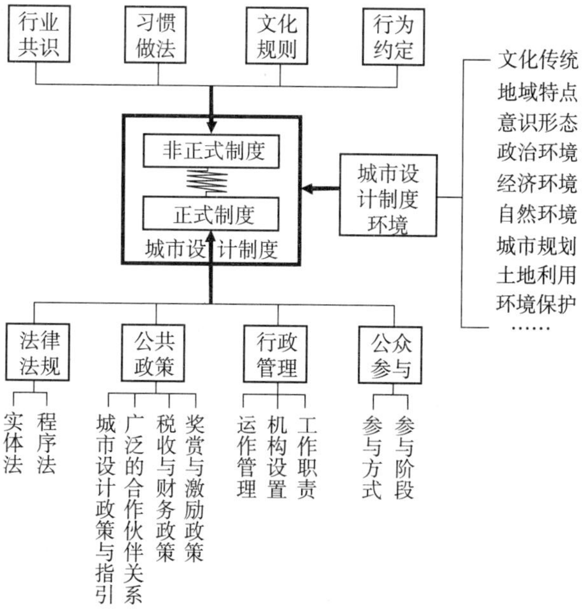

图 7–1　我国城市设计运作的制度创新结构

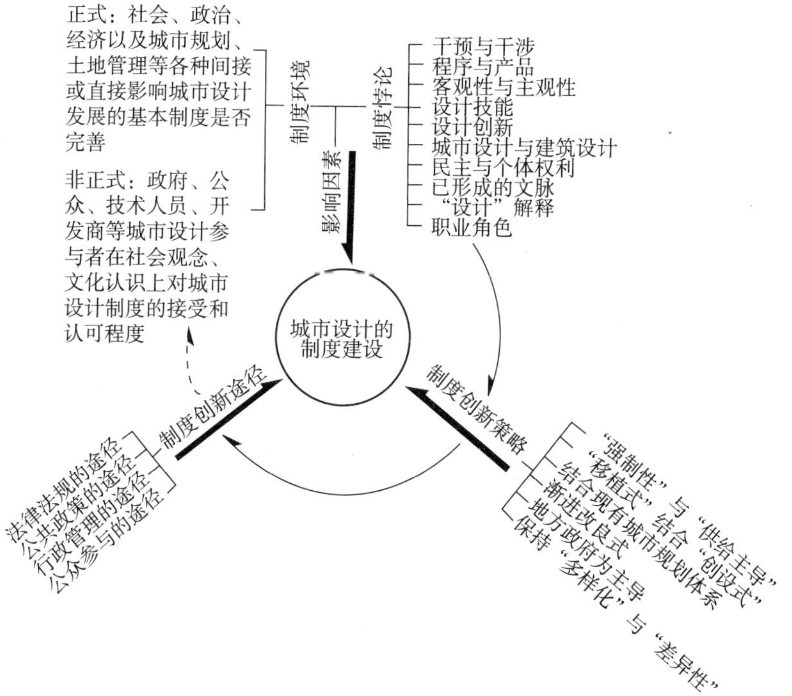

图 7–2　我国城市设计制度建设的影响因素、策略和途径

[1] 这四种领域并没有严格的界限划分，这里所作的分类只是为了说明问题的方便。为了清晰地表述问题，文中所指的“公共政策”不包括成文的法律法规。事实上，“行政管理”与“公众参与”也会有很多内容涉及法规政策等其他领域。

7.1 法律法规的途径

自1989年《中华人民共和国城市规划法》颁布以来，经过20多年的努力，我国城乡规划的法律法规体系已经初步形成，包括法律、行政法规、地方性法规、自治条例和单行条例、部门规章和地方规章等（表7–1）[1]。具体来看，2008年开始执行的《城乡规划法》具有根本法的特征；住房和城乡建设部颁发的各种行政规章、办法以及各地方城市颁布的规划条例、地方规章等属于普通法和特别法，对具体的规划编制、审批、实施和监督等活动具备可操作性。除具有正式法律渊源的规划法规外，城市规划的行政管理还依赖于为数众多的行政规范性文件、行业技术标准和规范等。此外，与城乡规划密切关联的其他领域的法规和政策，对城乡规划的运作也产生着重要影响，如《土地管理法》、《环境保护法》、《文物保护法》、《建筑法》，以及《行政许可法》和《行政诉讼法》等。

国家现行城乡规划法律法规体系框架概览（2008） **表7-1**

类别	法律	行政法规	部门规章
—	中华人民共和国城乡规划法	—	—
—	—	村庄和集镇规划建设管理条例；历史文化名城名镇名村保护条例	—
城市规划编制	—	—	城市规划编制办法；城镇体系规划编制审批办法；县域城镇体系规划编制要点；村镇规划编制办法（试行）；城市规划编制办法实施细则；历史文化名城保护规划编制要求；城市绿化规划建设指标的规定；近期建设规划工作暂行办法；城市规划强制性内容暂行规定
城市规划审批	—	—	城镇体系规划编制审批办法；城市总体规划审查工作规划
城市规划实施管理	—	—	建设项目选址规划管理办法；城市国有土地使用权出让转让规划管理办法；开发区规划管理办法；建制镇规划建设管理办法；城市地下空间开发利用管理规定；停车场建设和管理暂行规定；城市抗震防灾规划管理规定；城市绿线管理办法；城市紫线管理办法；城市蓝线管理办法；城市黄线管理办法
城市规划监督检查	—	—	城建督察规定
城市规划行业管理	—	—	城市规划编制单位资质管理规定；城市规划设计收费标准（试行）；注册城市规划师执业资格制度暂行规定；注册城市规划师执业资格认定办法

资料来源：耿毓修，黄均德主编．城市规划行政与法制[M].上海：上海科学技术文献出版社，2002:72–74；全国城市规划执业制度管理委员会．城市规划管理与法规[M].北京：中国计划出版社，2008：35–36.

[1] 全国城市规划执业制度管理委员会．城市规划管理与法规[M].北京：中国计划出版社，2008：34.

借助法律法规建设强化城市设计运作，需要依靠地方政府的努力和中央政府的支持。我国地方法规的立法工作目前仍是法制建设中的薄弱环节，这个层次现行的规划法规内容主要是对《城乡规划法》确定的基本原则进行的重复。地方深化细化国家法律法规的创新空间较小，导致由法律、行政法规、地方法规等组成的整体制度合力不足[1]。从现阶段的实践情况来看，城市设计在我国主要仍是地方规划部门组织编制的技术文件，审批和实施由各地方城市自主进行，但鲜有城市或地区从地方立法的高度来强化城市设计的地位和作用。

对那些已经初具条件的城市来说，通过法律法规途径推进城市设计运作的方式主要有三种（表 7–2）：

城市设计制度建设的法律法规途径 **表 7-2**

城市设计的法制化途径	具体方式	优点	缺点	实例
城市设计不法制化	—	保持城市设计在运作程序和设计内容上的灵活性	城市设计地位不清、关系不明，缺乏实施运作保障	我国大部分地区和城市
程序法制化	法律法规明确规定城市设计的组织、编制、审批、执行等程序性内容，以此保证城市设计过程的有效推进	通过建立一个城市设计的整体运作框架来保障城市设计开展，不规定城市设计的具体技术内容，维护城市设计的灵活性	规划管理及项目实施的程序相对复杂，还可能存在技术争议和寻租空间等	英国的设计审查制度
实质内容法制化	将城市设计技术文件的实质内容法制化	减少规划管理及具体项目落实过程中可能存在的设计要点争议，减少审查程序和环节，提高城市设计管理效率	无法确保城市设计技术规定、设计准则等的科学性，内容失误给管理造成不便，甚至对城市建设起到负面作用	深圳法定图则中的城市设计准则
程序法制化＋实质内容法制化	上述两种方式的结合，将城市设计程序及实质内容都法制化	对城市建设有很强的控制力，城市设计的地位、作用、程序及技术要求等都作了清晰明确的法令规定	一定程度上失去城市设计管理的机动性和灵活性	美国区划条例中的城市设计导则与城市设计审查制度

第一，将城市设计的程序法制化（过程控制），在法律法规中明确规定城市设计组织、编制、审批、执行所应遵循的程序性内容，以此保证城市设计过程的有效推进。这种方法旨在建立一个整体运作框架来保障城市设计的开展，而不具体规定设计的细节内容以维护城市设计运作的灵活性。

第二，将城市设计的实质内容法制化（产品管理），通过颁布设计准则、图则、技术规定等法制性文件或条款，明确城市设计的内容要求和建设项目需要对照和遵循的具体设计标准，提高城市设计的组织和管理效率。

第三，将城市设计的程序及实质内容都法制化（过程 + 产品控制）。由于这种做法对城市设计的地位、作用、程序及技术要求等均作出了清晰明确的法令规定，城市设计对城

[1] 唐凯．依法行政：改进城市规划管理 [J]. 建设科技，2004（29）：10–11.

市建设活动的控制力加强，但也可能因此部分丧失设计管理的弹性和机动性。

举例来说，建立城市设计审查制度主要是通过“程序法”来推进城市设计的整体运作，而将城市设计的纲要导则、设计标准、建设规定等内容公布为法令则是从“实质法”的角度将城市设计制度化（表 7–3）。“城市设计审查制度”结合“城市设计法定准则”，也就是“程序法结合实质法”的做法，可以最为强制地发挥城市设计的管制作用。

城市设计审查程序及设计准则的法制化情况比较　　表 7-3

比较项目			美国			日本		中国台湾
			波士顿	纽约	旧金山	横滨	神户	台北
审议程序的法制化	立法明文规定为必要的审查程序			●	●			●
	法令无明文规定，但是申请开发容积率奖励需要特殊许可审查					●	●	
	法令无明文规定，但须执行规划许可审查		●					
设计准则、审议标准的特征	明确制定设计准则			●	●	●	●	●
	无明确制定的设计准则，由审查机构订定个案的设计准则		●					
	设计准则的适用性	具有全市通用性			●			
		地区适用性	●	●	●	●	●	●
	设计准则依附法令规定的形式	附于土地使用分区管制规则内		●	●			
		公布于设计手册范本			●			
		附于全市性城市设计图说内			●			
		附于地区规划或细部规划内				●	●	●

资料来源：林钦荣．都市设计在台湾 [M]. 台北：创兴出版社，1995：201.

7.1.1　程序法

城市设计的程序性法令主要涉及“城市设计编制及审批制度”、“城市设计审查管理制度”以及相应的“公众参与机制”等。将城市设计程序法制化的前提是理清城市设计与城市规划的关系，明确城市设计运作各个环节的责任机构和执行人员，在不影响现有城市规划体系正常运行的情况下，找到城市设计的合理介入方式。相对来说，确定城市设计的编制与审批程序较为简易，而建立适宜的城市设计实施程序是难点所在，两者需要结合起来考虑。

通过程序性制度保障城市设计实施的主要途径有以下三种（图 7–3）：

（1）法律法规明确规定城市设计编制和实施的相关程序，依托法定规划落实城市设计。河北省和重庆市分别推行的《河北省城市设计编制技术导则》、《重庆市城市设计编制技术导则（试行）》，以地方行业技术标准的形式规范了城市设计的编制程序。例如，《河北省城市设计编制技术导则》对本省城市设计的编制程序和内容都作了详尽的规定，总则第 105 条明确指出“总体城市设计应结合城市总体规划的编制或调整同步进行，并归纳入城市总体规划；已完成城市总体规划但缺少总体城市设计环节和内容的，应单独编制总体城市设计，并作为专项纳入城市总体规划；详细城市设计应结合控制性详细规划编制同步

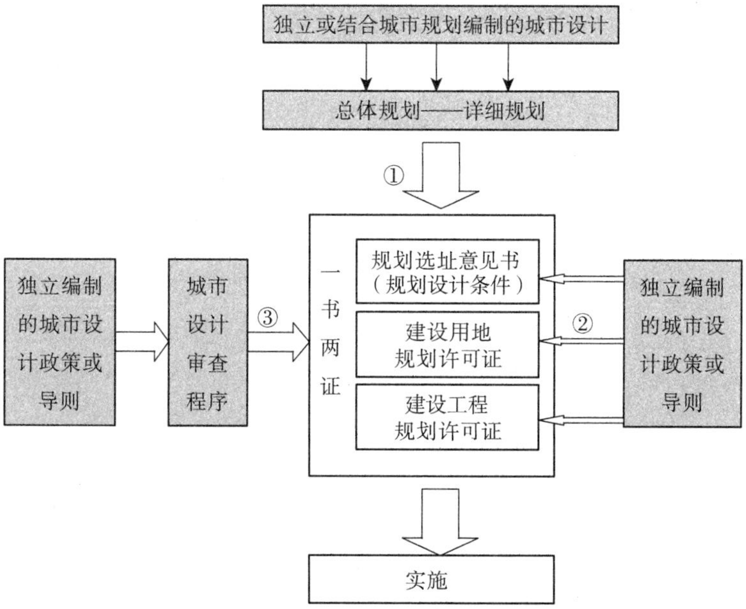

图 7–3　城市设计实施的三种主要程序性途径

进行，并纳入相应的控制性详细规划；城市重点地段应单独进行详细城市设计，并以此作为控制性详细规划制定的基本依据”（表 7–4）。由此可见，无论是单独编制还是结合城市规划编制的城市设计，导则都要求将城市设计内容整合到对应层次的法定城市规划方案中，借助城市规划的审批、执行等程序实现城市设计的运作（图 7–3，途径①）。这种做法总体上相对保守和折中，对现有城市规划体系的影响较少。

河北省城市设计编制技术导则　　**表 7-4**

1 总则

101 为统一城市设计技术文件的内容与深度，使城市设计编制规范化，提高城市设计质量，制定本技术导则。

102 在河北省范围内，按照国家行政建制设立的市和县人民政府所在地的镇编制城市规划或单独编制城市设计，应遵守本技术导则。

103 本技术导则所称城市设计是指为提高城市空间环境质量、生活质量和城市景观艺术水平，而对城市体形和空间环境所作的整体构思和安排。

104 城市设计是城市规划的有机组成部分，应贯穿于城市规划的各阶段，与城市规划的阶段划分相对应，城市设计分为总体城市设计和详细城市设计两个阶段。

105 总体城市设计应结合城市总体规划的编制或调整同步进行，并归纳入城市总体规划；已完成城市总体规划但缺少总体城市设计环节和内容的，应单独编制总体城市设计，并作为专项纳入城市总体规划；详细城市设计应结合控制性详细规划编制同步进行，并纳入相应的控制性详细规划；城市重点地段应单独进行详细城市设计，并以此作为控制性详细规划制定的基本依据。

106 以下地段应单独进行城市设计：城市中心区 / 城市传统风貌街区、历史文化保护区及重点旅游区 / 城市广场、步行街及主要生活性干道 / 城市口岸及客运交通枢纽 / 城市生活性滨水地区 / 城市重要绿地 / 重要标志建筑物、构筑物的外部空间环境 / 有必要单独编制城市设计的其他城市重要地段。

107 城市设计由当地人民政府或其城市规划主管部门负责组织编制。

108 承担城市设计编制任务的单位，应当符合国家关于城市设计单位资格管理的有关规定。

资料来源：扈万泰 . 城市设计运行机制 [M]. 南京：东南大学出版社，2002.

（2）法律法规明确规定城市设计政策或导则是核发“一书两证”的审查依据，依托规划许可制度实施城市设计。城市设计编制完成后可以依托我国现有的规划许可制度（一书两证等）加以实施。比较切实可行的做法是规划部门在提供规划选址意见书、规划意见书[1]、规划设计条件等时，增加城市设计的具体要求（表 7–5）；或者在核发两证的过程中，增加相应的城市设计内容的审查（图 7–3，途径②）。深圳是首先把城市设计规定纳入地方法规文件中的城市，《深圳市城市规划条例》明确了城市设计分为“整体”和“局部”两个层次，并拟有城市设计管理的适用范围。依照深圳市的相关规定，单独编制的城市重点地段的城市设计由城市规划主管部门审查，并报市规划委员会审批。城市设计获批后，对涉及的工程建设具有约束和指导作用，即工程建设议案须经市规划主管部门及其派出机构（区规划部门）审核符合城市设计要求，方可获得建设用地许可证和批准书（图 7–4）。

综合性规划意见书中的城市设计要求　　表 7-5

××市城市规划管理局
规划意见书
规意字　号　发件日期

单位名城：_____

你单位__年__月__日申报材料（立案号×××）收悉。

经研究，同意你单位在__区（县）__规划建设__项目，请按下列意见办理计划、用地、设计及与其他有关部门联系等项目前期工作。

一、用地规划要求
二、建筑规划要求
三、城市设计要求
（1）与相邻建筑空间关系；（2）建筑立面、色彩、造型；（3）室外广场；（4）户外雕塑；（5）其他要求
四、绿化环境规划要求
五、交通规划要求
六、市政设施规划要求
七、公共设施规划要求
八、其他规划要求
九、注意事项

资料来源：全国城市规划执业制度管理委员会．城市规划实务 [M]. 北京：中国计划出版社，2002：107–109.

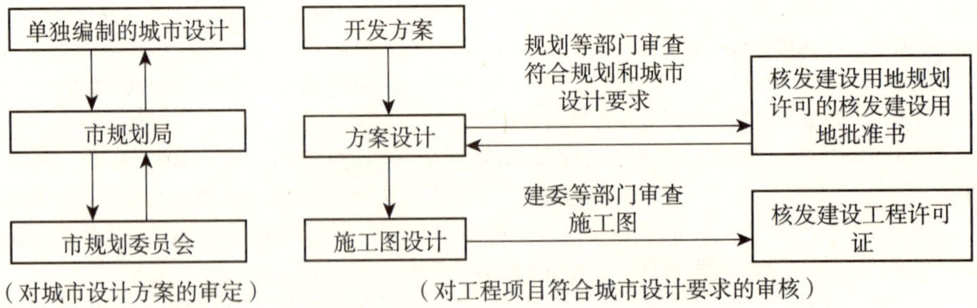

图 7–4　深圳市城市设计与建筑工程审核程序
（资料来源：深圳市规划国土局．深圳市城市设计编制办法背景框架研究 [Z]，1999）

[1] 随着全国各城市广泛开展的城市管理审批机制改革，有的城市对核发规划选址意见书、规划设计条件等原有程序进行了合并、精简，把规划选址意见和规划设计条件以及与计划、土地部门的协商联系都合并在一起，一次性发出《规划意见书》，提高了规划效率。

（3）构建独立的“城市设计审查”制度来实现城市设计的管理与实施。建立真正意义上的“城市设计审查”制度是比较激进的城市设计制度创新方式（图 7–3，途径③）。受现有制度环境的制约和影响，我国目前尚没有城市设立完全独立的城市设计审查制度，但随着城市地位和经济水平的不断提升，北京、上海等大城市中的城市重点地区将需要实行越来越严格的城市设计管理，因此可以尽早地、有意识地开拓创新，为未来推行独立的城市设计审查程序做好准备。

7.1.2 实体法

以法令形式颁布城市设计的技术要点与设计准则，是实现城市设计实质内容法制化的重要途径，主要包括以下两种形式：

（1）颁布城市设计单行法令或混行法令。单行法令是指将城市设计准则作为独立法规进行颁布，既包括专项法规，如《户外广告设计条例》、《城市标识系统管理规定》等（图 7–5），也包括综合性法规，即针对城市整体（或片区）制定的城市设计综合性要求，如《深圳市城市设计指引》等❶。混行法令是指将城市设计规定作为其他法律法规的组成部分，与其他规定混合颁布的做法，如《厦门市城市总体规划（2004—2020 年）》中针对城市设计制定的专项规定就是城市设计混行法令的一种。

（2）通过控制图则等将城市设计内容法制化。这种途径是通过把城市设计的各项具体要求落到地块的法定控制图则上，以此实现城市设计的控制和指引，如《深圳法定图则》等（图 7–6）。由于深圳具有经济特区相对独特的立法权及规划管理体制，其做法在全国范围内推广尚有一定难度，法定图则中的城市设计准则在管理实施中依然存在争议。

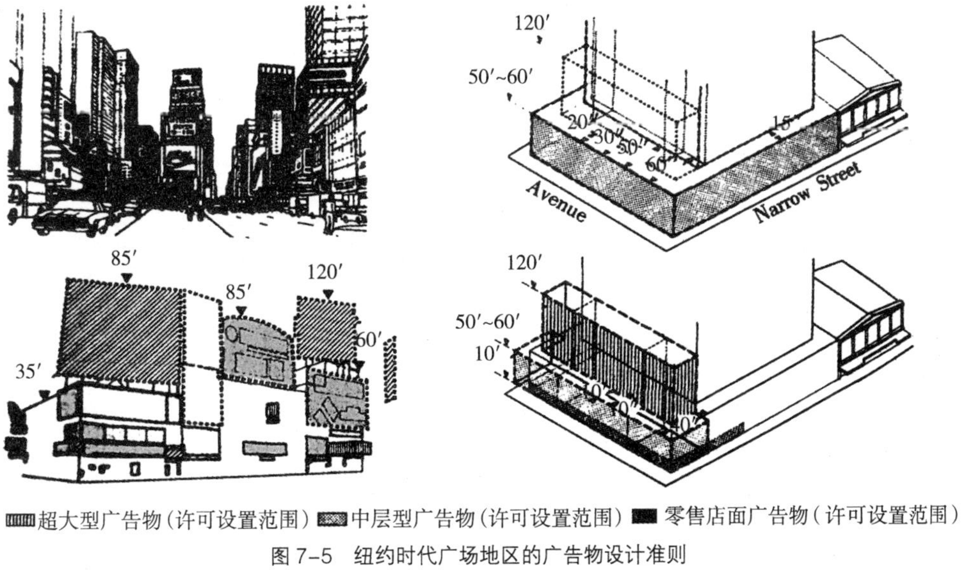

图 7–5 纽约时代广场地区的广告物设计准则

（资料来源：林钦荣 . 都市设计在台湾 [M]. 台北：创兴出版社，1995）

❶ 事实上，绝大部分城市设计导则或指引在我国不具备真正的法律效力，只具有一定的公共政策效力。

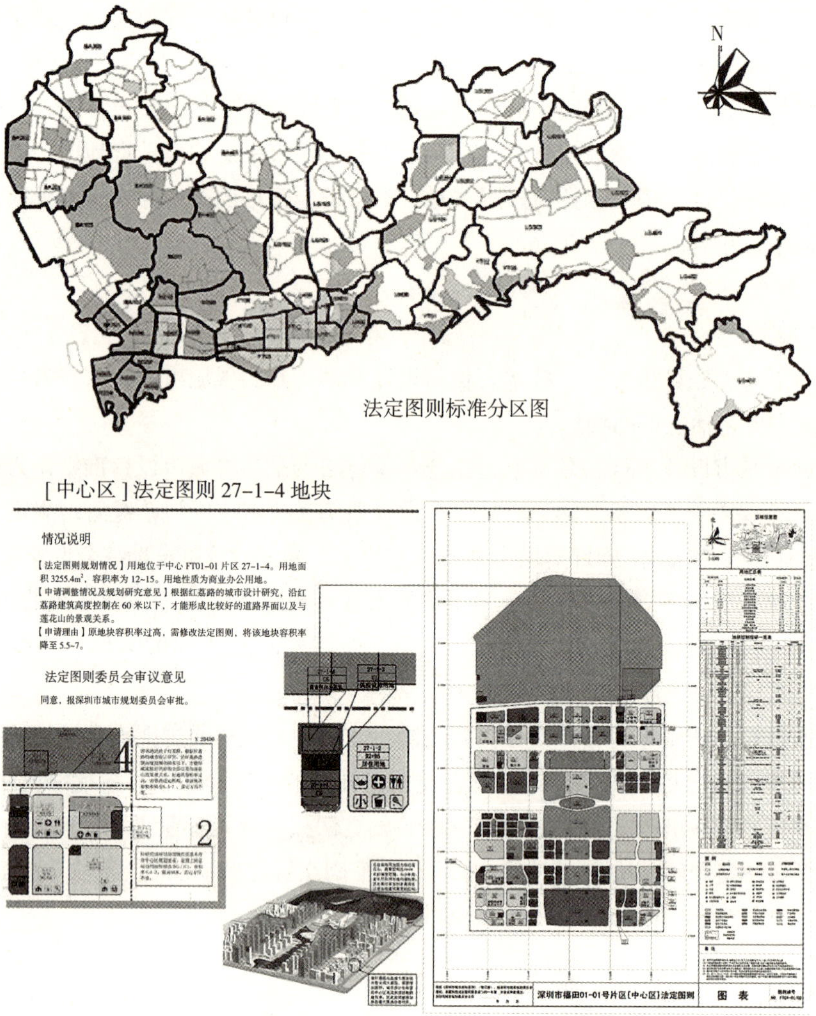

图 7-6　深圳法定图则示意

（资料来源：http://www.szplan.gov.cn/szupb/fdtz）

7.2　公共政策的途径

城市设计是基于政策和实践的科学。20 世纪 70 年代，美国城市设计师巴奈特出版《作为公共政策的城市设计》一书之后，城市设计的公共政策属性逐渐被越来越多的人观察和认识到，城市设计不再是美好空间的单纯设计构想，它已经发展成为管理和指导城市公共环境建设的重要政策工具。

7.2.1　公共政策的目标和手段

公共政策是公共权力机关经由政治过程所选择和制定的解决公共问题、达成公共目标、实现公共利益的行动方案。公共政策随着公共权力机关的产生而产生，“公共政策行为不是简单地、一次性地完成的，而是一个由一连串相互衔接的阶段、环节或程序组成的完整的政策过程”[1]。

城市设计可以采用的公共政策手段多种多样，依据政府参与程度的多少可简要分为：强制型手段、混合型手段、自愿型手段三种（图 7–7）[2]。“强制型”手段是指政府直接介入，借助国家政权的权威及约束力，迫使目标团体及个人采取或不采取某种行为，形式有法令、规章、标准、许可、禁止、程序等。这种政策方式信息成本少，易于实施和管理，效果直接快捷，但过多过强的管制也会对各种自由造成影响，从而引发管理无效率等弊病。“自愿型”手段是指政府很少或不介入有关问题的直接行动，但通过鼓励、资助等途径来引导公众行为。这种方式充分体现了个体意愿，保证了个体行为自由，但一旦面对公共物品市场，自愿行为则有可能失灵。“混合型”手段使用最为广泛，介于以上两者之间[3]。

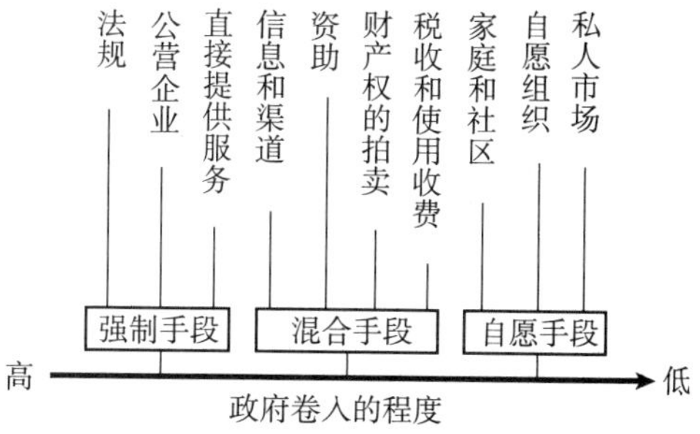

图 7–7　公共政策的实现手段
（资料来源：彭宗超 . 课堂讲义 [Z]. 北京：清华大学公共管理学院，2005）

设定明确的目标是公共政策的重要准绳。科学的城市设计需要进行目标提炼，形成一个简明扼要、易懂易操作、可预见性强、针对某个区域或地段的特别管理规定。公共政策制定过程中，如果城市设计提出的目标过于一般化，毫无针对性与创造力，放之四海而皆准，那么政策的制定很可能只是浪费了宝贵的时间及精力，在城市规划管理中很难带来什么实质性的影响。相反，如果政策目标过于细节和具体，则应对环境变化和未来不确定性的能力将逐渐减弱。所以，政策目标需要明晰且易为一般民众所了解，政策应该说明设计控制背后所隐含的目的、意图和工作弹性，以及设计管理应如何执行或者实施等，这样规划师、设计师、管理者才能更加清楚有效地解释和推行城市设计政策。

7.2.2　城市设计的公共政策

（1）奖赏与激励政策。市场运作的不确定性使得很多城市开发行为不能很好地维护和实现社会公共利益，因此需要积极灵活的政策性奖惩措施来引导城市建设的发展方向。容积率补偿、开发权转让、计划单元整体开发、大街区规划等激励措施都为形成良好的城市外部环境提供了政策性保障（表 7–6）。其中，容积率奖励和开发权转移是发达国家广泛采用的城市设计激励制度。容积率奖励的实质是诱导开发商在开发活动中满足特定的城市设计要求和准则，由此获得一定比例的楼板面积奖励，具体操作方式很多：广场奖励、分区奖励和特定区奖励等。2003 年颁布的《上海市城市规划管理技术规则》，对能够超额提供城市公共开放空间的开发案给出了容积率的奖励规定。楼地板面积奖励附有必要的容量限制：总体新增的建筑面积不得超过核定建筑面积（建筑基地面积乘以核定建筑容积率）的

[1] 宁骚 . 公共政策学 [M]. 北京：高等教育出版社，2003:12.
[2] 彭宗超 . 课堂讲义 [Z]. 北京：清华大学公共管理学院，2005.
[3] 彭宗超 . 课堂讲义 [Z]. 北京：清华大学公共管理学院，2005.

百分之二十等（表7–7）。由于开发权转移政策在保证财产所有人或开发商利益不受损的同时，能够有效保护城市历史文化遗产或公共设施空间，因此上海北外滩城市设计案提出通过开发权转移来引导开发商承担道路、公园、市政设施的建设，如“与公园相邻街区的发展权转移”、“与建筑物保护相关联的发展权转移”等（图7–8）。

城市设计诱导工具比较　　表7-6

观念	附加开发收益之诱导观		开发协定之诱导观	
技术	发展权转移（TDR）	楼板面积奖励	开发许可	开发协议
内容	将某一地块受其他因素影响未完成之开发权益转移到其他土地之上	地块开发在满足城市设计非强制性要求（如公共空间的设置、维护城市原有特色等）的条件下获得楼板面积奖励	在多家开发商开发竞标中，以是否满足预设城市设计目标作为判定获得开发许可之依据	由多家开发商参加开发的街区中，通过达成共同的开发协议，明确各自的开发权益和义务，达到城市设计的要求
特点	该项技术主要针对特殊地块： ①为保护具有特殊价值的地标建筑、历史遗迹、自然地等环境要素； ②为城市提供大中型公共空间，如广场、公园、自然地或公共设施等	这项技术针对具有相对普及适用性的个案开发： ①提供公共空间（如广场、步行街、小公园等）； ②维护城市特色和格局； ③形成城市特定街区等	此项技术运用于具有明确的城市设计目标，并对城市有重要影响的地区。同时，开发地区必须具备较强的市场开发意愿	这项技术强调的是个案开发商、建筑师和城市管理机构在城市设计领域的参与和合作，主要针对新开发的街区，具有一定规模
实施要求	①制定发展权转移的具体内容和使用条件、范围及此项政策的整体性规划； ②发展权的转移前后的收益宜平衡，并为市场认可	①制定明确的奖励准则、要求及审核程序； ②确定需要进行奖励诱导的地块式街区范围、诱导财力； ③奖励要具有财务吸引力； ④管理机构的实践经验是成功的重要组成	①城市设计目标宜明确、易读而具有说服力； ②评议过程宜公开透明	①参与开发协议地区的开发商宜通过资格审议，确定其具有承担开发权益和义务的资格； ②城市开发管理机构（公私合作）应具有综合协调的权力； ③确定协议达成和修改的程序和方法
范例	美国开发权转移法（洛杉矶图书馆扩建）	上海城市规划管理技术附则；横滨市市区环境设计制度；美国西雅图分区奖励区划	美国纽约贝特鲁公园开发案	美国波士顿都市重建局城市设计审议制度；日本OBP地区综合协定制度

资料来源：庄宇．城市设计的运作[M]．上海：同济大学出版社，2004：178.

《上海市城市规划管理技术规则》对超额提供公共开放空间的开发案的奖励标准　　表7-7

核定建筑容积率（FAR）	每提供 $1m^2$ 有效面积的开放空间，允许增加的建筑面积（m^2）
小于2	1.0
大于、等于2，小于4	1.5

资料来源：《上海市城市规划管理技术规则》，上海市人民政府令第12号发布，2003年12月1日起施行。

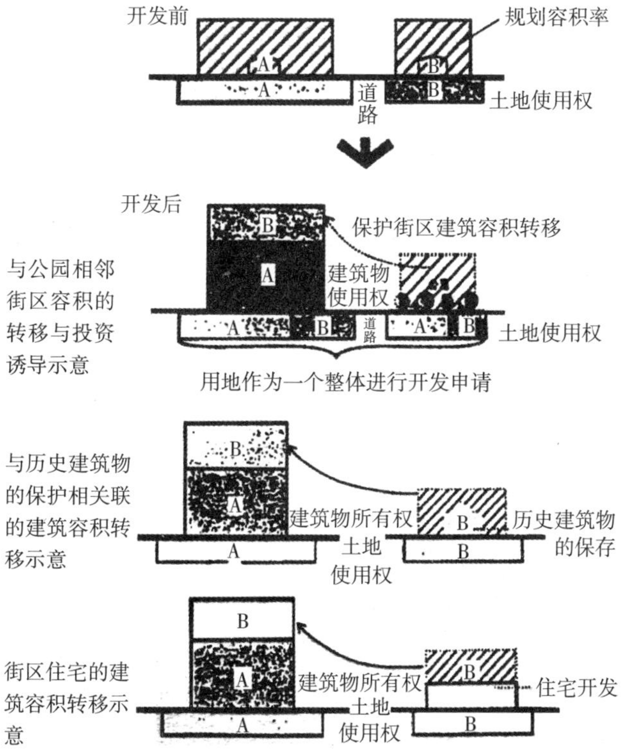

图 7-8 上海北外滩城市设计中的容积率（开发权）转移概念
（资料来源：城市设计论文集 [C]. 北京：城市规划编辑部，1998）

（2）税收与财务政策。城市的开发建设或保护更新活动都要受到经济因素的影响，财务是左右城市设计运作的重要手段。巴奈特指出“在都市设计的过程中如果能考虑到政治和经济上的可行性，对设计的过程也许会产生意想不到的帮助，甚至可能改变设计的目标”[1]。随着中国市场经济的不断发展，完全政府行为的城市建设活动开始减少，城市设计的实施越来越受制于市场机制。

直接经济援助、税收策略、信贷支持和债券发行等是运用财务政策干预城市设计运作的几种主要方式[2]：直接经济援助是运用公共基金对重点城市设计项目给予经费支持，援助资金主要用于设计项目的直接建设或者土地的前期开发；税收减免或提高作为另一种常见的城市建设财务政策，它可以鼓励或者抑止某种城市建设活动的发生——税收减免有助于吸引私人资金进入那些原来开发意向不强的地区，而当某些建设促使周边地价或空间增值时，提高税收可以将部分开发收益转移到建设开发者或公共利益中；信贷支持是指政府、集团与银行等为达到某项城市设计目标而作出的信贷优惠方法，大型企业、开发组织和银行机构都有可能作为参与人或投资者加入城市设计活动中；债券发行是政府在城市设计过程中收集资金的一种方式，无论是彩票、基金还是临时债券都可以拓展财政来源和收入。

（3）建立合作伙伴关系。20 世纪 70 年代末期，合作伙伴关系作为城市发展的一种

❶ 乔纳森 · 巴奈特 . 开放的都市设计程序 [M]. 舒运恩译 . 台北：尚林出版社，1983：6.
❷ 具体参见：庄宇 . 城市设计的运作 [M]. 上海：同济大学出版社，2004：165.

社会动员方式在西方城市建设中萌芽。1978 年，英国依据《内城条例（Inner Urban Areas Act）》成立了 7 个合作伙伴组织。合作伙伴模式真正得到大力发展是在 20 世纪 80 年代后期，20 世纪 90 年代更是成为发达国家城市更新和城市发展的主导模式 [1]。雅各布（Brian Jacob）将城市发展中的合作关系划分为三类，即不同利益团体之间的平等合作；政府部门与其他利益团体自上而下的合作；组织有序、具有核心协调机构的网络化合作（图 7–9）。城市设计合作伙伴关系的建立通常离不开公共政策的支持和保障，例如英国“城市挑战基金”（City Challenge）和“单项城市更新基金”（Single Regeneration Budget）的申请都明确要求“必须得到与项目相关的，代表当地社区、公共机构、私人机构以及志愿者的合作伙伴的支持”。

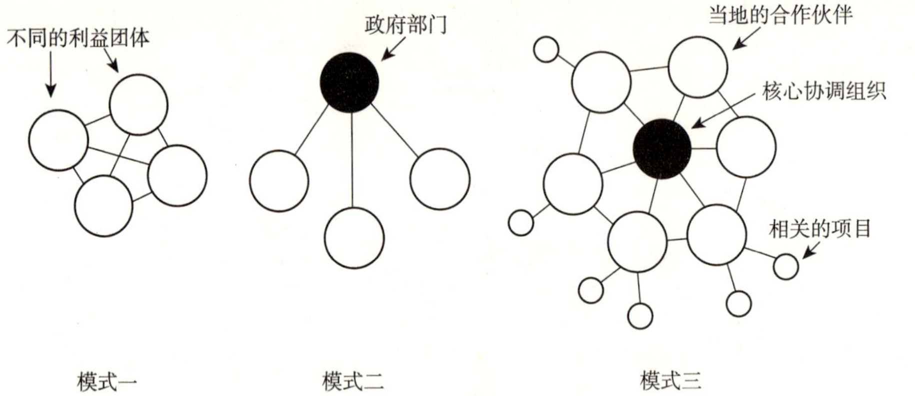

图 7–9　合作伙伴关系的几种模式

（资料来源：Brian Jacob. Strategy and Partnership in Cities and Regions[M]. Antony Rowe Ltd.：Wiltshire，2000：26）

政府机构、商业团体、非政府机构（NGO）以及社区组织等在政策制定、资金投入、社会网络方面具有各自的优势，强化合作能够减少不必要的资源消耗，提高工作效率来达成城市设计目标。因此，在城市设计活动中，建立多方对话的合作伙伴关系是充分利用社会、经济、人文资源，奠定良好社会基础和形成设计认同的有效途径。

在市场经济确立之前，政府主导的、自上而下的城市开发模式一直影响和决定着我国城市的建设发展。随着市场的不断开放和多种经济成分的引进，公私合营模式（Public Private Partnership）在很多城市或地区的城市设计活动中发挥越来越关键的作用。公私合营是指为了完成某些集体项目、公共服务设施、公共交通系统等的建设，公共机构与民营机构签署合同明确双方的权利和义务，达成伙伴关系，共同出资出力实现这些项目的一种合作机制。公私合营的基本特征是共享投资收益、分担投资风险和责任，本质是通过政府政策的引导和监督，在政府资金的支持下向公用事业领域引入民间资本。例如，上海黄浦江两岸滨水区的开发过程充分考虑了如何以有限的政府投资吸引带动私人资本，通过公私合作组建强有力的开发机构来引导开发建设。公私联合模式顺应了投资渠道多元化的城市

[1] Department of the Environment. The Guide to Bidding for SRB [Z]，1995：2.

建设发展需求，在不少国家的城市设计活动中得到广泛应用。

（4）城市设计政策与指引。当城市设计导则等不具备颁布成为法律法规或并入法定规划的条件时，可以作为公共政策由城市政府或规划管理部门公布执行，如“深圳市规划与国土资源局关于实行《深圳市规划国土局城市设计指引》的通知”（表 7-8）[1]。由于公共政策具有一定程度的行政强制性，因此设计政策或导则的制定需要反复地推敲论证以确保其科学性，政策和导则的具体实施还需协调考虑与其他法定规划、道路市政设施、建筑景观设计等之间的关系。以北京为例，2010 年由北京市规划委员会组织，北京市城市规划设计研究院和清华大学共同参与的《北京中心城地区城市设计导则编制标准及管理办法研究》制定完成。研究初步明确了城市设计在北京中心城地区的编制、审批和实施方法（图 7-10），划定了城市设计管理的重点地区（图 7-11），并为统一技术标准建立起专门的城市设计导则要素库。2010 年 4 月，北京市规划委员会印发《关于编制北京市城市设计导则的指导意见》的通知，将研究成果在全市范围内进行推广。

深圳市规划与国土资源局关于实行《深圳市规划国土局城市设计指引》的通知　表 7-8

（1997 年 3 月 14 日　深规土 [1997]122 号）
各处室、各分局、局直属各单位、各管理所：
为提高深圳市城市环境质量，落实城市总体规划，确保城市设计的贯彻和管理，现对全市范围内详细蓝图和建筑设计规定如下：

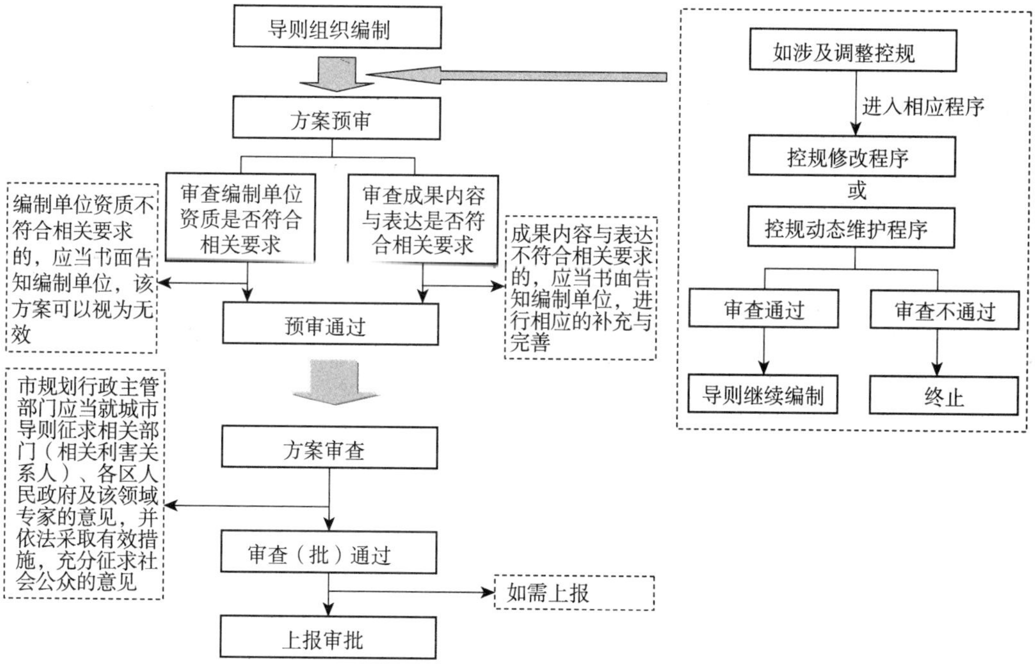

图 7-10　北京市城市设计导则审批（查）程序

（资料来源：北京市规划委员会，北京市城市规划设计研究院，清华大学建筑学院 . 北京市中心城地区城市设计导则编制标准及管理办法研究 [Z]，2010：227）

[1] 详细内容可参见 http://www.wnfc.cn/jys-law/city/shenzhen/shenzhenlaw.htm.

续表

一、凡是根据《深圳市建筑工程方案设计招投标管理试行办法》明确为设计方案招投标的，及城市重点地段的建设项目，除须根据《建设用地规划许可证》的规划设计要点执行外，还须根据《深圳市规划国土局城市设计指引》的内容进行设计。《深圳市规划国土局城市设计指引》同《建设用地规划许可证》同时申领。 二、《深圳市规划国土局城市设计指引》包含两部分内容，一部分为城市总体规划或法定图则阶段的城市设计指导原则，一部分为对建筑形态、群体关系、环境设计等其他城市设计内容的指导建议。 三、所有上述建设项目须对《深圳市规划国土局城市设计指引》提出的原则和建议予以落实，在相关阶段的设计中需对各项内容作出规定和设计，并与设计图纸同时报审；不相适的需提出正当理由。 四、上述建设项目根据《深圳市规划国土局城市设计指引》在方案和初步设计阶段需要完成下列成果： （一）文字部分：1. 区域城市文脉、结构与形态；2. 周边建筑物类型、风格与形态；3. 与城市环境协调的方式。 （二）分析图纸：1. 人流、车流交通分析图；2. 城市轮廓线与街景分析图；3. 公共空间与城市广场分析图；4. 彩色透视与灯光效果图；5. 三维环境分析图。 （三）室外环境图纸：1. 室外绿化（含树种、植被）设计；2. 公共空间与城市广场设计；3. 室外铺地设计；4. 广告与橱窗设计；5. 建筑小品设计；6. 周边道路设施的设计或建议。 五、本通知自公布之日起执行。

资料来源：http://www.wnfc.cn/jys-law/city/shenzhen/shenzhenlaw.htm.

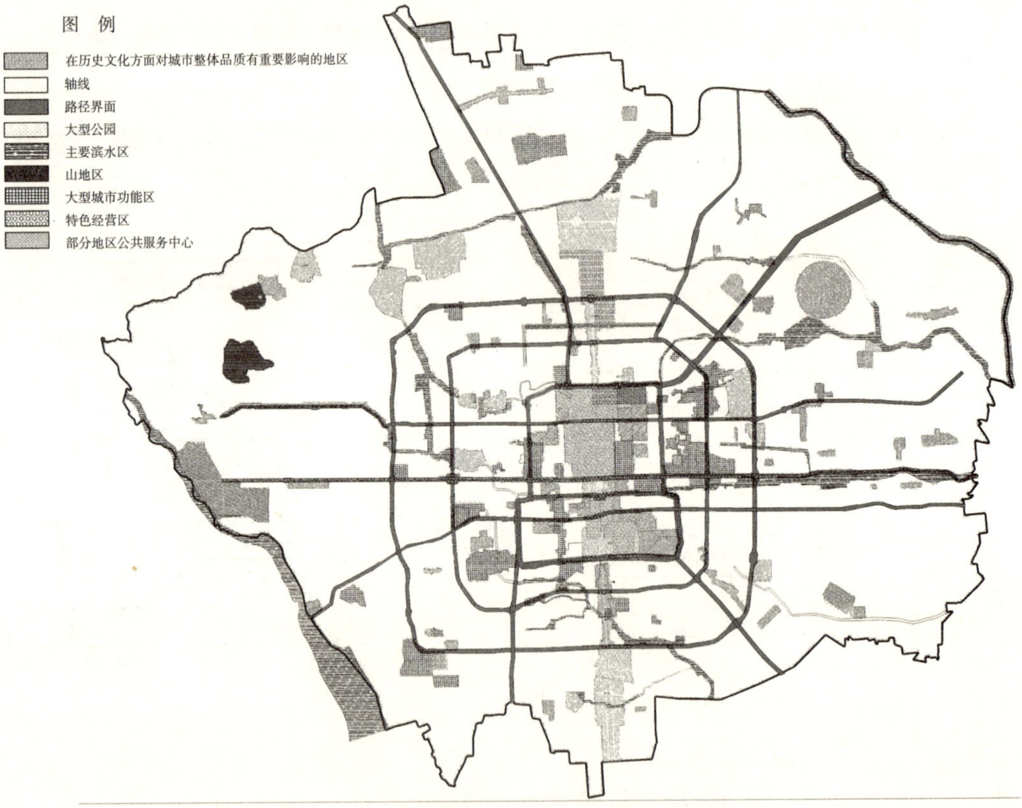

图 7-11　北京中心城地区城市设计重点地区的划定

（资料来源：北京市规划委员会，北京市城市规划设计研究院，清华大学建筑学院 . 北京市中心城地区城市设计导则编制标准及管理办法研究 [Z]，2010：241）

7.3　行政管理的途径

政府作为公共管理者，要具备处理公共事务的特定技能，寻求公平有效的方法来解决公共问题和满足民众需求。在现代城市设计引入我国的早期阶段，我们把它视为建筑设计和详细规划在某种层次上的扩大，城市设计成果具有明显的产品特征，似乎实施城市设计就是将设计蓝图转化为物质实体。之后随着城市设计理论与实践的发展，我们对城市设计内涵的理解不断加深，城市设计对城市空间的控制指导作用日趋明显，并慢慢发展为整个城市规划管理工作的重要组成部分。

7.3.1 城市设计管理的工作职责

我国建立了由中央到地方的分层级的城市规划管理机构，形成了从国家到省、自治区、直辖市和市、县的城市规划管理体系。城市规划管理工作表现出明显的“纵向等级分明，横向部门分割”特征。在一定行政管辖区内，城市规划主管部门与交通、土地、环境等众多城市机构共同管理城市的开发建设。地方城市规划主管部门负责各种日常性、细节性规划事务的具体处理，主要工作内容是组织规划编制、提供决策建议、负责规划审批及许可证的发放等。

在等级严密的垂直公共行政体系中，任务被分解为不同的部分由不同层次的工作人员负责。这种机械、垂直、标准化的操作过程虽然稳定，但庞大的机构设置、体制迟缓而繁琐、上下层级信息不畅、政策实施偏差、部门利益难于协调、公众参与不足等问题日益明显。凯登（Caiden G.）指出，传统科层制行政体系正“受到种种指责，特别是公共官僚制糟糕的业绩；日常管理中令人厌烦的限制；极不方便的繁琐、拖拉的办事程序；脸色难看的官员；恶劣的服务和贪污行为”[1]。公共部门受到的抨击以及经济理论的批判[2]、私营部门和技术领域的变革等，促使传统“公共行政”势力不断削弱。20 世纪 70 年代始，西方一些发达国家的公共部门开始转型，一种新的管理模式逐渐取代了传统的公共行政模式——这种新模式被称作“新公共管理（NPM）”、“管理主义”及“企业型政府”等。在发达国家实施的政府改革计划中，“政府功能定位与政府公共服务功能输出的市场化取向、政府关系调整的分权取向、政府组织调整的绩效化取向是改革的三大主题”[3]，“行政管理能力”开始成为国家或城市非常重要的竞争性资产。受这些举措影响，我国城市规划界对“行政（administration）”、“管理（management）”、“管治（governance）”问题的讨论也越来越频繁。

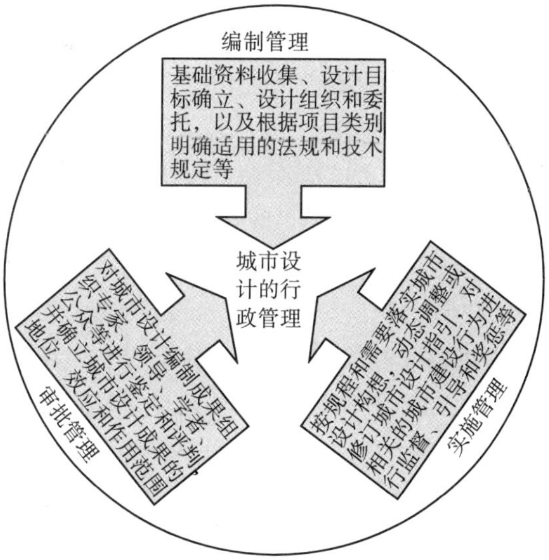

图 7-12 城市设计行政管理的主要环节与职责

---

❶ Caiden G. Administrative Reform Comes of Age [M]. New York：Walter de Gruyter，1991.

❷ 公共选择理论、委托—代理理论、交易成本理论等。

❸ 尹继卫 . 中国政府公共服务能力建设思考 [J]. 中国行政管理，2004（8）：74.

城市设计管理可以划分为编制、审批和实施管理三个重要环节，每个环节都涉及不同的职责和任务（图 7–12）。其中，编制管理包括基础资料收集、设计目标确立、设计组织和委托，以及根据项目类别明确适用的法规和技术规定等；审批管理主要针对设计人员提供的城市设计成果，组织专家、领导、学者、公众进行鉴定和评判，并在此基础上确立城市设计成果的地位、效应和作用范围；实施管理是为了保证城市设计目标的最终实现，按规程和需要落实城市设计构想，动态调整或修订城市设计指引，并对相关的城市建设行为进行监督、引导和奖惩等。

7.3.2 组织机构设置

行政管理的前提是合理的机构设置。胥瓦尼在《都市设计程序》中指出，要建立独立的城市设计机构应当先具备四方面的条件[1]：须与城市议会、城市管理决策人员或市长等城市行政权威建立直接的联系；在某些限定的条件范围内应该赋予机构一定程度的决策权，比如，设计审查人员有机会评审城市设计方案并对城市行政领导负责；须与业主、公共机关和城市其他部门建立密切和谐的关系；应当有足够的经费、富有能力的职员队伍和根据需要外聘咨询人员的能力。

美国城市的城市设计管理机构主要有三种类型[2]：专案小组、分权式组织和集权式组织。“专案小组”是指城市在一段时期内，针对某一特定问题或计划设置的设计委员会或其他政府外团体。这种模式经济、方便、灵活，通常由专家组成工作小组，对特定地区提出详细的设计建议和审查。“分权式”组织指城市设计责任由某些政府机构共同分担，如发展局、规划局和交通局等都参与城市设计工作，各机关分别处理其权属范围内的特定设计课题。这种模式可能带来职能交叉，对整体城市设计政策认识不一致等问题。“集权式”组织指城市设计活动受单一机构的控制与监督。这个单一机构可能是政府机关，也可能是政府与第三部门之间的合作机构。第三部门是一种非营利性、半官方的组织，其职责是进行设计服务或担任中介角色，如旧金山的规划与都市研究协会、纽约的都市开发局等。政府与第三部门之间的这种合作对解决复杂的城市设计问题起到了积极的促进作用。

在我国，很多城市政府根据本地制度环境的特点设置了不同的城市设计管理机构：在制度创新力度较大的地区，如广州、深圳，政府通过在城市规划管理机构内建立相对独立的“城市设计处”来进行城市设计管理；更多的城市通过在现有城市规划管理机构的某些部门中直接增加城市设计管理职能来规范城市设计。

（1）在现有规划管理机构内设立专门的城市设计管理处室。我国目前实行的主要是“分权”式管理，即各部门分别处理自己领域的内部专业问题，造成“多头管理、各自为政”的现象十分突出。为减少这种弊端，各级规划管理机构可以尝试设置专职的城市设计管理处室，集中行使城市设计管理权。城市设计管理机构应当以城市设计专家为主，并吸收建筑学、景观设计、园林绿化、道路市政、城市经济等相关领域专家的共同参与。在政府的授权下，机

---

❶ 胥瓦尼 . 都市设计程序 [M]. 谢庆达译 . 台北：创兴出版社，1990：216.
❷ 胥瓦尼 . 都市设计程序 [M]. 谢庆达译 . 台北：创兴出版社，1990：210–215.

构可以负责为城市制定空间环境发展的整体框架，为重点城市建设工程提供技术支持和咨询服务，为开发项目提供设计建议或进行设计审查等。深圳市城市规划管理局在我国率先设立城市设计处，成为管理全市城市设计事务和实行设计审议的法定机构（图 7-13）。

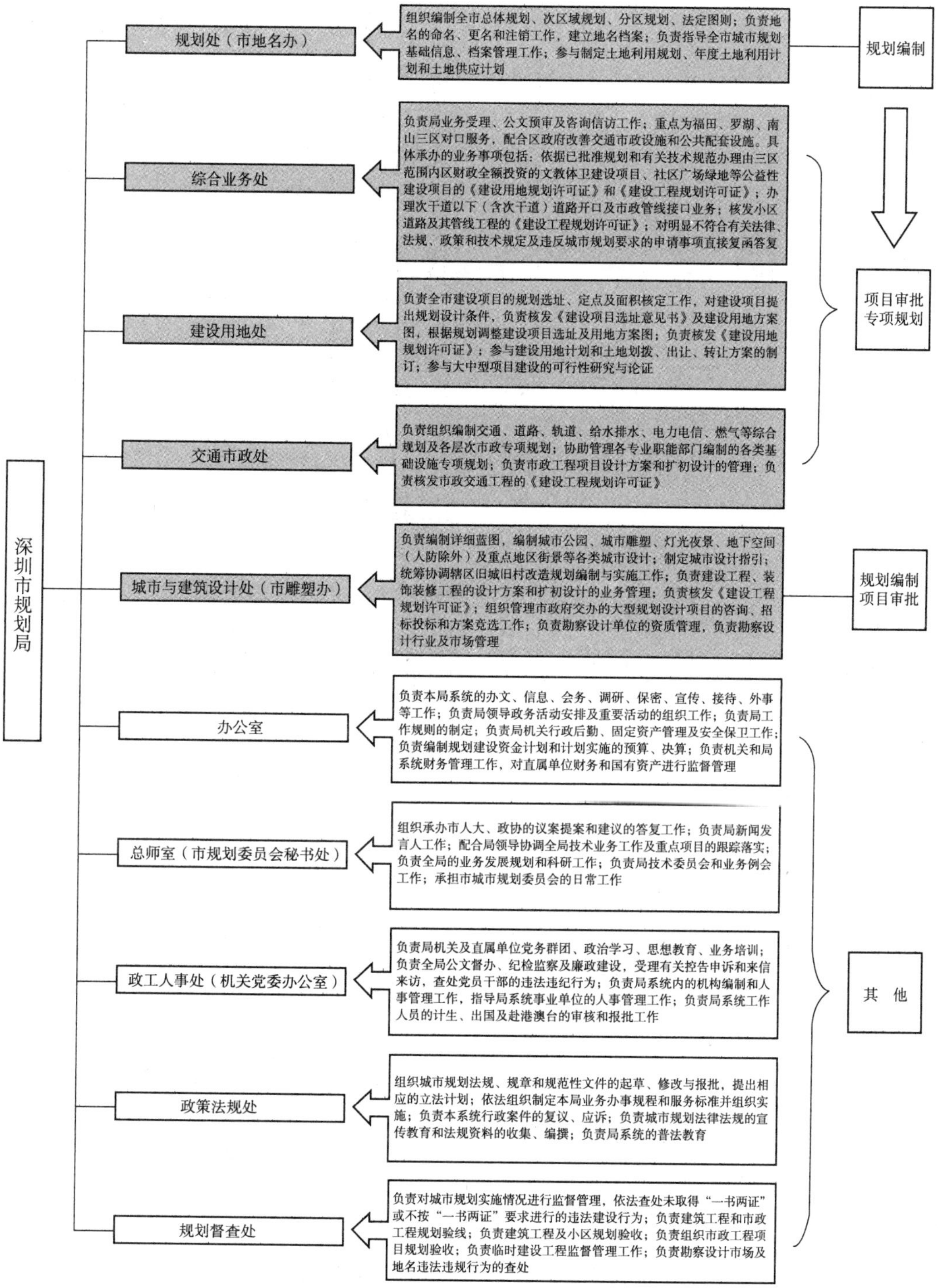

图 7-13　深圳市规划局的机构设置（设置专门的“城市与建筑设计处”，2006 年）
（资料来源：深圳规划局网站，http://www.szplan.gov.cn）

（2）在现有城市规划管理机构的某些部门中直接增加城市设计管理职能。不改变规划管理部门的内部组织结构，将城市设计管理职能划定给现有规划机构中的某些部门负责执行，是大多数城市采取的城市设计行政管理方式。以北京市规划委员会为例，详细规划处负责市区重点地段城市设计的组织和编制工作[1]；主管建设项目审批的建设用地管理处、建设工程管理一处、建设工程管理二处、市政交通工程管理处在颁发“一书两证”的日常管理事务中，负责城市设计实施的具体执行（图 7–14）。

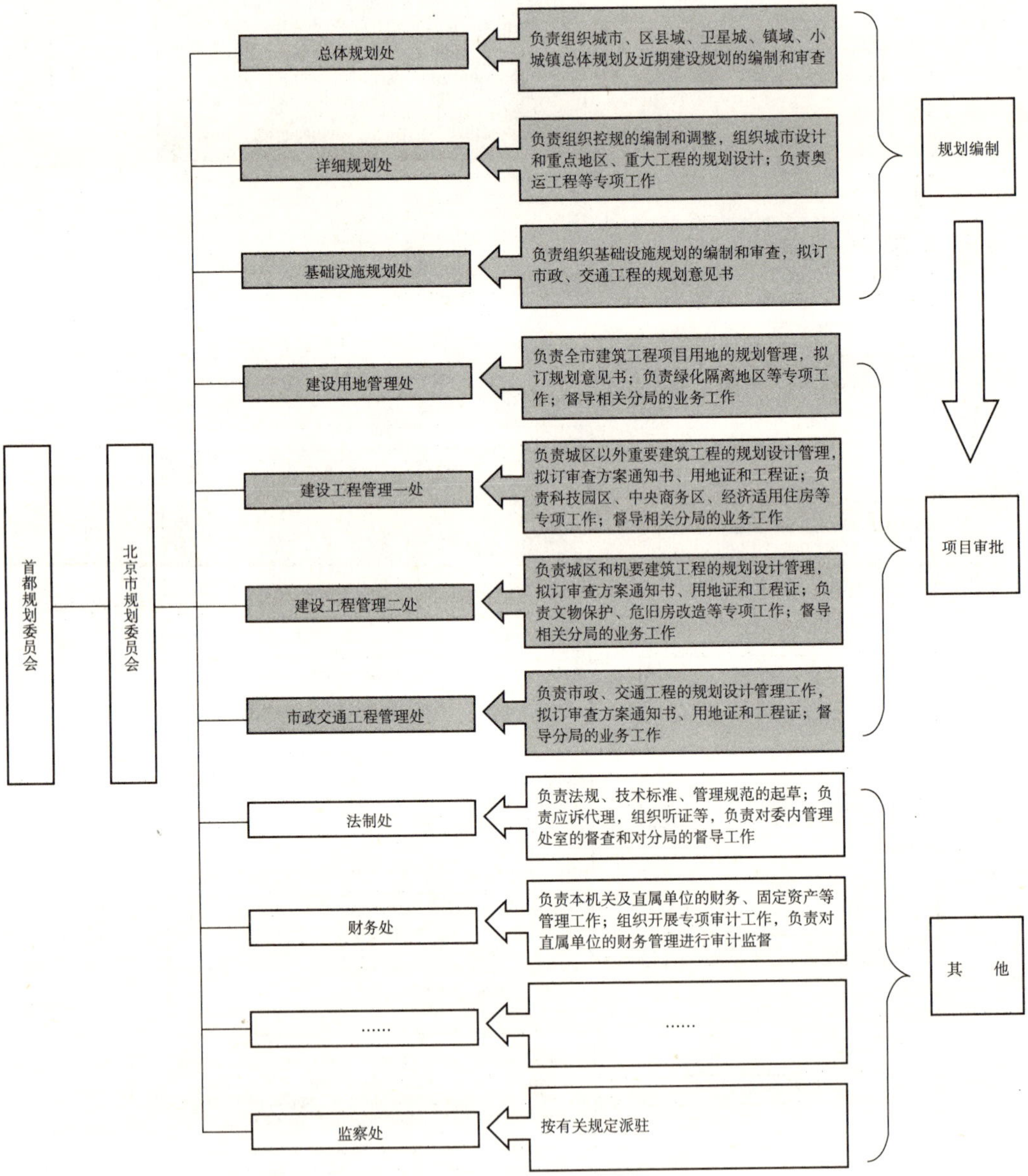

图 7–14　北京市规划委员会的机构设置（详细规划处负责城市设计的编制；其他管理处负责城市设计的具体实施，2006 年）
（资料来源：北京市规划委员会网站，http://www.bjghw.gov.cn/web/zfxxgk-nsjg.html）

[1] 北京目前尚没有覆盖全市范围的整体城市设计研究。

7.3.3 运作管理程序

城市设计的运作管理程序综合复杂，一方面政府要在方案组织、设计评价、开发模式选择、管理政策等方面进行科学决策，使人力、物力的投入产生最好的社会效益；另一方面政府还要鼓励公众的设计创新行为，在上下联动的运作机制中争取广泛的社会支持，从而获得较高水平的管理绩效。

（1）方案组织管理。获取城市设计方案主要有两种途径：直接委托规划设计单位进行方案编制，或者通过不同规模的国内、国际设计竞标来争取多样化的设计构想。城市设计竞标在当前已经成为一种广受青睐的设计编制方式，各地城市都或多或少地进行了重要地段的城市设计竞赛、方案征集或设计招标投标工作，并积累了宝贵的经验，如唐山等（图7–15、表7–9）。与此同时，设计竞标的一些负面现象也频繁出现：一些设计招标投入了大量人力和物力，最后的成果却不能为城市规划管理所用；有的受邀单位不满足资质要求，造成规划设计市场的混乱；有的设计机构通过“洋为中用”、“设计挂靠”等投机行为蒙混过关……因此，规划管理部门需要提高认识水平，强化城市设计市场监管，科学严密地组织好城市设计方案的征集工作。

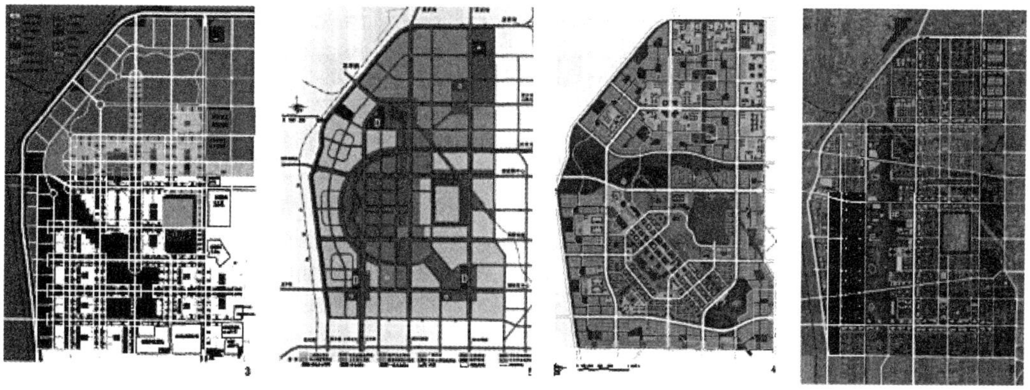

图7–15 唐山市机场新区城市设计国际咨询方案
（资料来源：唐山市机场新区城市设计国际咨询竞赛[J]. 城市环境设计，2005（3）：8–9）

唐山市机场新区城市设计国际咨询过程全记录 **表7-9**

- 2003年10月，唐山市规划局在《中国建设报》上发布了“中国唐山市机场新区城市设计国际咨询竞赛”公告，邀请关心唐山城市建设，富有创新精神及丰富设计经验的国内外设计单位参与这次征集活动。
- 截至2003年10月8日，规划局共收到德国SBA、广州市城市规划勘测设计研究院等18家国内外设计单位送达的资格预审材料。
- 2003年12月，上海博宏咨询公司受唐山市规划局委托，完成了机场新区开发规划研究报告。
- 2004年年初，规划局完成唐山市机场新区城市设计国际咨询竞赛技术文件。
- 2004年3月1日，确定天津华汇建筑设计有限公司＋美国WRT建筑事务所、日本株式会社都市环境研究所、广州市城市规划勘测设计研究院＋中山大学城市与区域研究中心、法国AAUPC建筑规划事务所、德国SBA5家设计单位参加唐山市机场新区城市设计国际咨询竞赛。
- 按照招标文件要求，截至2004年6月28日下午16时，唐山市规划局按时收到5家设计公司的设计成果。
- 2004年7月9~10日，中国唐山市机场新区城市设计国际咨询竞赛方案评审会召开。受唐山市规划局邀请，由城市规划、城市设计、建筑设计、道路交通、城市管理等方面的7名国内外专家组成专家评审组，并一致推举朱自煊教授为评委主任，杨保军总规划师为评委秘书长，对参加机场新区城市设计咨询国际竞赛的5家设计单位的方案进行评审。

续表

■根据竞赛文件拟订的投票程序，在唐山市公证处的监督下，经过专家们的四轮无记名投票，“天津华汇建筑设计有限公司 + 美国 WRT 建筑事务所”的方案最终胜出成为中标方案。

资料来源：唐山市机场新区城市设计国际咨询竞赛 [J]. 城市环境设计，2005（3）：8–9.

（2）城市设计的评价。在我国，城市设计方案的最终确定往往带有一定的主观性，长官意志或专家决策通常会起到决定性作用。合理的城市设计决策程序需要综合平衡来自专家、公众、政府、开发者的不同意见，因此建立一套科学的城市设计评价体系不但可以检验设计方案的优劣，还能尽可能地减少主观判断和个人喜好的影响（表 7–10）。系统性的城市设计评价需要花费较多的时间和精力，因此设计评价应当有针对性地关注那些对城市整体空间环境影响较大的项目或地区。

城市设计综合影响评价指标系统的分类和特征　　表 7-10

指标类别	主要针对问题	城市设计的视角	评价指标的特点
1. 以城市功能效用为标准	■空间布局 ■交通运输 ■设施水平	把城市作为技术工具和政策过程的载体；把城市设计作为实践操作中的政策管理手段，通过具体的政策过程实现对城市环境的控制	有工程技术性的标准、规范、指标，如建筑形式、体量、密度等指标，以各项设施的分布、服务范围、技术标准指标等规范来衡量技术标准的实现。 较可度量
2. 从文化艺术效果来考察	■视觉感受 ■情感体验 ■场所精神	把城市作为艺术表达和文化体验的场所；城市设计作为物质环境的设计艺术	针对城市地区美学特点和文化氛围的改变，以感觉出发为主，难有量化指标。 灵活性大，不可度量
3. 有关社会影响的评价	■公平 ■自由 ■健康和安全 ■社会效益	把城市作为一种社会秩序的表达形式；城市设计是融合社会伦理、社会行为心理等，从社会整体结构出发的操作过程	人口构成、设施、安全性等都可以通过统计学变化得到量化数据，以此反映社会问题，但是数据反映问题的程度尚可质疑。 部分可度量
4. 有关经济影响的评价	■投入 ■产出	把城市作为经济的载体；城市设计作为经济运载的过程，通过社会经济的整体规划起到促进城市经济发展的作用	土地价值、就业、税收、地区收入都可以通过量化数据来反映。 可度量
5. 有关环境影响的评价	■自然环境 ■人工环境 ■资源和环保	把城市作为整个生态圈的一分子；城市设计是促进和维护整体生态环境秩序的手段之一	从自然和环境要素评价环境的变化，大多数已有环境科学的参考标准可以使用。 可度量

资料来源：刘宛 . 城市设计实践论 [M]. 北京：中国建筑工业出版社，2006：259.

（3）开发模式和时序的管理。城市设计实施要考虑开发建设的时序性，考量城市环境在不同阶段、不同建设过程中的整体景观形象及财务支持的可持续性。正确的开发模式和科学的开发时序不仅可以保证项目自身的成功，还可以带动周边土地的升值，形成滚动式开发的良好势头。因此，规划管理者需要了解城市开发的市场规律，选择合理的开发模式和开发策略来推进设计工程的顺利进行。例如，深圳华侨城从旅游业上寻找突破口，先建设欢乐谷、民俗文化村等游乐设施来提升地价，然后跟进房地产项目开发。上海新天地将

图 7–16　上海新天地：历史街区结合周边地块的联合开发模式
（资料来源：http://lyw.sh.gov.cn/scenenew/xtd1.aspx）

土地资源利用与历史文化遗产保护相结合，将历史地段保护与周边地段开发相结合，充分运用历史文化遗产来提升商业街区的价值[1]（图 7–16）。

7.4　公众参与的途径

公众是城市环境的根本使用者，理应成为城市建设管理的决策者之一。如果使用者有权参与和决策自己城市的发展策略以及自己所处社区的规划设计，城市空间环境的建造结果可以更加符合使用者的需求和更好地传承场地文脉，缔造出“属于人民的城市”。巴奈特根据纽约的经验，提出城市设计作为公共政策运作的关键是“城市设计决策过程中的开放性公众参与”。城市设计不是要彰显城市设计师或政府在政策制定和空间经营上的某种权利，与此相反，城市设计决策应当平衡政府、公共部门、公众对空间环境的不同期望，并吸纳不同利益集团的看法。因此，城市设计在理念上要自由开放，努力营造公正平等的机会让“公众”来决策自己的事务。城市设计师作为专业技术人员，不应是精英式的设计独裁者，而要以公共服务者的心态尽其所能地促成各方的谈判和协商，以达成设计共识并推动城市设计的整体运行。

7.4.1　公众参与的现状与困难

谢丽 · 安斯汀（Sherry Arnstein）1969 年提出了“公民参与梯子”的理论[2]，梯子共 8 级，分为三段：最下面一段是“不参与”，中段是“象征性参与”，上段为“公民权利”（图 7–17）。根据安斯汀的理论，我国城市设计中的公众参与活动尚处在“不参与”与“形式性参与”阶段。尽管经济发展和民主进步使得我国城市规划设计中的公众参与意识不断得以提升，但设计方案的拟订或变更，基本仍是在政府部门基本定案之后才公开展示。即便某些规划设计者在规划期间有意识地开展了一些诸如问卷调查之类的公众参与活动，也经常只是留于表面，最终沦为设计方案的点缀。艾坡保（Applbaum）认为“与发展中国家高度集权的决策过程相较之下，西方国家的决策过程较为整合、多元及分散。在发展中国家

[1] 贺静，唐燕，陈欣欣．新旧街区互动式整体开发 [J]. 城市规划，2003（4）：57–60.

[2] Arnstein S. R. A Ladder of Citizen Participation [J]. Journal of American Institute of Planners，1969，35（4）：216–224.

的决策过程中，专家角色及意见比发达国家的层次更高。传统上，设计师的许多设计都是为了迎合中、上阶层的需要。因此，有人批评这种方法自以为是地提出一些虚假的观念，误以为所谓的公共利益可以指导、规划及设计”❶。

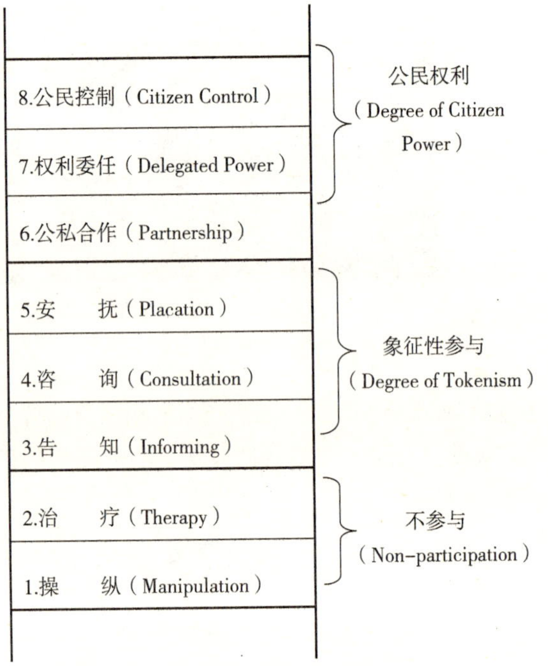

图 7-17　安斯汀的“公众参与梯子”
（资料来源：Arnstein S. R. A Ladder of Citizen Participation [J]. Journal of American Institute of Planners，1969，35（4）：216-224）

公众参与对于城市设计来说有其必要性和不可或缺性，然而从技术和制度的角度来看，目前公众参与在我国尚有相当高的执行难度。哪些人组成了“公众”？城市设计根本上应当反映什么人的需求？真正的公共利益是什么？这些争论不休的问题给公众参与的实施造成了很大阻碍。在参与过程中，不同利益集团会想方设法表明他们代表的是“大多数人”的民意，以保证本集团利益的实现。那些具有较大权势的集团的呼声如此之高，以至于总是掩盖了广大普通市民的真正需求之声，从而造成公众参与的“走形”。此外，我国大多数公众没有参与公共事务的经验，也缺乏对规划设计的理解和认识。他们往往不了解参与公共议题的意义，不善于清楚地表达自己的愿望，也不明白规划设计参与的方式和渠道，这些都使得政府和规划设计师对“公众参与”持有一定的怀疑。再者，特有的制度环境导致我国城市规划设计中的“公众参与”政策长期缺失，相关的法律规定也基本处于空白状态，各种公共听证会、说明展示会，或城市设计大型研讨会等总是流于形式，没有真正起到提高公众关注度和获取公众看法的作用。在城市建设速度越来越快，政治上、经济上纷纷追求时效和业绩的当今，公众参与可能带来的低决策效率、大量人力和物力的投入、多方协商引发的各种摩擦等因素，也严重阻碍了公众参与的顺利实现。

7.4.2　公众参与的方式

美国政府在 1976 年出版过一份有关公众参与方法的综合目录（表 7-11）：“有些方法适用于整个规划过程的任何步骤，如专家研讨法、情况通报和邻里会议、公众听证会、公众通报、特别小组等；有的适用于确定价值和目标，例如居民顾问委员会、意愿调查、邻里规划会议、公众代表在公共政策制定机构中的陈述、动机小组、政策德尔斐法等；有的适用于方案选择，例如公众投票复决、社区专业协助、直观设计、公开性规划、比赛模拟、

❶ 胥瓦尼 . 都市设计程序 [M]. 谢庆达译 . 台北：创兴出版社，1990：144-145.

利用宣传媒介进行表决、目标达成模型等；有的适用于实施方案，例如市民雇员、市民培训等；还有的适用于方案反馈和修改，例如巡访中心、热线还有远景设想等”[1]。斯多克（Gerry Stoker）将能够促进公众参与的各种要素划分为五类，并将之简要概括为CLEAR模型（表7-12）。CLEAR模型探讨了影响参与者能动性的因素、因素如何起作用及相关政策目标之间的关系。其中，C是“能够做（Can do）”，是指公众的个体参与能力，政府通过具体举措可以挖掘和发展公众的这种能力；L是“喜欢做（Like to do）”，是指公众参与公共事务的“主人翁”态度，培养社区意识、调动社会资本等都有助于公众参与兴趣的培养；E是“有能力做（Enabel to do）”，是指通过建设团体和组织等公众基础设施，拓展公众参与的途径、提升公众参与的能力；A是“被要求做（Asked to do）”，当公众被要求对参与进行各种各样的投入，那么参与的效果将与众不同；R是“回应做（Responded to do）”，只要公众发现自己的声音能够被听见，并能看到对此作出的各种回应，则公众参与的能动性将极大提高。

几种公众参与的特征和任务　　表7-11

传递的特征			促进公众参与的各种办法	影响评价任务					
和公众保持联系达到的程度	处理特定利害问题的能力	双向传递的程度		提供信息教育联络	确定问题需要价值	发现思想解决问题	收集反馈信息	评价备选方案	解决冲突协调一致
M	L	L	公众意见听取会		*		*		
M	L	M	公众会议	*	*		*		
L	M	L	非正式小组会议	*	*	*	*	*	*
M	L	M	一般公众信息会	*					
L	M	M	面向社团组织的报告会	*	*		*		
L	H	H	信息协调座谈会	*			*		
L	M	L	开办现场办公会		*	*	*	*	
L	H	H	访问当地规划部门		*		*	*	
L	H	L	规划小册子和工作流程	*		*	*	*	
M	M	L	资料小册子	*					
L	H	H	到现场旅行和现场参观	*	*				
L	H	M	公开展览	*		*	*		
M	L	M	建设项目的规模说明	*			*	*	*
H	L	L	新闻宣传材料	*					
L	H	M	对公众质疑的回答	*					
M	L	L	发布新闻征求评论	*					
L	H	L	发信征求评论			*			

[1] Manmmen David. Citizen Participation and Planning [M]// Urban Planning in China's Transition to a Socialist Market Economy, 1997. 转引自: 刘宛. 作为社会实践的城市设计——理论、实践、评价 [D]. 北京: 清华大学建筑学院, 2000: 224-225.

续表

传递的特征			促进公众参与的各种办法	影响评价任务					
和公众保持联系达到的程度	处理特定利害问题的能力	双向传递的程度		提供信息教育联络	确定问题需要价值	发现思想解决问题	收集反馈信息	评价备选方案	解决冲突协调一致
L	H	H	专题讨论会		*	*	*	*	*
L	H	H	顾问委员会		*	*	*	*	
L	H	H	特别工作组		*	*			
L	H	H	雇用城镇居民		*	*			*
L	H	H	城镇利益代言人			*		*	*
L	H	H	收集意见人或代表		*	*	*	*	*

注：L：低；　M：中；　H：高。

资料来源：刘宛．城市设计实践论 [M]. 北京：中国建筑工业出版社，2006：306.

影响公众参与的 CLEAR 因素　　表 7-12

影响公众参与的因素	因素如何起作用	相关政策目标
能够做（Can do）	人们需要动用和组织的个人资源（如表达、写作、技术方面的能力，以及使用这些能力的自信心）决定了他们参与能力的不同	能力建设：具体的支持举措和有目标的发展
喜欢做（Like to do）	公众承诺参与离不开对自己作为公共团体一分子的认同感，这是参与的关键所在	社区感、公众参与、社会资本和公众身份
有能力做（Enable to do）	团体和受保护组织的公众基础设施导致参与效果的不同，因为它们创造或者阻碍了参与的机会构成	通过公众基础设施建设，使团体和机构能够引导和推动公众参与
被要求做（Asked to do）	通过要求人们的投入来发动他们参与，这可以取得意想不到的效果	多样化、有吸引力、自发的公众参与计划
回应做（Responded to do）	人们表示愿意进行参与，只要他们的声音能够被聆听。这些声音并非一定要被认同，但要能够看到必要的回应	具有回应能力的公共政策系统

资料来源：Gerry Stoker. New Localism，Participation and Networked Community Governance[EB/OL]. http://www.ipeg.org.uk.

公众可以通过多种方式参与城市设计，对于不同的参与方式需特别注意以下问题：

（1）问卷调查与公众投票。问卷调查与公众投票要注重公平、公正性，特别是在通过公众参与、专家评审、官方决策等多种途径确定优选方案的过程中，要科学协调三种决策结果之间的矛盾和冲突，不能让公众的选择沦为形式。

（2）听证会与展示会。当前城市设计中的听证会、展示会、座谈会总是好像教条式的"政令宣布会"。城市规划主管机构常常在做完研究决策后，才办理公开的说明会或者公共的听证会。颁布"公共听证法"有助于规范这些公听会或发布会的举行，强化其应有的民主程序。

（3）规划决策机构中的公众代表。规划决策机构需要给民间代表预留一定的席位，让他们代表民众说话，并按照规定要求进行表决和票选。通过协商和民主决策过程，保证公众的声音确实能被听取和采纳。

（4）持续的市民参与和社区教育机制。市民在参与城市设计的过程中，可以不断获得知识、信息而逐渐成长。因此，政府要有意识地培养公众的参与意识与参与素质，提高公众自我管理的能力，实现“自治管理”的公众参与目标。

7.4.3 公众参与的不同阶段

要在我国实现真正意义上的公众参与不是一蹴而就的事情，公众参与事业需要在很长一段时期内分阶段、分步骤进行，通过“自上而下”结合“自下而上”的途径来深化社会各方对公众参与的认识，扩大公众参与的程度与影响力。“自上而下”是指通过相关法令的制定、程序的约束、政策的倡导等方式，使政府决策者、管理人员和设计技术人员等充分理解公众参与的必要性，并采取适宜的途径将规划决策权合理下放给民众。“自下而上”则指促进公众之间的相互影响和相互教育，使市民主动争取参与公共环境塑造的机会和权利。此外，学术界、非营利机构等团体需要积极发挥桥梁作用，通过理论宣传和社会动员来促进公众参与事业的发展。从公众参与程度的深浅来看，我国城市设计公众参与机制的建设可能需要经历以下四个阶段：

阶段一：城市设计信息的多渠道公布，赋予公众知情权。政务公开可以保障公众在城市规划建设管理上的知情权和监督权，城市规划管理部门要努力建设“透明政府”以适应市场需求，重塑政府与公众的关系。城市设计从前期策划开始，政府和规划主管部门就应当充分利用各种资讯平台，把项目进程和阶段性成果及时向社会通报。政府文件、出版物、展示厅、大众传播媒体、网络、电台、电视新闻等都是让公众及时获知规划信息的重要途径。在条件成熟的地方，多渠道传播政府的建设构想、施政决策、设计计划的同时，还可通过问卷、网络、公众信箱等方式积极收集公众的反馈信息，主动给公众答疑解惑，并将他们的正确意见作为项目调整的参考依据。现阶段，我国绝大部分城市在规划设计方案完成或者批复以后，都会通过公示来告知民众，城市规划的政策举措、法规及管理程序，特别是与人民群众利益密切相关的建设事项也开始逐步通过规划信息网络、城市规划展览馆、规划公示制度、规划意见征集等方式向社会公开（图 7-18）。

阶段二：前期策划和方案编制与定案过程中的公众咨询。政府在公布某城市设计方案时，如果方案事先没有与相关群众进行协商，很可能引发民众的抵触情绪。那些融汇了公众意愿、获得公众认可的城市设计成果往往能更加准确地反映城市建设的公共需求，也因

图 7-18 北京市规划委员会的网上公众参与途径
（资料来源：http://www.bjghw.gov.cn/）

此更加容易付诸实施。因此，在城市设计策划以及设计方案编制的前期，政府或设计技术人员应该通过问卷、访谈、公听会、网络调查等不同途径广泛了解公众需求。城市设计方案的评选以及规划构想的定夺也要积极借助公众力量，通过公开咨询或现场办公等，先使市民对规划设计议案形成一定的理解，然后借助公众投票、公共听证等方式将设计方案的部分决定权移交给市民。

阶段三：城市设计决策中的公众参与。让市民真正获得城市设计的决策权才是本质上的公众参与。我国城市设计的决策权目前主要掌握在行政官员、政府管理机构、设计者、专家等社会精英手中，公众始终处在被动服从的位置上。为此，政府需要立法保障公众参与决策的渠道，保证城市设计决策机构（如城市设计审查委员会、城市规划委员会、各级专家决策委员会）给民间代表留有一定的比例和席位，并通过公开表决或协商制等，使市民真正具备参与决定城市建设活动的资格。城市需要逐步明确公众参与城市设计的内容、权限与程序等，以法律形式赋予公民参与规划设计活动的主体权，让百姓真正关注并主动加入到城市设计过程中来。

阶段四：公众主动参与城市环境的管理维护。政府要认识和赋予市民参与城市建设过程的权利，反过来市民也须担负起管理和维护城市环境的必要义务。通过责任认养办法、社区自治管理机制等，鼓励每一个市民主动成为社区公共环境的管理者，这对于那些政府应该但又无力全面照顾的公共事务来说是非常有益的管理维护途径。此外，每一个社区、每一栋大楼都可建立自己的管理委员会，让所有成员共同出资、出力去维护他们共同拥有的工作或居住环境，这是保障个人权利以及保护社区价值的重要公共参与形式。

8

城市设计整体运作与制度创新的实证分析

城市设计实效性的强化并非一朝一夕之事，而是渐进积累和逐步完善的过程。城市设计制度创新的实现需要依靠政府管理部门、专业技术人员、开发商及公众等的共同努力。对于那些工作在城市设计实践前沿的设计技术人员来说，在设计编制过程中突出城市设计的公共政策特征、增强设计导则的可操作性、强化规划成果与后期管理和开发实施的联系，是促进城市设计协调运作和拓展城市设计制度创新空间的重要途径。《嘉兴城市设计总图》❶和《大栅栏煤市街以东地区城市设计》，作为“整体城市设计”和“局部地段城市设计”的缩影，它们运作过程中的成败得失具有一定的普遍性和典型性，对这两个项目的整体组织过程和技术编制内容的研究将揭示我国城市设计实践发展的机遇、挑战、困境和出路等。

8.1　整体城市设计：嘉兴城市设计总图

嘉兴市地沃人杰、文化底蕴深厚，素有“鱼米之乡”、“丝绸之府”和“文化之邦”的美誉，也是全国著名的历史文化古城（图8-1）。嘉兴城市设计总图的编订旨在为嘉兴提供一个高品质、符合历史形成和可持续发展原则的城市空间环境的整体维护框架。

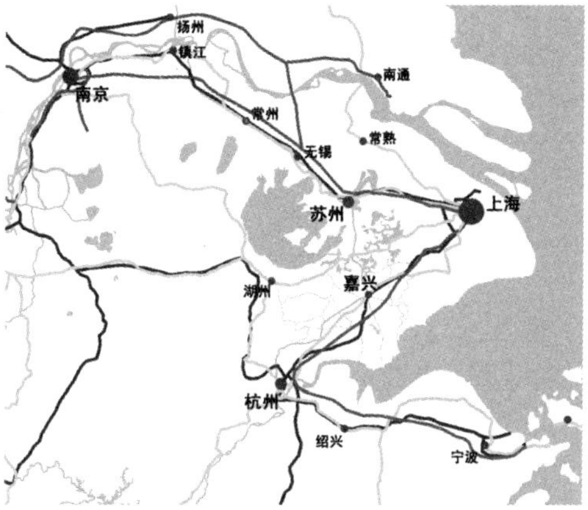

图 8-1　嘉兴市的地理区位

8.1.1　项目背景与概况

在委托清华大学建筑学院进行城市设计总图的研究之前，嘉兴已经编制完成了一系列城市设计成果，如2000年中国城市规划设计研究院编制的《嘉兴中心区城市设计》、2004年东南大学编订的《环城河景观带城市设计》等，以及《嘉兴市城市总体规划》、《嘉兴历史文化名城保护规划》、《嘉兴绿化水系整治规划》等其他各层次规划（图8-2），这些成果对明确城市发展方向、规范城市建设起到了积极作用。

但是，由于缺乏从整个城市层面通盘考虑的城市设计指引，规划部门在日常管理事务中面临着很多困惑：城市新区的高度控制在多少适宜？城市色彩需不需要整体性的引导？城市重点地段的景观如何塑造等。鉴于此，嘉兴市政府决定进一步加大城市设计的组织力度，通过编制《嘉兴城市设计总图》来完善现有规划管理体系，全面理解和认识嘉兴的城市空间特色（图8-3）。《嘉兴城市设计总图》的编制前后历时一年多（2004年3月~2005年7月），由清华大学与嘉兴市城市规划设计研究院合作进行。城市设计在详尽的现状分

❶ 关于城市设计总图的学术称谓，国内规划界尚不统一，有的称之为城市总体设计，也有的称之为整体城市设计、宏观城市设计等，还有的从设计内容出发，称其为城市风貌规划等。城市设计总图期望通过保护、创造和发展城市优美的物质空间形态来提高城市环境质量、丰富城市内涵、强化城市特色和个性，进而改进城市生活品质。

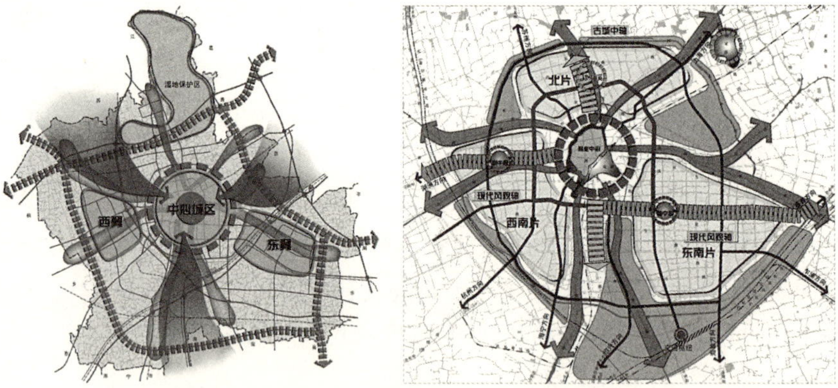

图 8-2　嘉兴的城市空间结构

图 8-3　嘉兴城市设计总图的前期策划

析基础上，提出城市整体格局设想、明确城市设计要素，并将城市划分为不同的政策区域来制定相应的城市设计导则。

从技术层面来看，城市设计研究选择性地分析了数个国内外重要的整体城市设计案例，在广泛总结各地经验的基础上，结合嘉兴的自身特点建构起城市设计的整体框架和技术路线。城市设计以“要素”为核心，围绕影响和形成嘉兴城市空间环境特点的重点要素展开研究。在制度创新层面，城市设计总图就如何建立城市设计的政策框架、如何制定行之有效的城市设计导则、地方规划局如何积极发挥城市设计的审查作用等方面进行了一定的实践探索。

8.1.2　前期研究与案例借鉴

嘉兴城市设计总图的研究方法和技术路线建立在旧金山、南安普敦、香港、嘉兴中心区、温州、唐山等整体城市设计的经验之上（图 8-4~ 图 8-8）。虽然这些案例的规划框架和设计思路各有侧重，但着眼点都落在对城市总体空间形象及秩序的塑造上，工作方法和设计内容上存在诸多共性：

首先，整体城市设计往往从“区域与城市”、“城市片区”、“城市节点”三个层面上展开。虽然整体城市设计是对整个城市空间环境所作的设计，但为了更好地表达规划设计理念，保证设计意图能够自上而下、从全局到细部得到良好贯彻，整体城市设计的内容通常不囿于城市层面，而是涵盖“城市—片区—节点”、“宏观—中观—微观”三个不同层次，既有宏观的规划构想，又有细节性的导则和节点示意，以此提高设计的实践操作性。

其次，整体城市设计的工作重点是明确城市形象特色，寻找适宜的城市形态和总体格局。反映到设计中，即是通过多角度的分析论证，确定适宜城市发展的空间形态、

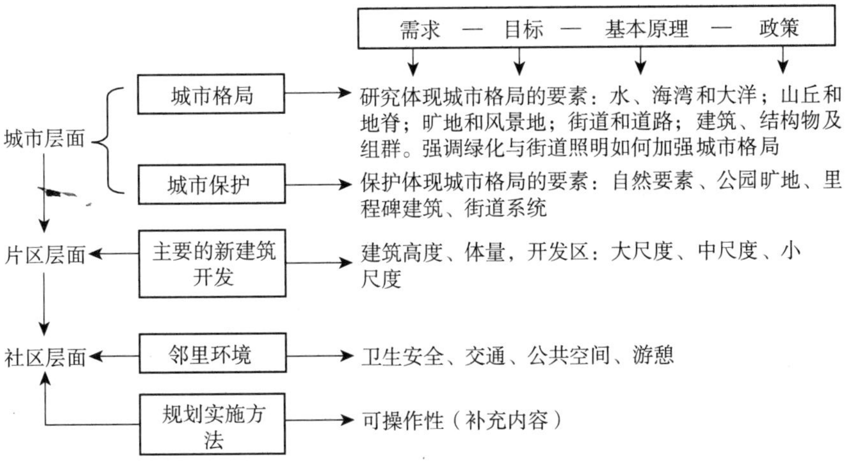

图 8-4　旧金山整体城市设计框架（1971）

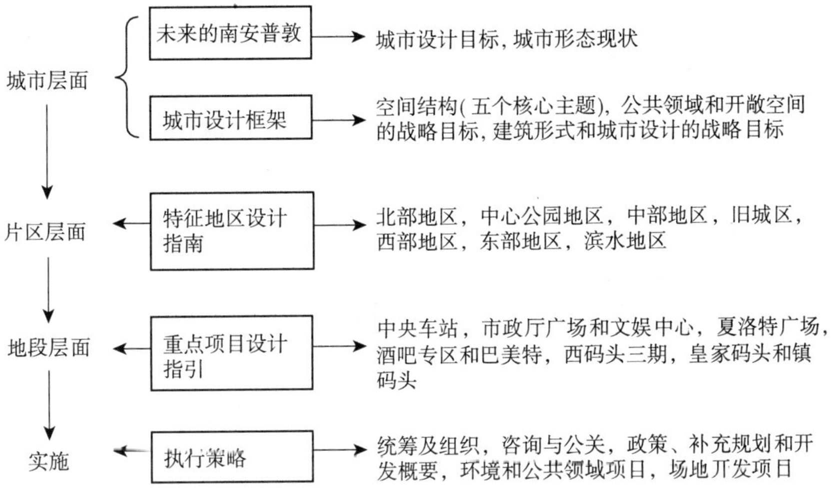

图 8-5　南安普敦整体城市设计框架（2001）

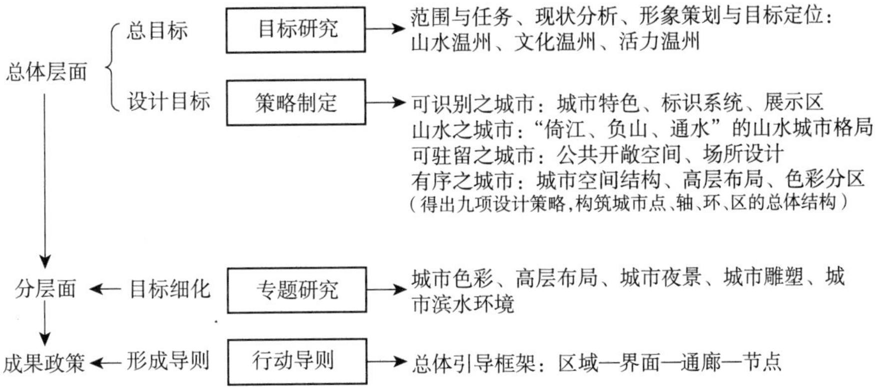

图 8-6　温州整体城市设计框架（2001）

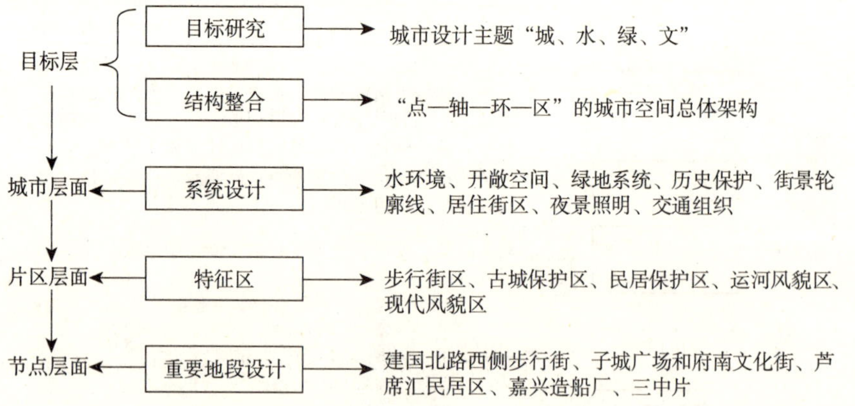

图 8-7　嘉兴中心区整体城市设计框架（2000）

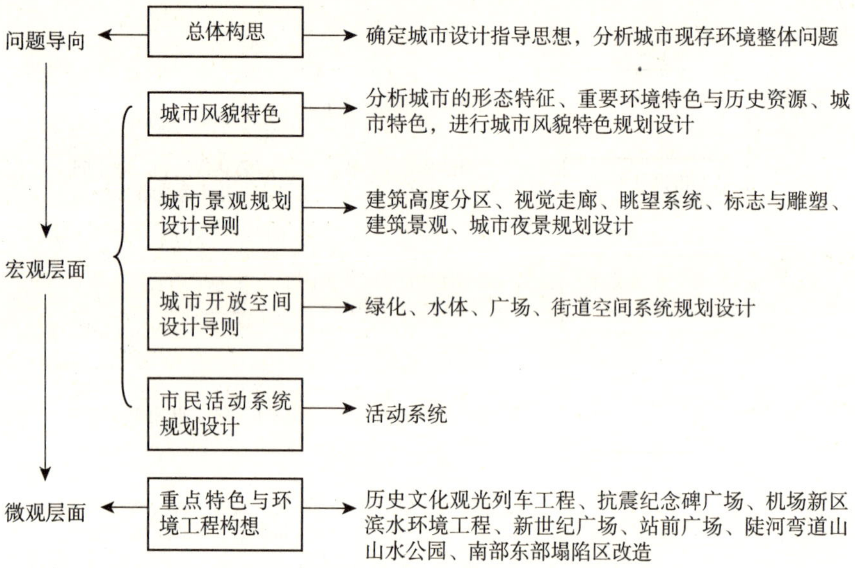

图 8-8　唐山中心区整体城市设计框架（2000）

梳理城市的总体格局，通过整体空间形象和秩序的塑造来挖掘城市潜力、凸显城市个性。这个过程需要研究能反映城市个性的各种构成要素，包括自然、人文和历史等多个方面。

再次，整体城市设计需要剖析城市三维空间的特点，确定不同空间尺度下的城市设计准则。在总体设计构想的指引下，整体城市设计要结合城市的功能组织和美学要求，研究人在城市空间中的活动需求，分系统、分区域确定不同层次的城市空间设计原则，包括：道路、水系、公共开敞空间、城市眺望系统、建筑群等。重要的空间节点应进行必要的细部设计示意，以准确反映城市设计准则的目标及原则。

最后，整体城市设计要将总体构想和设计原则转化为系统性的城市设计导则。城市设计导则是不同层次城市空间设计的总体指导原则，导则在内容和形式上要清晰具体、形象易懂，往往采用图文并茂的方法，作深入浅出的表述。下层次的规划或建筑设计需要遵循上层次城市设计导则的规定，在确保城市空间环境有序组织的基础上，合理创新、体现个性。

基于上述研究结论，综合考虑嘉兴的城市现状和地方特色，确定嘉兴城市设计总图的整体工作框架如图 8-9 所示。

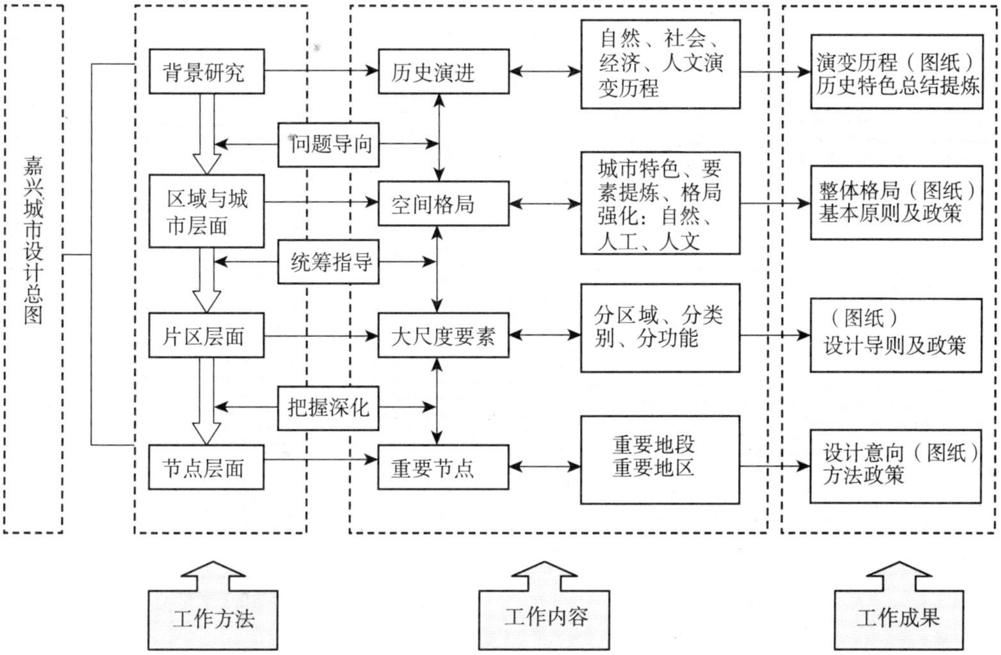

图 8-9　嘉兴城市设计总图设计技术框架

8.1.3　城市设计的整体运作程序

在城市设计的前期策划阶段，经过政府、专家、管理人员、咨询机构的共同协商，“嘉兴城市设计总图”得以立项，规划主管部门为此专门拟订了清晰的工作计划和任务进程表。

进入设计编制阶段后，规划设计单位进行了长时间的现场踏勘和资料收集，通过访谈和座谈会等方式获得了大量第一手的现状资料。随后，规划设计单位与社会各方一起，共同研拟城市设计的目标，即反映城市特色的“特质性目标”和维护城市空间质量的“宜居性目标”。在此后的方案构想过程中，设计单位进一步明确了实现两大目标的具体技术路径（图 8-10）。

设计方案基本形成后，规划管理部门通过组织方案公示和社会咨询广泛获取市民意见，依据社会反响修改后的设计成果经专家和领导评定，报嘉兴规划管理处审批通过。批复后的嘉兴城市设计总图作为规划管理部门发布的政策性文件，是审批规划（建筑）设计方案和进行“一书两证”审查的依据，从而保障了整体城市设计的实施。

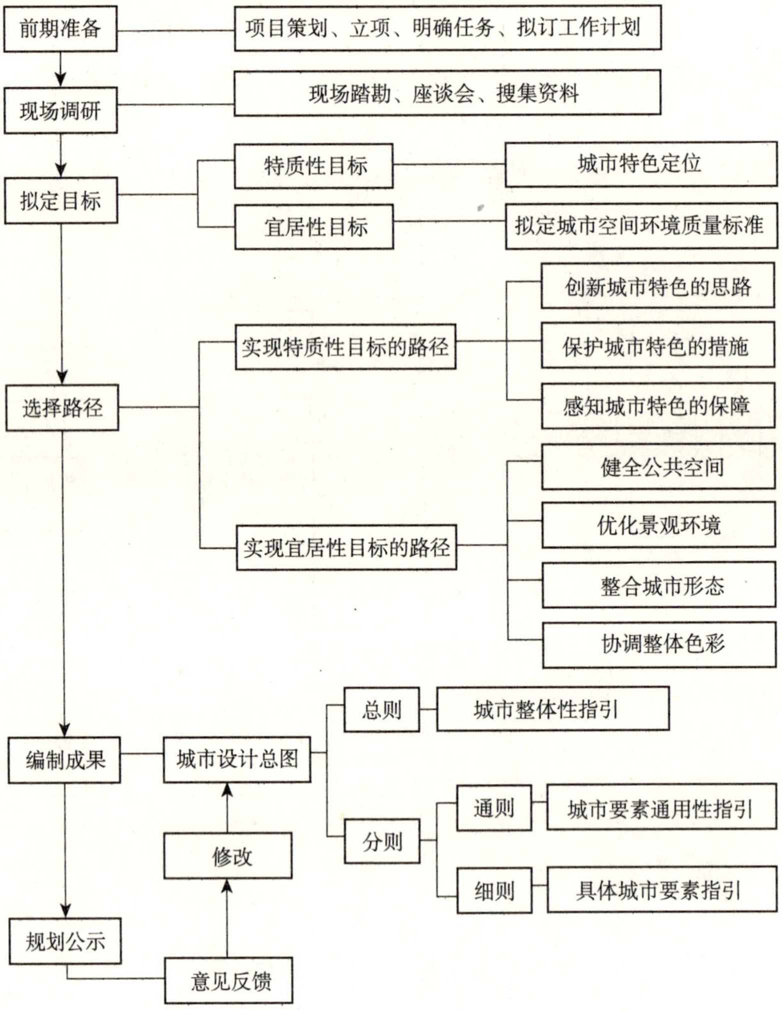

图 8-10　嘉兴城市设计总图的编制程序

8.1.4　公共政策导向的城市设计编制

1. 规划编制过程中的公众参与

嘉兴城市设计总图的制定通过“问卷调查”、“公众咨询”、“方案公示”和“媒体报道”等方式不断了解市民意愿，鼓励公众参与。在 2000 年嘉兴市中心区城市设计编制过程中，编制单位与嘉兴市城乡建设委员曾就城市中心区的规划和建设问题进行了民意调查，通过街道办事处向全市发放了 3000 份民意调查问卷，回收率达到 95%，这次大范围问卷调查成为本次城市设计的重要依据（表 8-1）。

问卷调查结果以及新的访谈资料显示，广大市民对城市建设的关注度非常高，他们针对城市空间建设、城市形象塑造和城市公共环境品质提出了各种建议和意见。另外，为初步设计方案举行的“规划公示”及“公众意见咨询会”也给设计人员带回了大量反馈信息，不断指导方案的调整和修正。2006 年 9 月的《南湖日报》曾用三、四个版面整体报道了嘉兴整体城市设计的编制和实施情况，在当地引起了强烈的社会反响，公众参与并监督城市建设的效果越来越明显。

嘉兴市城市中心区民意调查结果统计表　　表 8-1

类别	调查结果分析
居住条件状况（A）	结论之一：居住功能仍将是中心区的重要功能之一
	在问题 A 部分和 C17 几个问题的回答中，表现出： 1. 由于生活的方便性，多数市民愿意居住在中心区或中心区的周边地区（占 75.6%）。 2. 住房条件能基本满足需要，量的问题已基本解决。 3. 在中心区存在大量住宅质量和环境质量较差的问题。A4 问题的回答表现出住宅质量好坏参半，A5 问题的回答表现出有 1/3 的居住环境质量不好。分区调查结果显示，主要问题集中在老城，需要进行维修、改造和环境整治。 上述情况说明居住功能仍将是中心区的重要功能之一，问题在于质而不在于量。居住区的环境整治应是中心区城市设计的一个重要方面
交通出行状况（B）	结论之二：中心区的购物环境应有较大改善
	在问题 B、C 部分的 B3、B4、C10、C11、C12、C13 几个问题的回答中，表现出： 1. 老城由于区位的优势，将保持其商业中心的特点。 2. 目前建国路、中山路、禾兴路是市民主要光顾的商业场所，形成了嘉兴市主要的商业区。 3. 大型商业设施（如大型超市）是较受欢迎的购物场所。 4. 商业购物与其他休闲活动的结合是嘉兴商业发展的主要趋势。 上述情况说明中心区的商业购物的职能非常重要，商业的发展应与其他活动相结合，例如与文化娱乐设施、广场绿地等进行综合规划和综合开发，同时还需要提高购物环境质量
	结论之三：中心区的交通系统应进行优化
	在问题 B 部分的几个问题的回答中，表现出： 1. 中心区的交通出行较为方便。 2. 现有的道路和交通设施已不能满足不断提高的交通需要，应结合中心区的实际情况，进行交通组织优化。 3. 南湖与城市、尤其是中心区的联系还不紧密，难以体现其作用，应在中心区城市设计中提高南湖的可达性。 上述情况说明中心区的交通优势较明显，但受到道路和交通设施相对滞后的影响，中心区的交通优势有所减弱。在中心区城市设计中应进行交通组织的优化，满足城市交通的需要。另外，应提高公共活动场所的可达性，方便市民到达
城市印象调查（C）	结论之四：市民普遍对城市形象关心，并有较强的愿望
	在问题 C 部分的 C1、C2、C3、C6、C7、C8、C18、C19 几个问题的回答中，表现出： 1. 认为中心区的整体形象应是现代风貌和传统风貌并重。 2. 南湖、烟雨楼、子城是市民公认的能代表嘉兴的城市标志物。 3. 市民最喜欢的场所是南湖和公园绿地，其次是传统建筑和运河水系。 4. 对在老城区（中心区）建高层建筑，市民可以接受，对戴梦得大厦（现最高建筑）已形成认同，但对新建筑的形象要求比较高。 上述情况基本可以说明市民对城市中心区未来的城市形象的意愿，保护和突出历史性建筑非常重要。同时，应在未来的发展中注意环境建设和城市美化
	结论之五：对城市环境非常重视
	在问题 C 部分的 C4、C5、C9、C10、C14、C15、C16 几个问题的回答中，表现出： 1. 公园绿地是市民闲暇时最喜欢的去处。 2. 通过旧城改造建设绿地的做法非常受欢迎。 3. 对城市广场等城市开敞空间的需要非常强烈。 上述情况基本表明在中心区规划和建设广场绿地是市民的迫切需要，而且随着人们生活水平的提高，在规划设计中对环境的保护和优化应有更高的标准
被调查者及其家庭基本情况（D）	从被调查者的个人情况来看，参与调查的市民覆盖了不同的年龄段，具有不同的职业、文化教育程度、居住地点等背景。说明抽样调查对象具有代表性，调查数据具有较强的说服力

2. 城市设计的“要素”研究方法

嘉兴城市设计总图着重关注能够充分体现嘉兴优美空间格局和特征的基本设计要素，主要包括水系、道路、绿化、建筑与构筑物等，这些要素在“区域—城市—片区—社区—组团”等不同层面上有不同的物质形态构成(图8–11)。各个要素相互关联，形成不可分割的整体，从而构成了嘉兴独特的城市个性：

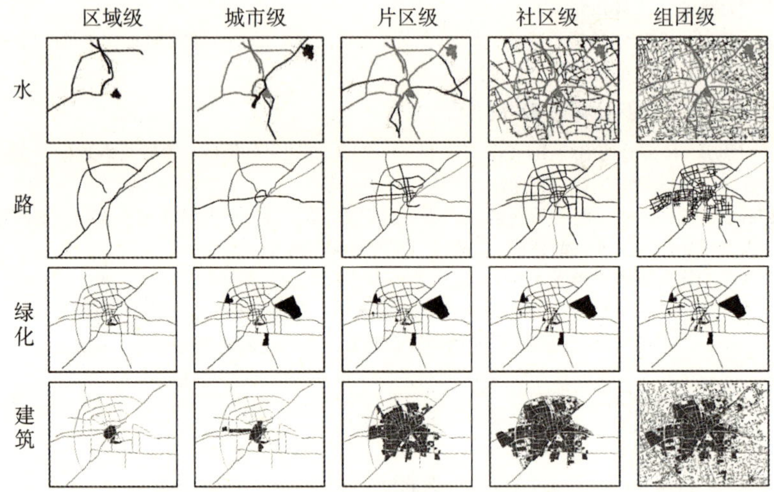

图 8–11　嘉兴城市形态的主要构成要素

（1）“城湖一体”的城市格局特点。南湖是嘉兴古城的后花园，古城是南湖的生活文化基地，两者一刚一柔、一阴一阳，架构出嘉兴的基本城市格局。“一湖一城”的特殊形态赋予嘉兴一种“进入自然，回到城市”的独特生活体验（图8–12）。

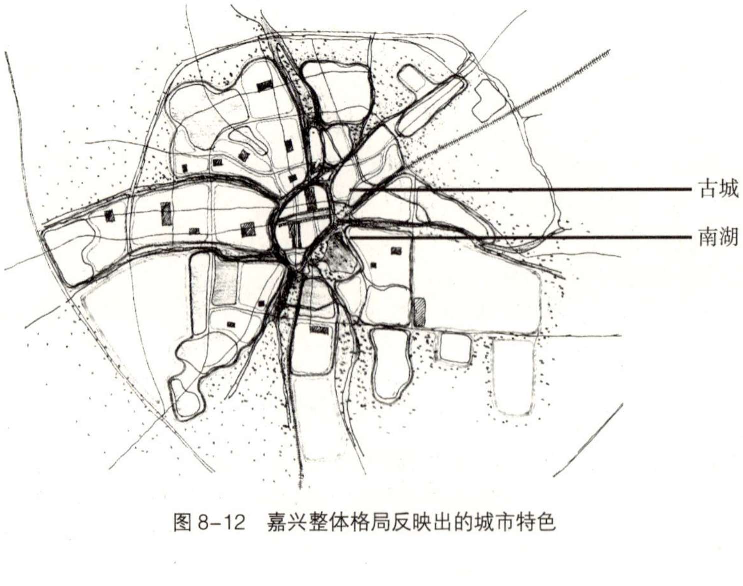

图 8–12　嘉兴整体格局反映出的城市特色

（2）基于河湖水系的地区联系。嘉兴城内河道纵横，湖荡众多，水上交通极为发达。历史上的嘉兴古城在整个江南地区占有重要的城市地位，曾是知名的水上交通枢纽城市。嘉兴以河湖水系为依托与其他各地建立起了密切的区域联系。目前嘉兴的主要河道多为人工运河，河面较为宽阔（宽 30m 以上），主要用于城市之间的通航和运输。

（3）“环形 + 放射”的水网系统与因循水网的城市建设模式。嘉兴地处杭嘉湖平原河网水系最发达的地区，特色水景自古闻名天下。具有嘉兴特色的“水”，是指以南湖和西南湖的自然湖泊风光为精髓，以城市“八条放射性运河[1]”与“环城河”为主体，三者共同构成的独特水网格局。城市道路系统因循“环形 + 放射”的水网体系，以旧城环城路为中心，发展出九条重要的放射道路。顺应这种放射状的水网和路网，城市用地也沿河流与道路方向自然生长，形成“手指状”的星形城市形态（图 8–13）。

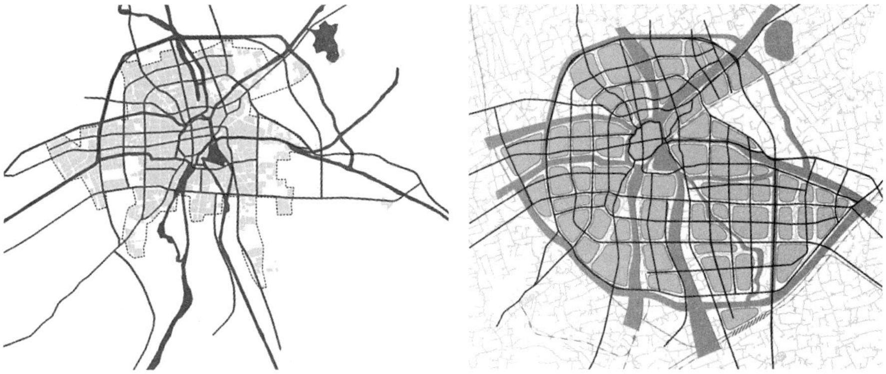

城市现状道路及水系结构　　规划后的城市道路及水系结构

图 8–13 “环形 + 放射”的城市路网与水系

3. 城市设计导则的分区制定

为塑造具有鲜明地方特色的城市总体形象、延续历史文脉，通过强化城市空间的系统性和整体性提升城市环境品质，并为地方规划管理部门提供城市建设管理依据，嘉兴城市设计总图制定了分区域的城市设计导则。导则由区域、市区、市郊、建成区、新开发区、城市核心区、重要节点等七大部分组成。每项导则都会针对具体的城市设计要素，总结其现状特点并提出建设控制引导的基本原则，如城市总体形象、景观格局、公共空间系统、历史保护、视线与视廊、建筑体量与尺度、高度与色彩等。城市设计导则既是下层次规划设计及建设项目的评价标准，同时也是强化市民的城市设计认识的重要途径（图 8–14）。

城市设计导则经过规划公示、专家讨论、规划处批复后，向全社会正式公布，成为指导城市建设的公共政策。嘉兴市下层次的规划编制、建筑设计、项目招标、规划设计条件或设计任务书的制订等，均应满足城市设计导则的相关要求（表 8–2、图 8–15、图 8–16）。

[1] 八条城市运河分别是新塍塘、杭州塘、海盐塘、平湖塘、嘉善塘、三店塘、苏州塘、长迁塘。

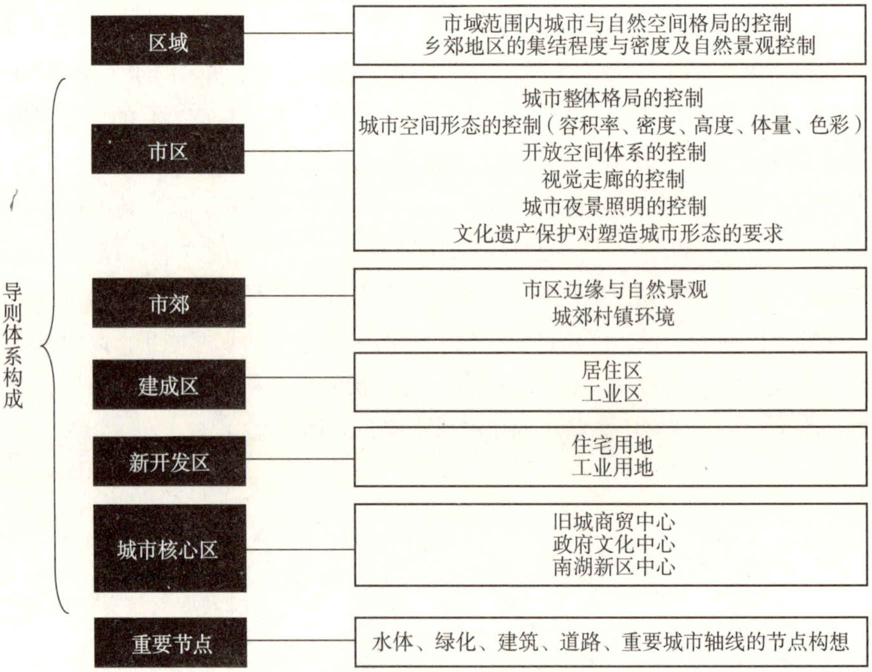

图 8–14　嘉兴城市设计导则的体系构成

嘉兴城市设计导则示意　　**表 8-2**

（一）区域层面

（1）自然环境

自然环境是形成区域城镇空间架构的基础，也是城市区域特色最重要的体现。嘉兴市域的自然环境主要包括自然地形、海岸线、区域水网、生态绿廊与湿地公园几个部分。

1）自然地形

特点——嘉兴地处平原，地形起伏变化小，仅在近海地区有少量低矮山丘。自然地形对城市发展的限制较小，城市也因此缺少了大尺度自然景观的视觉导向。

原则——保护现状自然地形并以之为基础进行城市建设，对可作为景观元素的自然地形加以很好地利用：

a）嘉兴市域大部分为平原地形，应尽量保持其现状；

b）近海地区的微丘可作为景观焦点，提供一定的视觉引导；

c）保护所有山丘尽量不受城市开发建设的影响，并努力加强山丘绿化。

2）海岸线

特点——海岸线是天然的开敞空间和景观环境要素，它限定了市域的发展边界。嘉兴市域南部紧邻杭州湾，随着杭州湾跨海大桥的建设，海岸线对于嘉兴市域空间形态的意义日趋凸现，成为建构嘉兴市域空间形态特色的重要因素。

原则——充分利用海岸线的景观环境资源，展现区域景观特色。

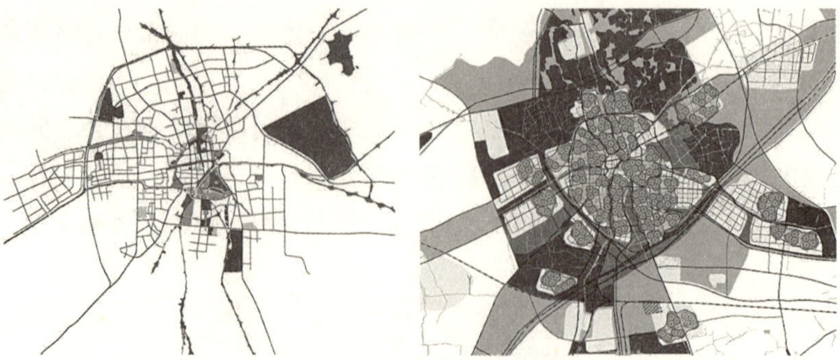

图 8–15　城市开敞空间与社区结构

■ 嘉兴城市建筑色调控制

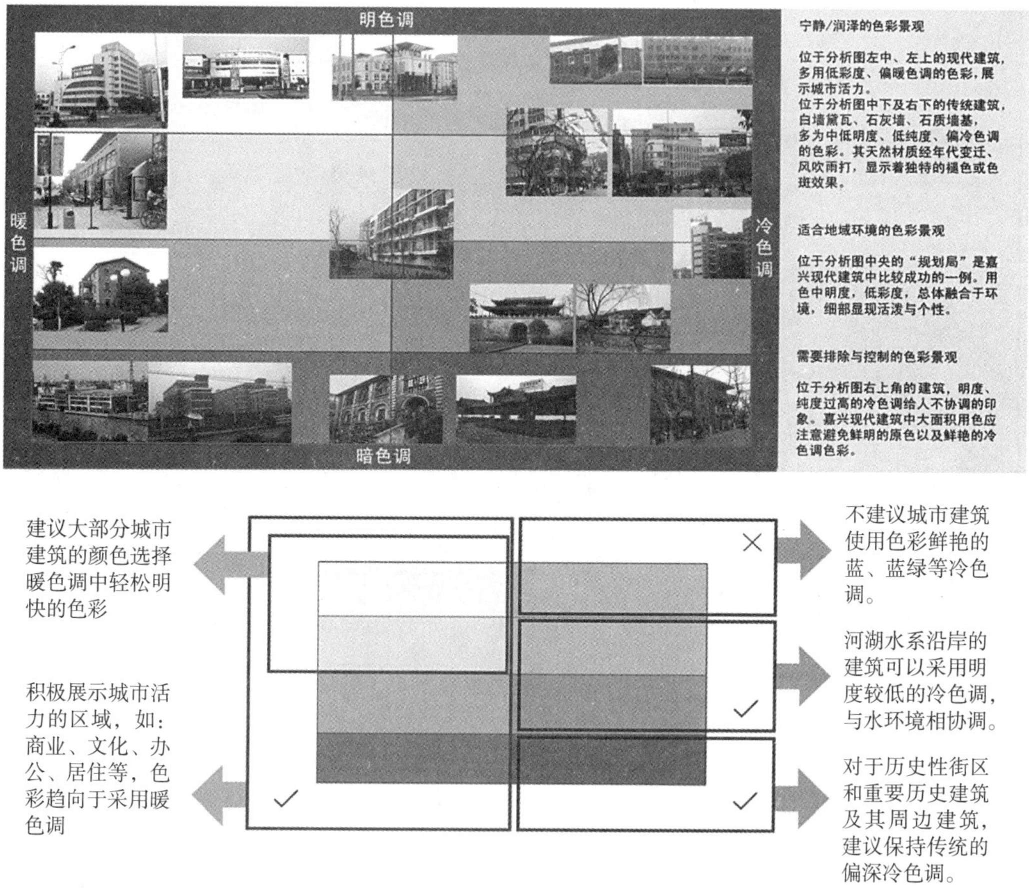

图 8-16　嘉兴城市色彩指引

8.1.5　规划设计中的合作伙伴关系

地方设计院与清华大学的设计合作是保证方案成功编制并付诸实施的重要条件。清华大学主要负责完成城市设计总图的框架性、方向性和指导性内容；地方设计院具有谙熟当地现状的优势，可以在遵循基本设计构想的基础上完成更加详尽的设计深化。图 8-17 和图 8-18 是地方规划院对城市设计方案进行深化后的部分成果，整体城市设计被细化为类似控制性详细规划的分片区规划管理图则。建立高校与地方设计院的合作伙伴关系还具有另一个重要意义：地方设计院会根据规划管理的实际需求，跟踪性地对城市设计政策随时进行必要的解释或调整，承担起城市设计运作的后期服务工作。

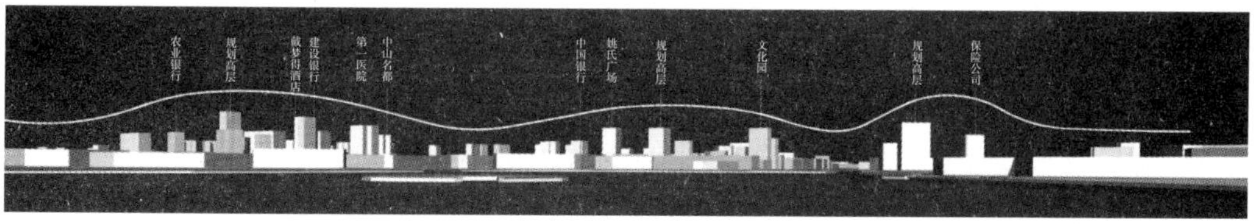

图 8-17　从南湖烟雨楼看城市老城区（城市高度控制）

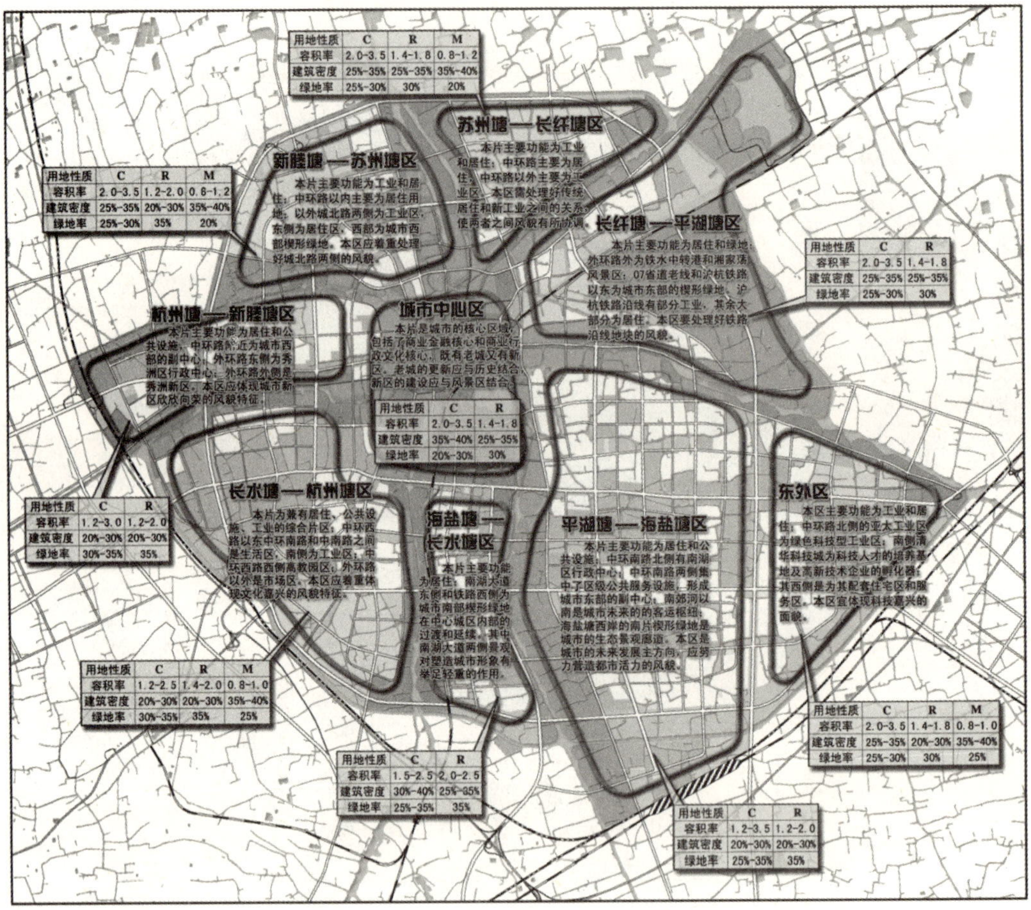

图 8-18　中心城区开发容量控制图则示意

8.1.6　设计管理的运作实施

嘉兴城市设计总图的运作实施，标志着嘉兴已经建立起多层次的城市设计管理系统：区域及城市—城市中心区—城市片区。城市设计导则成为规划管理人员日常决策，以及与政府官员、开发商进行项目协商的依据。例如，城市设计导则提出嘉兴的城市色彩应当以“稳重的冷色调为城市基底色，明快的暖色调为装饰色。传统建筑及其周边建筑以淡雅的冷灰为主，新建建筑以淡雅的暖灰为主控制，而在沿河、沿湖的一些重要滨水地段，建筑可以采用与水环境协调的深冷色调”，因此城市东南片区“协和广场”的建筑设计方案由于采用了过于沉重的黑色，而没有获得规划管理部门的批准。地方政府和规划管理部门卓见成效的行政管理，保证了嘉兴城市设计总图运作实施的效果。

8.2　历史地段的城市设计：北京大栅栏煤市街以东地区城市设计

大栅栏地处北京中轴线西侧、天安门广场以南的前门地区，是北京旧城重要的历史街区。大栅栏在历史上曾经是金中都与元大都间的近郊，目前保存了大量的传统建筑、历史街巷、商业老字号和民俗文化等。

元大都建立初期，金中都仍有不少保留街市，称为南城或旧城。新旧城之间人货往来，自发形成了若干由西南斜向东北的商业街市，这种街巷肌理一直延续至今。明永乐时营造北京，在此处新建了几条称为“廊房”的商业街，即今日廊房头条至大栅栏（四条），并在斜街以西开设了官办的琉璃窑场，即今日的东、西琉璃厂。清代大栅栏地区是北京最繁华的市井商业区，琉璃厂是著名的文玩古籍和民间工艺品市场。1900 年大栅栏遭遇火灾，其后 10 年左右时间又重新修建，商业变得更加繁荣。新中国成立后，大栅栏一直是北京最主要的商业中心之一。但 20 世纪 80 年代以来，因受内部通行能力差、建筑及人口密度高、市政设施落后、环境恶化等多种因素的影响，大栅栏的社会经济发展受到极大制约，逐渐失去了往日的繁荣（图 8–19）。

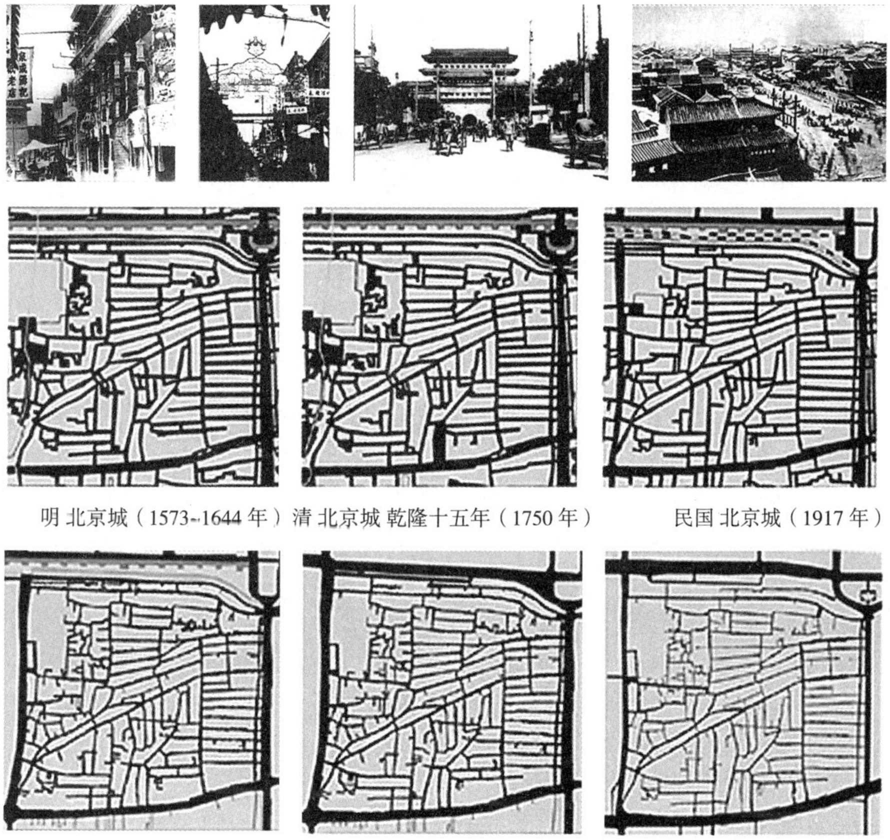

明 北京城（1573–1644 年） 清 北京城 乾隆十五年（1750 年） 民国 北京城（1917 年）

北京市（1958 年） 北京市（1965 年） 北京市（现状）

图 8–19 大栅栏的老照片与历史沿革

8.2.1 项目背景与概况

大栅栏悠久的历史、丰富的史迹和独特的商业文化使得该地区的保护与发展一直受到社会各界的高度重视。2000 年以来，北京市规划委员会、前宣武区人民政府通过专家论证、设计招标、规划委托等方式对大栅栏地区组织了多次不同层面、不同深度、不同类型的规划设计研究，如《北京旧城25片历史文化保护区保护规划——大栅栏历史文化保护区保护规划》（2001年3月）、大栅栏地区保护整治与发展规划国际招标（2002年12月）、《北京大栅栏地区保护、整治与发展规划》（2003年4月）等。

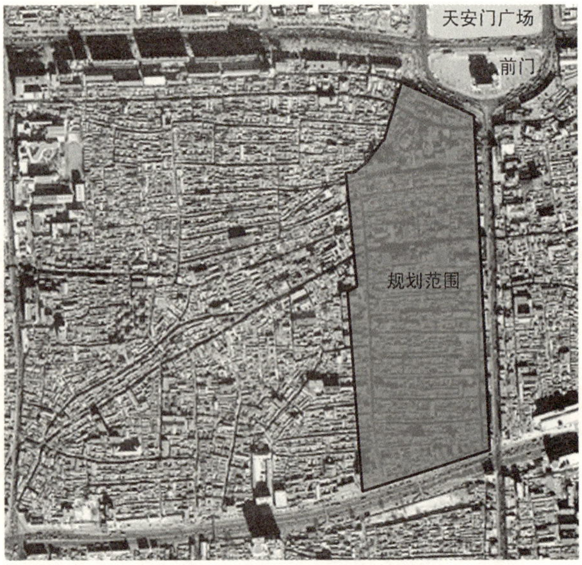

图8–20　规划地段所处位置

为了在历史文化名城保护的新形势下复兴大栅栏地区的历史文化环境，增强大栅栏地区的商业活力和旅游吸引力，促进大栅栏煤市街以东地区保护整治工程的具体实施，清华大学建筑与城市研究所受北京市前宣武区区政府的委托，在已有前期规划研究成果的基础上开展大栅栏煤市街以东地区的城市设计研究。规划设计地段位于大栅栏街区东部，面积约31.8hm^2（图8–20）。地段内包括了许多重要的传统商业街以及胡同、四合院、历史遗迹等，是北京旧城人口密度最高的地区之一（图8–21）。城市设计从2003年11月开始，经过前期调研、现状分析、规划设计、图则编制等几个阶段，于2004年10月完成最终成果。

图8–21　规划地段现状照片

8.2.2　城市设计的整体运作程序

政府组织编制并已经获得审批的上位规划是本次城市设计需要遵循的前提。因此，设计延续了《北京旧城25片历史文化保护区保护规划——大栅栏》对大栅栏地区的总体定位和保护区范围的划定，基本传承了《北京大栅栏地区保护、整治与发展规划》对煤市街起步区的功能分区构想，以及拓宽、打通煤市街的交通策略[1]。城市设计在深入的现状调研基础上，重新评价地段内院落、建筑的风貌质量状况，制订新的院落、建筑保护更新措施，

[1] 从后面的实施情况来看，煤市街拓宽工程在社会上引起了较大争议，煤市街两侧的建筑拆迁引来了众多媒体和市民的批评。

调整用地结构，梳理道路交通体系，明确人口疏散方式，规划市政基础设施，并制定完成分地块设计控制图则。

从技术创新层面来看，设计确立了“院落式小规模更新”的技术策略和规划方法；利用地理信息系统技术对设计地段进行翔实的定性定量分析，并通过建立“信息查询平台”和“规划管理平台”来实现科学便捷的规划设计管理。在制度创新层面，设计通过将城市设计图则深化为控制性详细规划的方式，借助现有规划管理体系推进城市设计的具体落实。此外，公私合作模式有力推动了整个项目的建设运作进程。

1. 前期策划与运作思路

基于长时期的研究和探索，政府和专家确定大栅栏历史街区的保护及发展思路是：遵循科学发展观，从实际出发，因地制宜，实行“政府主导、整体规划、分步骤实施、分地块立项、分情况操作”的运作方式。也就是说，区政府在整个改造建设过程中实施全过程监控；政府成立的大栅栏投资公司作为国有全资公司，在政府的整体授权下进行地区规划的组织、实施方案的制订、优惠政策的落实和市政基础设施的投资建设等工作；与社会投资人成立的合资公司按照政府批准的时间进度，分阶段、分地块地获得政府对土地整理的立项批复并进行土地一级开发，同时针对地块建筑的具体情况提出不同的保护修缮措施。

2. 城市设计的编制过程

城市设计的编制过程可简单分为现状调研与分析、城市设计方案构想、控制性详细规划图则编制三个阶段（图 8–22）。历史街区的复杂性使得现状调研持续了近 3 个月，涉及用地性质、人口、产权、商业、市政、景观、建筑质量与风貌等多方面基础资料的调查与整理。深入的前期研究为形成好的设计方案奠定了坚实的基础。经过设计人员不断的推敲修改、专家组的经常性论证和持续的政府指导，地段的城市设计方案逐步定稿（图 8–23）。此后，为了实现城市设计的可实施性和可操作性，设计技术人员将方案继续深化为可供规划部门审批和管理操作的控制性详细规划图则。

整个设计编制过程中，专家、投资方、政府的跟踪参与以及地理信息系统技术的应用对项目运作起到了巨大的推动作用：

（1）城市设计的多角色参与。在城市设计过程中，政府邀请规划、文物、旅游等方面的著名专家成立了专家小组，随时指导设计工作的进行。有意参与该地段未来整治工作的私人投资方，也被多次邀请参加项目的方案汇报会和协商会，为城市设计的未来实施做好铺垫。在政府的组织协调下，设计成果于 2005 年年初报北京市规划委审批通过。由于特殊的环境背景限制，方案制订缺乏当地居民的公众参与，这是导致项目后期建设出现争议的重要原因之一。

（2）地理信息系统技术在城市设计中的应用。在调研分析和方案形成阶段，地理信息系统技术被广泛应用于资料的分析和保存，以及辅助设计和决策论证中。在后期设计成果的表达上，规划首次尝试利用地理信息系统技术来制作控制引导图则，这一方面避免了繁琐的人力劳动，另一方面也为信息的及时更新和多样化的管理查询提供了便捷途径。因此，无论是现状调研过程中建立的“大栅栏地理信息查询系统”，还是后期制作过程中拓展的“大

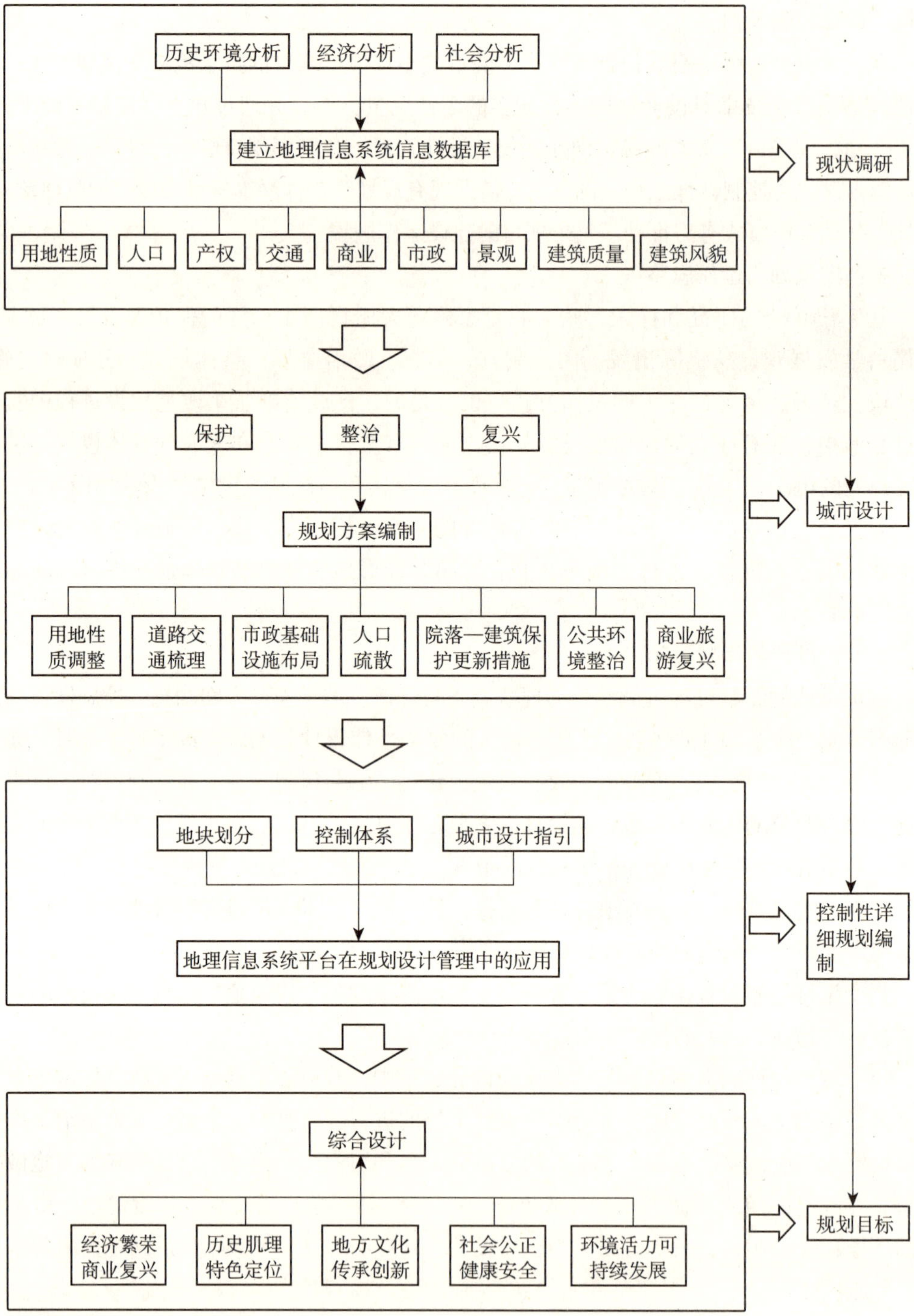

图 8-22　大栅栏煤市街以东地区城市设计的编制流程与框架

栅栏地理信息系统规划管理平台”都为项目的后续实施提供了动态、简洁、直观的设计管理平台，获得了专家、政府和公众的多方肯定（图 8-24~ 图 8-26）。

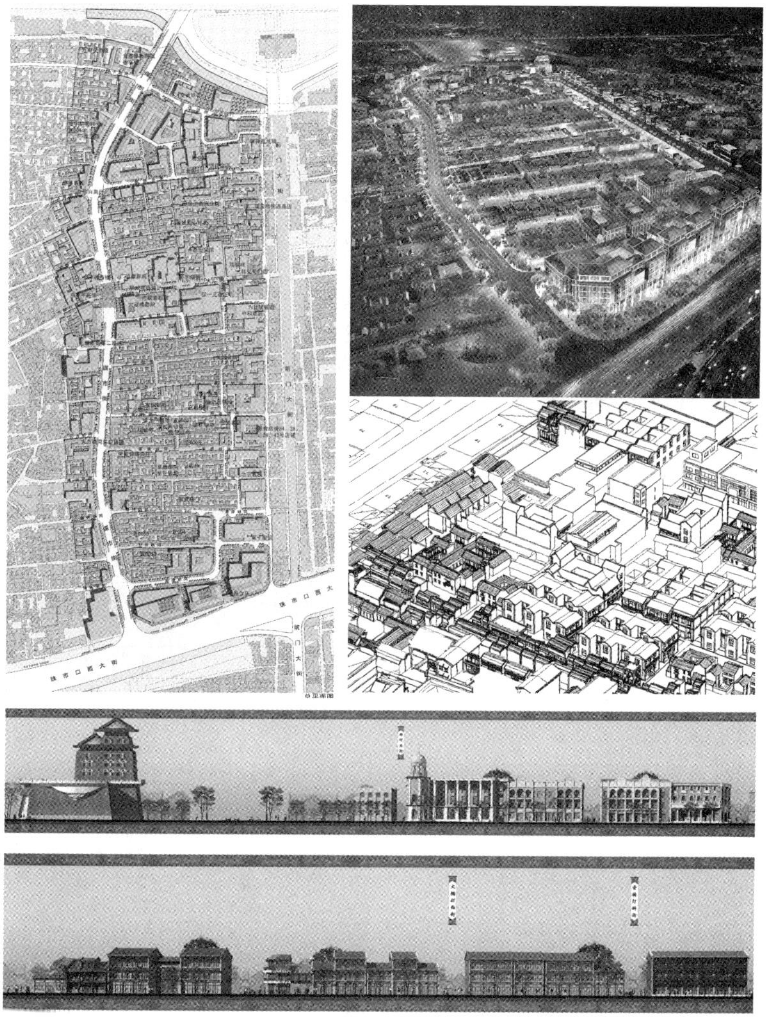

图 8-23　城市设计方案的空间形体推敲

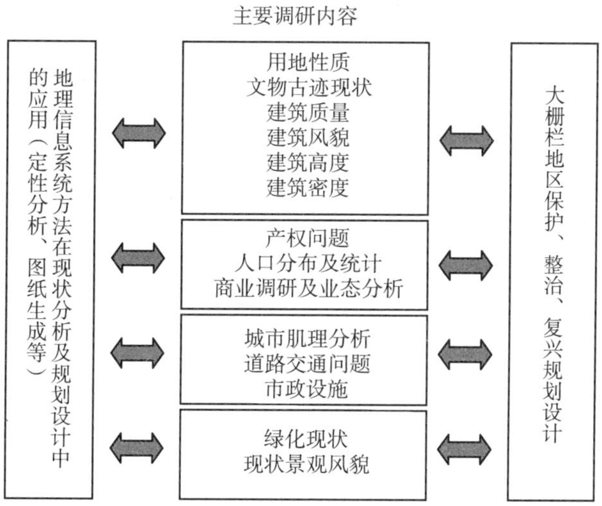

图 8-24　地理信息系统在城市设计前期调研中的作用

图 8-25　基于地理信息系统技术的规划信息查询系统

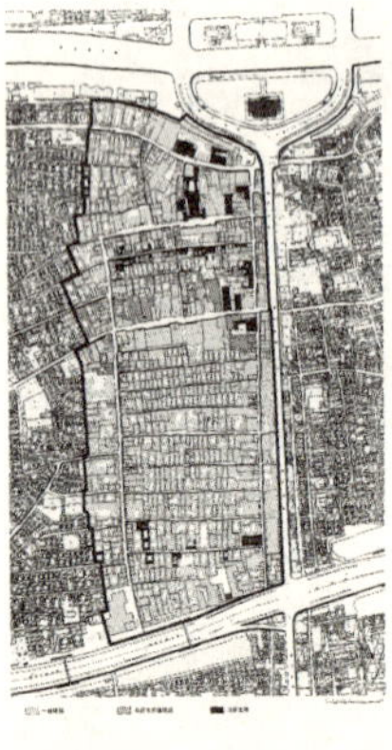
文物古迹分布图

现状用地性质图

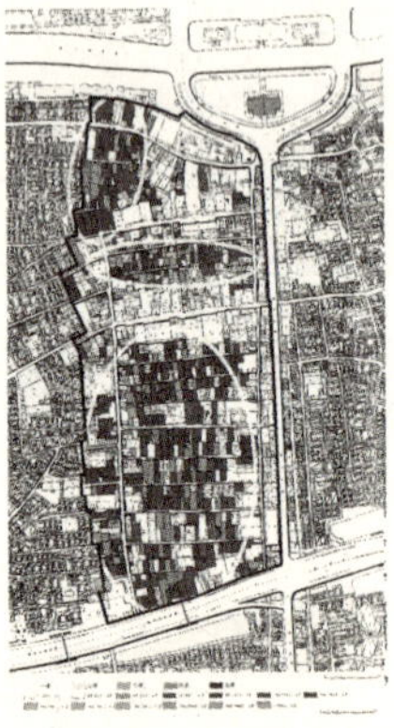
人口密度图

建筑产权图

不同类型商业建筑分布图

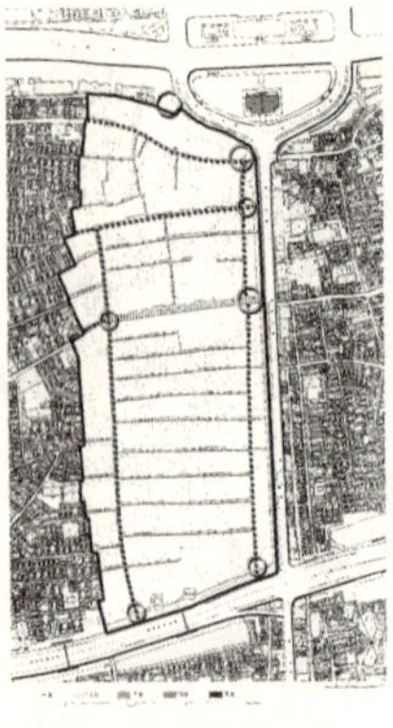
现状人流分析图

建筑风貌图

建筑质量图

图 8-26　地理信息系统对城市设计各项内容的统计分析

3. 城市设计结合控制性详细规划的模式探索 ❶

控制性详细规划是我国法定规划体系中具有深入管控能力的技术手段，也是实施城市设计的一个很好的路径依托。煤市街以东地区的城市设计探索了将城市设计方案转化为控规引导图则，来推行城市设计后期运作的具体做法。

（1）控制引导体系。从历史街区规划的特殊要求出发，设计在常规控制性详细规划指标体系的基础上，研究并加入了一系列服务于历史街区保护与更新的新指标，建立起新型的规划控制体系来指导城市建设（表 8-3）。其中，新增的两个控制指标"院落规划措施"与"建筑规划措施"集中反映了城市设计确立的"院落—建筑"两级保护更新思想。具体做法是：依据现有院落边界、院落质量、产权归属等将所有院落分为文物类院落、保护修缮类院落、风貌整饰类院落、改造整治类院落和拆除更新类院落五类，并确定各类院落的未来整饬措施；同时，针对院落中每个建筑的规划处理办法将所有建筑划分为保护、维护、修缮、翻建和新建五类，并确定各类建筑的未来整饬措施（表 8-4）。

主要控制引导内容 **表 8-3**

- ■ 用地性质——地块开发必须遵守的土地使用性质，以国标用地分类为准，并针对土地混合使用及保持用地弹性的实际需求增加部分灵活的用地类型；
- ■ 用地面积——划定地块的面积，在规划管理和开发建设时以实测为准；
- ■ 院落规划措施——对划定的院落制定的保护、修缮、更新等具体措施；
- ■ 建筑规划措施——对现状建筑制订的保护、整治、拆除等具体措施；
- ■ 产权——现状建筑的产权归属情况，以不同填充符号在图上表示；
- ■ 容积率——规划地块内建筑总面积与地块总面积之比；
- ■ 绿化率——地块内绿地面积与规划地块面积之比，以百分比计；
- ■ 建筑控高——地块内建筑物允许建造的最大高度，以建筑室外明沟面或散水坡至坡屋顶建筑的檐口高度或平屋顶建筑的女儿墙顶高度的垂直距离计；
- ■ 建筑密度——建筑占地面积与地块总面积之比，以百分比计；
- ■ 建议车行开口方向——规划地块内允许设置车辆出入口的方位、位置和数量；
- ■ 建筑退红线——建筑相对于规划地块某边界后退的距离，图上以线条表示；
- ■ 配建车位——规划地块内规定的停车车位数量，包括机动车车位数和非机动车车位数；
- ■ 城市设计导则——对建筑体量、风格、色彩、材料、细部等提出的引导性设计要求，以指导建筑的详细设计

"院落—建筑"两级规划控制措施 **表 8-4**

一级措施	院落				
院落类别	文物类院落	保护修缮类院落	风貌整饰类院落	改造整治类院落	拆除更新类院落
规划控制对象	为各级文物保护单位及登记文物。尚未注册但调研确认具有文物价值的历史建筑按此项标准进行	为文物保护单位以外，质量欠好、风貌协调的传统院落	为质量结构较好、风貌欠协调的现代院落	质量差的近现代院落	为质量极差、无特殊文化价值的院落，包括严重破坏历史风貌的现代建筑、违章建筑及影响道路拓宽的建筑等

❶ 唐燕．历史文化街区的控制性详细规划编制方法探索：以北京大栅栏煤市街以东地区为例 [C]// 中国城市规划年会论文集，2009.

续表

二级措施	建筑				
建筑类别	保护	维护	修缮	翻建	新建
规划控制对象	主要针对质量好的文物建筑、历史建筑	主要针对质量较差的文物建筑、历史建筑，以及质量好、风貌好的普通建筑、传统院落建筑	包括质量修缮和风貌修缮两种情况。主要针对质量较差的文物建筑、历史建筑，以及质量好、风貌较差或质量较差、风貌好的普通建筑和传统院落建筑	主要针对质量差的文物建筑、历史建筑、有价值的传统院落建筑	主要针对质量差、风貌差的普通建筑

与城市新区控规编制忽略地段现状的情况不同，历史街区控规编制过程中收集到的浩如烟海的现状信息本身就是一笔宝贵的财富——它无疑为历史街区设置了最好的档案库，也是所有规划管理和控制措施产生的基本依据。因此，大栅栏控制图则制定与传统控规图则制定的最大区别在于：大栅栏控规图则将各控制地块的“现状信息”与“规划信息”放在同等重要的位置上加以对待，每个地段的控规图则均由现状信息（包括现状照片、现状数据、建筑形体、院落与建筑边界等）、现状分析（包括对人口、产权、建筑质量、建筑风貌、建筑性质等的综合分析）、规划控制（包括控制指标体系、“院落—建筑”规划措施、规划控制线、人车出入口方位、城市设计导则、配套基础设施等）三部分组成（图 8-27）。

地块 B-003 的控规图则示意

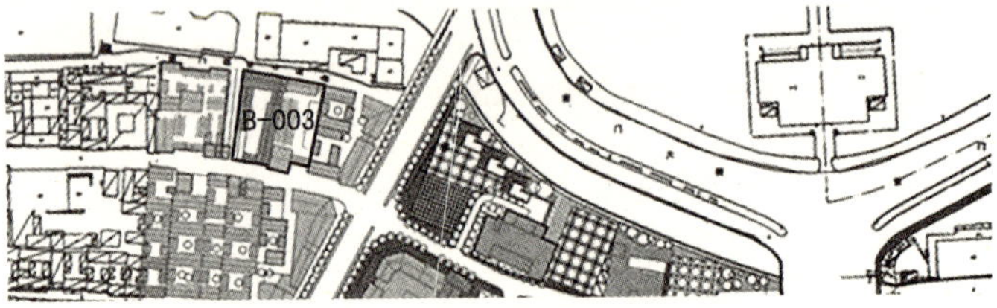

控规图则（一）：现状信息
包括现状照片、现状数据、建筑形体、院落与建筑边界等。

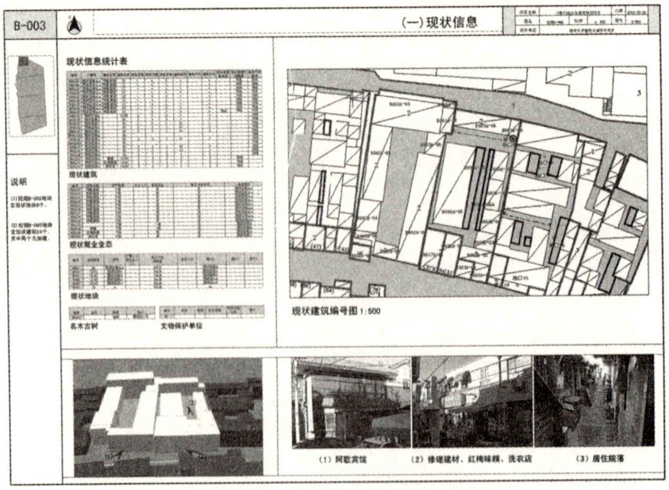

图 8-27　城市设计图则示意

控规图则（二）：现状分析
包括对人口、产权、建筑质量、建筑风貌、建筑性质等的综合分析。

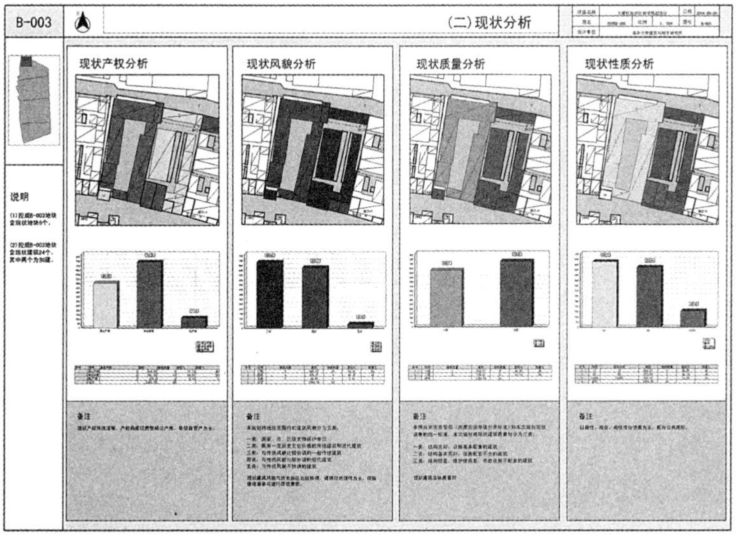

控规图则（三）：规划控制
包括控制指标体系、“院落 – 建筑”规划措施、规划控制线、人车出入口方位、城市设计导则、配套基础设施等。

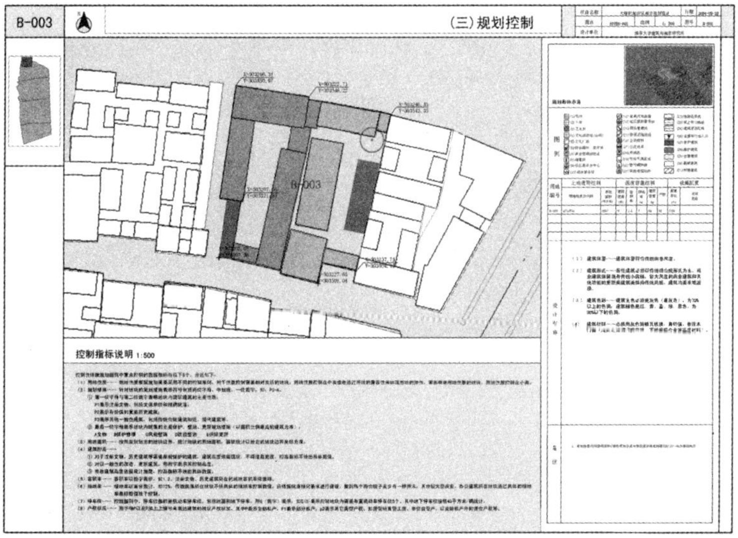

图 8–27　城市设计图则示意（续图）

（2）以“院落”为单位的渐进式小规模有机更新❶。历史街区的改造整治是一个循序渐进、逐步改善的过程，为防止大拆大建对历史街区造成的破坏，规划强调以“院落”为单位的渐进式小规模更新。以现状院落边界为基础，规划在综合考量产权关系的基础上，通过调整院落边界、拆分或合并院落等方法来划定控制地块。划定的每一个“院落”地块即是未来的管理实施单位，由此限定了未来一次性更新改造的最大地块规模，从而避免成

❶ 唐燕 . 地块细分方法 [J]. 北京规划建设，2006（4）：77-78.

片推倒重建的可能。除居住四合院外，其他一些大体量商业、文化建筑所在地块也被视为一个个独立的院落单位来对待。显然，在“以院落为单位”的保护更新模式下，地块细分的规模大小主要取决于院落大小，现状院落边界是地块细分的基本依据（表8–5）。根据这种地块细分思路，大栅栏煤市街以东地区最终划定地块300多个（图8–28）。针对每个地块，规划还制订了相应的保护更新措施，以便在规划实施过程中，按照“院落”一个个逐步进行保护修缮或改造更新。

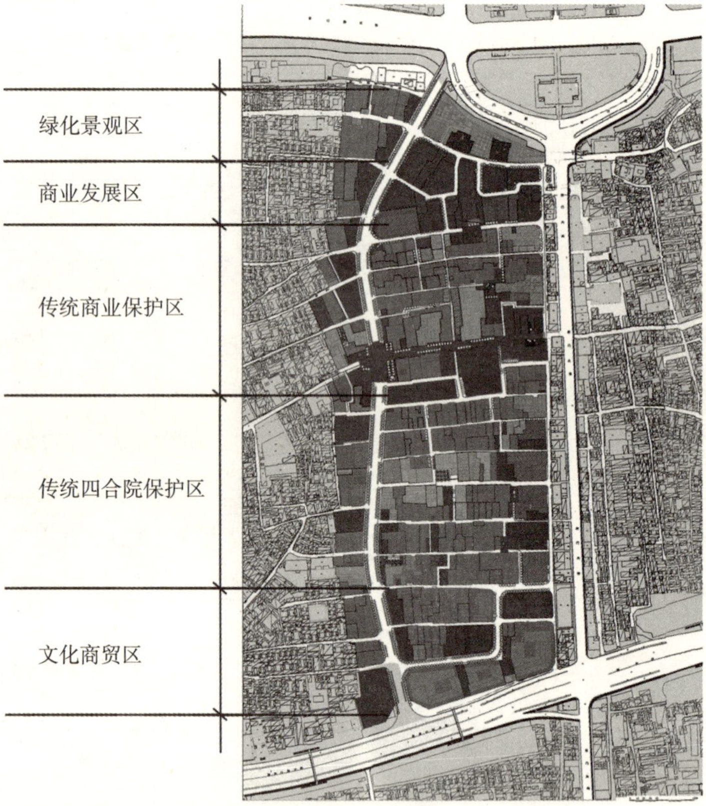

图 8–28　以“院落”为单位的地块划分

大栅栏煤市街以东地区的地块细分标准　　**表 8-5**

地段分区		地块规模（m^2）	地块规模确定原则
绿化景观区		1300~5000	■ 交通银行、盐业银行两个注册文物遵守原有文保单位边界，地块规模保持原样不变。 ■ 其他地块拆除现状建筑，统一改建为绿化景观广场，绿化景观广场分东西两片，每片地块规模约 5000m^2
传统商业发展区		600~2000	■ 地块内原有历史性商业建筑尺度较大，因此考虑未来商业发展需要，新划地块面积相对较大，较规整。 ■ 为保证大栅栏地区的旧城肌理不被破坏，限定地块规模的上限。新划地块的规模不能超过现有大型传统商业建筑劝业场规模的 120%
传统商业保护区	廊房二条传统店铺区	50~300	■ 保持传统店铺的特色，延续院落式商业的历史传统。地块大小基本遵循现状院落单位。 ■ 细分后的地块规模较小，多为面宽小、进深大的商业院落。
	大栅栏商业区	400~1600	■ 考虑到原有大规模传统商业的特点，细分后的地块相对较大，布局紧密。 ■ 为保护大栅栏历史文化保护区的传统肌理，整合后的新地块面积不能突破现状地块面积的最大值 1600m^2
传统四合院保护区		100~500	■ 基本保留原有的院落边界，地块大小基本遵循现状院落单位。 ■ 对于部分面积小于 150m^2，不适于再利用的院落可以考虑院落合并，合并后的地块规模不应超过 500m^2，以防止大规模改造
文化商贸区		200~2500	■ 文保单位及保留院落维持原有规模。 ■ 对用于更新重建的用地，为适应未来商业开发的需要，地块细分面积相对较大，保持开发弹性。 ■ 通过对建筑高度、密度、体量的模型推敲，明确地块规模上限为 2500m^2

资料来源：唐燕．地块细分方法 [J]. 北京规划建设，2006（4）：77–78.

（3）探索多渠道的历史建筑再利用途径。历史地段的保护改造须同城市的社会经济发展有机结合，处理好“保护与发展”、“保护与利用”等方面的关系。对历史建筑进行合理的改造和再利用是继承和发扬大栅栏地区历史文化价值的重要途径。大栅栏的历史建筑以四合院为主，将传统四合院改造成京味十足的茶馆、戏楼、驻京办事处等都是有效的历史建筑再利用方式（图 8–29）。

图 8–29　历史建筑再利用的探索

8.2.3　公私合作的项目建设进程

大栅栏煤市街以东地区的城市设计作为一个完整的动态运作过程，已经顺利进入建设实施阶段。国有的“大栅栏投资有限公司”与私人的“大栅栏永兴置业有限公司”，通过合作开发来推进大栅栏地区的土地整治和地块招商，确保了项目建设的按期进行（表 8–6）。在市场经济日益发达的今天，城市设计已经不可能完全依靠公共资金实现，项目运作往往依赖于“政府”与“民间”双重财力与物力的支撑，因此政府与私人公司之间的合作成为实施城市设计的重要保障。通过积极的公私合作，市场理性和公共服务被紧密结合在一起（图 8–30）。

大栅栏煤市街以东地区的城市设计进程　　表 8-6

■ 大栅栏历史文化保护区总体保护规划方案，即《大栅栏地区保护、整治与发展规划》于 2003 年 6 月 16 日由市长办公会审批通过。
■ 2003 年 11 月委托清华大学建筑与城市研究所开展煤市街以东地区的城市设计工作，即《北京前门大栅栏地区整治、保护、复兴规划》，并于 2005 年 1 月由北京市规划委员会批准通过。
■ 确定月亮湾地区环境综合整治为大栅栏地区的启动项目，北京市规划委宣武分局组织园林景观设计单位进行月亮湾地区景观设计竞赛。2004 年 3 月份开专家评审，评选出获奖设计作品，并形成汇总方案，报市规划委审查。
■ 2004 年率先实施月亮湾环境综合整治工程，随后进入景观绿化和文物修缮施工阶段，预计 2006 年年底竣工。
■ 在前门地区整体交通组织规划方案的基础上，2004 年 8 月 20 日组织召开专家论证会，从交通组织、文物保护、城市空间等方面继续调整和深化煤市街沿线的设计。
■ 煤市街道路拓宽工程于 2004 年 12 月开始启动，预计 2006 年年底竣工通车。
■ 2006 年 3 月煤市街以东 C、H 地块的土地整治开始，完成土地一级开发后将进行分地块建设。
……

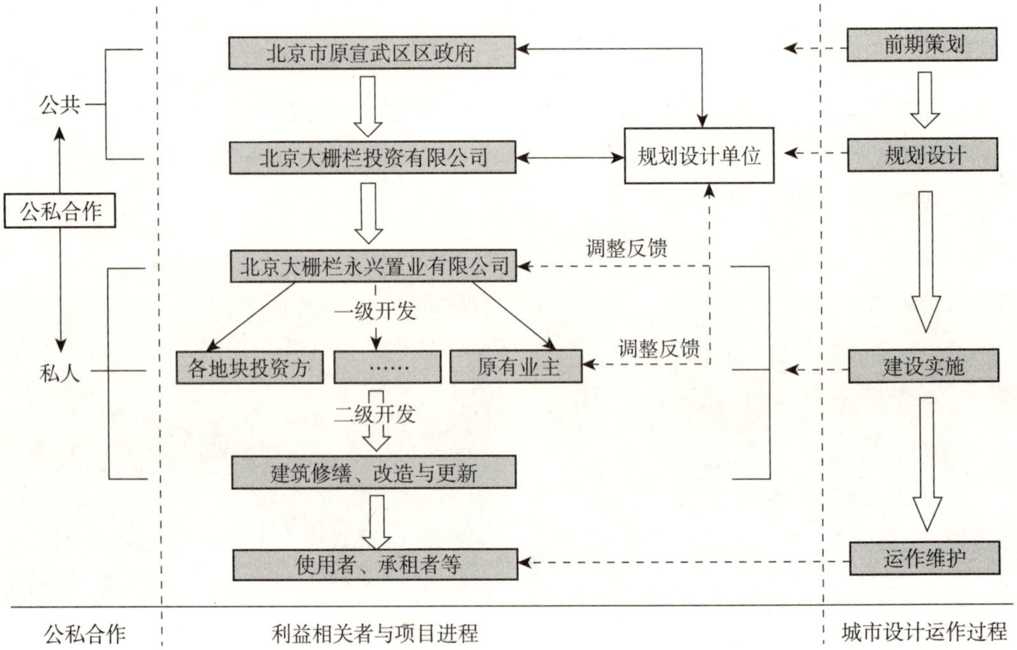

图 8-30　大栅栏煤市街以东地区的城市设计整体运作

8.2.4　城市设计运作效果的观察和反思 ❶

2004 年年底，大栅栏煤市街道路拓宽工程作为北京市政府"为民办实事"的 56 项重要工程之一正式启动，揭开了大栅栏地区城市设计的实施序幕，这为我们跟踪评论大栅栏的城市设计后期运作提供了一个契机。2006 年 3 月 25 日，北京大栅栏永兴置业有限公司开始推进大栅栏煤市街以东地块的土地一级整理工程，对该地区的大量建筑进行拆迁和腾退。胡同拓宽、建筑拆毁、机器轰鸣的改造场面引起了社会各界的广泛关注，质疑之声重重 ❷。城市设计给大栅栏地区带来的是经济发展、环境改善、面貌提升，还是文化破坏？大栅栏城市设计的运作成效是否如规划设计者当初期待和预想的那样呢？我们不得不承认：在以开发商为主导的历史街区改造整治过程中，城市设计的核心理念难以得到真正的贯彻落实。是什么导致了这一系列不尽如人意现象的发生？总结起来主要有公司合作风险、居民话语权缺失、技术与管理分离等几方面：

（1）协商与妥协——公私合作的潜在风险。获取利益是开发商的天性，政府在借助私人资本提升城市公共环境品质的过程中，既要满足私人投资的获利需求，更要保证公共利益不受损害，因此公共利益与私人利益之间的较量成为公私合作模式的风险所在。尽管私人资本从财力上弥补了政府改造整治大栅栏的资金缺口，但由于政府在与开发商博弈的过程中，没有严格执行"小规模、微循环、渐进式改造整治"政策，导致项目运作因开发商追求短期效益而走上局部成片拆迁的老路（图 8-31）。

---

❶　唐燕 . 城市设计运作中不同利益主体的博弈分析 [J]. 北京规划建设，2010（3）：39-43.

❷　可参见众多舆论报道：《瞭望新闻周刊》记者王军发表于《北京规划建设》上的《老北京的死与生》；欧宁和曹斐领衔、德国联邦文化基金会资助的"大栅栏计划"等。

图 8-31　拆迁整治中的大栅栏起步区
（资料来源：http://www.blogphoto.cn/blog/user1/375/archives/2006/2327.html）

（2）话语权缺失——原住民和经营者的无奈。产权和社会保障制度的缺失使得原居民和小商业经营者没有参与决策的权力，无法保护和自由处置自己的合法财产。大栅栏地区较大规模的土地一级开发，意味着先将所有人外迁，然后进行房屋拆改和市政基础设施整理，之后以招标、拍卖或挂牌的方式重新出让土地或局部进行还迁，这无疑意味着街区中建筑物、老字号商店和原居民等的“大换血”（图 8-32）。

图 8-32　产权争议与当地居民的呼声
（资料来源：http://www.blogphoto.cn/blog/user1/375/archives/2006/2327.html）

（3）技术与管理分离——规划设计者的失落。规划设计人员作为政府和业主的智囊团，主要任务是依各方需要编制完成规划设计方案，实际并不参与具体的城市建设管理工作。因此，大栅栏城市设计项目的建设实施不受规划设计人员掌控，导致城市设计在落实过程中偏离了规划拟订的基本方向。设计者在现状研究、策略选择和规划制定过程中投入的大量时间和精力没有换来预期的效应。

参考文献

[1] 阿摩斯 · 拉普卜特 . 建成环境的意义——非言语表达方式 [M]. 黄兰谷译 . 北京：中国建筑工业出版社，2005.

[2] 北京市规划委员会，北京市城市规划设计研究院，清华大学建筑学院 . 北京市中心城地区城市设计导则编制标准及管理办法研究 [Z]，2010.

[3] 比尔 · 希利尔 . 场所艺术与空间科学 [J]. 世界建筑，2005（11）：29.

[4] 城市设计学术委员会 . 当前我国城市设计发展的形势与存在的主要问题 [C]//2004 年城市规划年会论文集，2004：953-955.

[5] 曹元坤 . 从制度结构看创设式制度变迁与移植式制度变迁 [J]. 江海学刊，1997（1）：37-43.

[6] 段德罡 . 我国现行规划体系下的总体城市设计研究 [D]. 西安 : 西安建筑科技大学，2002.

[7] 郭恩章等 . 美国现代城市设计综述 [J]. 建筑学报，1988（12）：26-30.

[8] 胡鞍钢等 . 第二次转型：国家制度建设 [M]. 北京：清华大学出版社，2003.

[9] 胡鞍钢主编 . 中国战略构想 [M]. 杭州：浙江人民出版社，2002.

[10] 胡鞍钢主编 . 地区与发展：西部开发新战略 [M]. 北京：中国计划出版社，2001.

[11] 贺静，唐燕，陈欣欣 . 新旧街区互动式整体开发 [J]. 城市规划，2003（4）：57-60.

[12] 贺士麃 . 台北市都市设计制度之研究 [J]. 南亚学报，2005（25）：40.

[13] 洪亮平，邓凌云，李进 . 中国现代城市设计 20 年回望 [J]. 城市规划，2003（增刊）：12.

[14] 洪亮平 . 城市设计思想 [D]. 南京：东南大学建筑学院，2003.

[15] 高源 . 美国现代城市设计研究 [M]. 南京：东南大学出版社，2006.

[16] 耿毓修，黄均德主编 . 城市规划行政与法制 [M]. 上海：上海科学技术文献出版社，2002.

[17] 黄雯 . 美国的城市设计控制政策：以波特兰、西雅图、旧金山为例 [J]. 规划师，2005（8）：92.

[18] 黄雯 . 美国城市设计控制政策实例研究——波特兰、西雅图、旧金山 [D]. 北京：清华大学建筑学院，2005.

[19] 黄富厢 . 关于公共活动中心的综合开发与虹桥新区 [J]. 时代建筑，1986（1）：52-56.

[20] 扈万泰 . 城市设计运行机制 [M]. 南京：东南大学出版社，2001.

[21] 蒋满元 . 不同国家制度变迁路径与方式的比较 [J]. 重庆社会科学，2005（10）：26.

[22] 伋晓光，荔吉元 . 对中国渐进式改革中的路径依赖问题的反思 [J]. 社会研究，2005（2）：103.

[23] 肯尼思 · 科尔森 . 大规划——城市设计的魅惑和荒诞 [M]. 游宏淘等译 . 北京：中国建筑工业出版社，2006.

[24] 金广君 . 美国城市设计导则介述 [J]. 国外城市规划，2001（2）：6-9.

[25] 金勇 . 城市设计的空间政治经济学类型——A. R. Cuthbert 的“Design City”述评 [J]. 国外城市规划，2005（6）：73-77.

[26] 凯文 · 林奇 . 城市形态 [M]. 林庆怡等译 . 北京：华夏出版社，2001.

[27] 凯文 · 林奇 . 城市意象 [M]. 方益萍，何晓军译 . 北京：华夏出版社，2001.

[28] 勒 · 柯布西耶 . 走向新建筑 [M]. 陈志华译 . 天津：天津科学技术出版社，1998.

[29] 梁鹤年 . 政策分析 [J]. 城市规划，2004（11）：79.

[30] 梁鹤年 . 城市设计与真善美的追求：一个读书的框架 [J]. 城市规划，1999（1）：48-56.

[31] 李进 . 近二十年中国现代城市设计发展背景分析 [D]. 武汉：华中科技大学建筑学院，2004.

[32] 李少云 . 城市设计的本土化——以现代城市设计在中国的发展为例 [M]. 北京：中国建筑工业出版社，2005.

[33] 刘宛 . 城市设计实践论 [M]. 北京：中国建筑工业出版社，2006.

[34] 刘宛 . 设计管理制度：促进更加全面综合的城市设计 [J]. 城市规划，2003（5）：20.

[35] 刘宛 . 城市设计与相关学科的关系 [J]. 城市规划，2003（3）：53-72.

[36] 刘宛 . 作为社会实践的城市设计——理论 · 实践 · 评价 [D]. 北京：清华大学建筑学院，2000.

[37] 卢梭 . 社会契约论 [M]. 北京：商务印书馆，2003.

[38] 卢现祥 . 西方新制度经济学 [M]. 北京：中国发展出版社，2003.

[39] 刘易斯 · 芒福德 . 城市发展史 [M]. 宋俊岭，倪文彦译 . 北京：中国建筑工业出版社，2005.

[40] 林钦荣 . 都市设计在台湾 [M]. 台北：创兴出版社，1995.

[41] 林毅夫 . 关于制度变迁方式与制度选择目标的冲突及协调 [M] 胡庄君译 . // 财产权利与制度变迁——产权学派与新制度经济学派译文集 . 上海：上海人民出版社，2003.

[42] 马国馨 . 丹下健三 [M]. 北京：中国建筑工业出版社，1995.

[43] 孟建民 . 城市设计概论 [J]. 建筑师，1989（31）：2-8.

[44] 迈克 · 比道夫 . 当今英国的城市设计思想与实践 [J]. 马文军编译 . 华中建筑，2000（1）：73.

[45] 宁骚 . 公共政策学 [M]. 北京：高等教育出版社，2003.

[46] 彭德琳 . 新制度经济学 [M]. 武汉：湖北人民出版社，2002.

[47] 彭宗超 . 课堂讲义 [Z]. 北京：清华大学公共管理学院，2005.

[48] 全国城市规划执业制度管理委员会 . 城市规划管理与法规 [M]. 北京：中国计划出版社，2008.

[49] 全国城市规划执业制度管理委员会 . 城市规划实务 [M]. 北京：中国计划出版社，2002.

[50] 乔纳森 · 巴奈特 . 都市设计概论 [M]. 谢庆达，庄建德译 . 台北：创兴出版社，1987.

[51] 乔纳森 · 巴奈特 . 开放的都市设计程序 [M]. 舒达恩译 . 台北：尚林出版社，1983.

[52] 上海陆家嘴（集团）有限公司 . 上海陆家嘴金融中心区规划与建筑——城市设计卷 [M]. 北京：中国建筑工业出版社，2001.

[53] 沈玉麟编 . 外国城市建设史 [M]. 北京：中国建筑工业出版社，1997.

[54] 深圳市规划国土局，深圳市城市规划设计研究院城市设计研究所 . 深圳经济特区整体城市设计研究报告 [R]，1998.

[55] 深圳市规划国土局 . 深圳市城市设计编制办法背景框架研究 [Z]，1999.

[56] 孙骅声，李凡 . 城市设计的编制内容与方法初探 [J]. 城市规划，1998（4）：50-54.

[57] 谭纵波 . 日本城市规划行政体制概观 [J]. 国外城市规划，1999（4）：6-11.

[58] 唐凯 . 依法行政：改进城市规划管理 [J]. 建设科技，2004（29）：10-11.

[59] 唐燕．城市设计运作中不同利益主体的博弈分析 [J]. 北京规划建设，2010（3）：39–43.

[60] 唐燕．区域性城市更新计划 [J]. 国外城市规划，2006（1）：108–109.

[61] 唐燕．历史文化街区的控制性详细规划编制方法探索：以北京大栅栏煤市街以东地区为例 [C]// 中国城市规划年会论文集，2009.

[62] 唐燕．地块细分方法 [J]. 北京规划建设，2006（4）：77–78.

[63] 唐燕，吴唯佳．城市设计制度建设的争议与悖论 [J]. 城市规划，2009（2）：72–77.

[64] 唐燕，吴唯佳．制度环境下城市设计管理的对比研究 [J]. 中外建筑，2008（11）：85–88.

[65] 唐燕，许景权．理性思潮影响下的城市设计运作程序 [C]// 规划 50 年（下）. 2006 年中国城市规划年会论文集．北京：中国建筑工业出版社，2006：161–167.

[66] 唐燕，许景权．城市设计制度创新的策略和途径．城市问题，2011（4）：16–21.

[67] 唐山市机场新区城市设计国际咨询竞赛 [J]. 城市环境设计，2005（3）：8–9.

[68] 唐子来，程蓉编译．法国城市规划中的设计控制 [J]. 城市规划，2003（2）：87–91.

[69] 唐子来，付磊．发达国家和地区的城市设计控制 [J]. 城市规划汇刊，2002（6）：1.

[70] 唐子来，凌莉编译．荷兰城市规划中的设计控制 [J]. 城市规划，2003（3）：87–90.

[71] 唐子来，李明．英国的城市设计控制 [J]. 国外城市规划，2001（2）：3–5.

[72] 唐子来，李京生．日本的城市规划体系 [J]. 城市规划，1999（10）：50–54.

[73] 唐子来，姚凯编译．德国城市规划中的设计控制 [J]. 城市规划，2003（5）：44–47.

[74] 唐子来，朱弋宇编译．西班牙城市规划中的设计控制 [J]. 城市规划，2003（10）：72–74.

[75] 田宝江．城市设计、城市规划一体论 [J]. 城市规划汇刊，1996（4）：49.

[76] 汪丁丁．制度创新的一般理论 [J]. 经济研究，1992（5）：69–80.

[77] 王建国．城市设计 [M]. 南京：东南大学出版社，1999.

[78] 王建国．现代城市设计理论和方法 [M]. 南京：东南大学出版社，1991.

[79] 王唯山．旧区改造中的城市设计理论与方法 [J]. 城市规划汇刊，1994（2）：46–58.

[80] 吴良镛．城市设计是提高城市规划与建筑质量的主要途径 [C]// 城市设计论文集．北京：北京燕山出版社，1988：554.

[81] 吴良镛．历史文化名城的规划结构、旧城更新与城市设计 [J]. 城市规划，1983（6）：2–12.

[82] 吴松涛，郭恩章．论详细规划阶段城市设计导则编制 [J]. 城市规划，2001（3）：74–77.

[83] 吴唯佳．非法定规划的现状与走势 [J]. 城市规划，2005（11）：47–55.

[84] 香港规划署．2003 香港城市设计指引行政摘要 [Z]，2003.

[85] 香港规划署．2003 香港城市设计指引 [Z]，2003.

[86] 胥瓦尼．都市设计程序 [M]. 谢庆达译．台北：创兴出版社，1990.

[87] 殷成志．德国建造规划与城市详细规划法制化 [C]//2004 年城市规划年会论文集，2004：767–772.

[88] 尹继卫．中国政府公共服务能力建设思考 [J]. 中国行政管理，2004（8）：74.

[89] 银川市城乡规划设计管理局．保护 · 改建相得益彰：银川鼓楼——玉皇阁地段保护及改建规划 [J]. 城市规划，1990（1）：20–22.

[90] 余柏椿．城市设计并非阶段性工作 [J]. 新建筑，1998（1）：1–2.

[91] 约翰 · 彭特 . 美国城市设计指南：西海岸五城市的设计政策与指南 [M]. 庞玥译 . 北京：中国建筑工业出版社，2006.

[92] 约翰 · 利维 . 现代城市规划 [M]. 孙景秋等译 . 北京：中国人民大学出版社，2003.

[93] 杨瑞龙 . 论制度供给 [J]. 经济研究，1993（8）：46-52.

[94] 邹德慈 . 城市设计概论：理念 · 思考 · 方法 · 实践 [M]. 北京：中国建筑工业出版社，2003.

[95] 中国大百科全书编委会 . 中国大百科全书（建筑、园林、城市规划卷）[M]. 北京：中国大百科书全书出版社，1988.

[96] 中国城市规划学会 . 五十年回眸——新中国的城市规划 [M]. 北京：商务印书馆，1999.

[97] 中国城市规划设计研究院，建设部城乡规划司主编 . 城市规划资料集（上）[M]. 北京：中国建筑工业出版社，2005.

[98] 中国城市规划设计研究院，建设部城乡规划司主编 . 城市规划资料集（下）[M]. 北京：中国建筑工业出版社，2005.

[99] 周俭 . 总体规划阶段城市设计问题的思考 [J]. 城市规划汇刊，1993（3）：28-32.

[100] 张剑涛 . 简析当代西方城市设计理论 [J]. 城市规划学刊，2005（2）：7.

[101] 卓健，刘玉民 . 法国城市规划的地方分权：1919—2000 年法国城市规划体系发展演变综述 [J]. 国外城市规划，2004（5）：7-15.

[102] 张恺，周俭 . 法国城市规划编制体系对我国的启示：以巴黎为例 [J]. 城市规划，2001（8）：37-41.

[103] 张京祥 . 论中国城市规划的制度环境及其创新 [J]. 城市规划，2001（9）：21.

[104] 詹姆士 . 实用主义 [M]. 陈羽纶等译 . 北京：商务印书馆，1997.

[105] 庄宁 . 城市设计的运作 [M]. 上海：同济大学出版社，2004.

[106] 张庭伟 . 城市高速发展中的城市设计问题：关于城市设计原则的讨论 [J]. 城市规划汇刊，2001（3）：5-10.

[107] B. Wissink. 在社会变革中的荷兰空间规划——参与的政治学 [J]. 国外城市规划，2002（2）：11-14.

[108] C · W · 斯坦格 . 城市设计：概念、过程及评价标准 [J]. 金广君译 . 新建筑，1993（1）：10.

[109] D · C · 诺斯 . 制度、制度变迁与经济绩效 [M]. 刘守英译 . 上海：上海三联书店，1994.

[110] E · D · 培根等 . 城市设计 [M]. 黄富厢等译 . 北京：中国建筑工业出版社，1989.

[111] L · E · 戴维斯，D · C · 诺斯 . 制度变迁的理论：概念与原因 [M]. 刘守英译 . // 财产权利与制度变迁——产权学派与新制度经济学派译文集 . 上海：上海人民出版社，2003.

[112] 卡马拉等 . 城市设计的维度：公共场所——城市空间 [M]. 冯江等译 . 南京：江苏科学技术出版社，2005.

[113] P. Hall. 城市与区域规划 [M]. 邹德慈，金经元译 . 北京：中国建筑工业出版社，1985.

[114] R · H · 科斯 . 社会成本问题 [M]. 胡庄君译 // 财产权利与制度变迁——产权学派与新制度经济学派译文集 . 上海：上海人民出版社，2003.

[115] T · W · 舒尔茨 . 制度与人的经济价值的不断提高 [M]. 陈剑波译 // 财产权利与制度变迁——产权学派与新制度经济学派译文集 . 上海：上海人民出版社，2003.

[116] 奥图，洛干 . 美国都市建筑——城市设计的触媒 [M]. 王劭方译 . 台北：创兴出版社，1995.

[117] Appleyard Donald. Three Kinds of Urban Design Practice[M]//M. Pittas，A. Ferebee，eds. Education for Urban Design. New York：Institute for Urban Design，1982.

[118] Alan Kreditor. The Neglect of Urban Design in the American Academic Succession[J]. Journal of Planning Education and Research，1990，9（3）：157.

[119] Alexander R. Cuthbert. The Form of Cities：Political Economy and Urban Design[M]. Qxford：Blackwell，2006.

[120] Arnstein S. R. A Ladder of Citizen Participation[J]. Journal of American Institute of Planners，1969，35（4）：216–224.

[121] Anne Vernez Moudon. A Catholic Approach to Organizing What Urban Designers Should Know[J]. Journal of Planning Literature，1992，6（4）：331–349.

[122] Beer A. Development Control and Design Quality，Part 2：Attitudes to Design[J]. Town Planning Review，1983，54（4）：383–404.

[123] Calderon E. J. Design Control in Spanish Planning System[J]. Built Environment，1994，20（2）：157–168.

[124] Chengzhi Peng，Peter Blundell Jones. Reconstructing Urban Contexts Online for Interactive Urban Designs[J]. Design Studies，2004,25（2）.

[125] Commission for Architecture and the Built Environment. By Design：Urban Design in the Planning System，Toward Better Practice[M]. London：Thomas Telford Publishing，2000.

[126] Commission for Architecture and Built Environment. The Value of Urban Design[Z]. Great Britain by Latimer Trend，2001.

[127] Caiden G. Administrative Reform Comes of Age[M]. New York：Walter de Gruyter，1991.

[128] Cliff Moughtin, Peter Shirley. Urban Design：Green Dimensions[M]. Oxford：Architectural Press，2005.

[129] Cliff Moughtin，Rafael Cuesta，etc. Urban Design：Method and Techniques[M]. Oxford：Architectural Press，1999.

[130] David Gosling. Concept of Urban Design[M]. New York：St. Martin's Press，1984.

[131] David W. Chapman，Peter J. Larkham. Urban Design，Urban Quality and the Quality of Life：Reviewing the Department of the Environment's Urban Design Campaign[J]. Journal of Urban Design，1999，4（2）：221–232.

[132] Department of the Environment. The Guide to Bidding for SRB[Z]，1995：2.

[133] Department of City Planning. San Francisco Residential Design Guidelines[Z]，2003.

[134] Donald Watson etc.，eds. Time–Saver Standards for Urban Design[M]. TN：Quebecor/Kingsport，2001.

[135] Francis Tibbalds. Mind the Gap[J]. The Planner，1988，74（3）：11–15.

[136] Geoffrey Broadbent. Emerging Concept in Urban Space Design[M]. London：E&FN Spon，1990.

[137] George R. Varkki. A Procedural Explanation for Contemporary Urban Design[J]. Journal of Urban

Design, 1997, 2 (2): 143-162.

[138] Gordon Cullen. The Concise Townscape[M]. Oxford: Arhitecture Press, 2004.

[139] Gospodini Aspa. European Cities in Competition and the New "Uses" of Urban Design[J]. Journal of Urban Design, 2002, 7 (1): 59-73.

[140] Hafen City Hamburg GmbH. Hafen City Hamburg: Der Masterplan[Z], 2006.

[141] Harvey D. The Postmodern Condition[M]. Oxford: Blackwell, 1989.

[142] Hildebrand Frey. Designing the City: Towards a More Sustainable Urban Form[M]. London : E & FN Spon, 1999.

[143] HRH the Prince of Wales. A Vision of Britain: A Personal View of Architecture[Z], 1989.

[144] John Friedmann. Planning in the Public Domain: From Knowledge to Action[M]. Princeton: Princeton University Press, 1987.

[145] John Lang. Urban Design: The American Experience[M]. New York: Van Nostrand Reinhold, 1994.

[146] John Punter, Andrew Bell. English Local Planning Authorities and Design Appeals: Perceptions and Realities[J]. Journal of Urban Design, 1999, 4 (1): 67-95.

[147] John Punter, Andrew Bell. Design Appeals in England in the 1990s: An Aggregate Analysis[J]. Urban Studies, 2000, 37 (2): 275-299.

[148] John Punter. Design Control in Europe[J]. Built Environment, 1994, 20 (2): 86-121.

[149] Lan I. McHarg. Design with Nature[M]. New York: J. Wiley, 1992.

[150] Loew S. Design Control in France[J]. Built Environment, 1994, 20 (2): 88-103.

[151] Martin Symes, Sophie Pauwels. The Diffusion of Innovations in Urban Design: The Case of Sustainability in the Hulme Development Guide[J]. Journal of Urban Design, 1999,4 (1): 103.

[152] Matthew Carmona. Design Control—Bridging the Professional Divide, Part1: A New Framework[J]. Journal of Urban Design, 1998, 3 (2).

[153] Matthew Carmona, Tim Heath, Taner Oc, Steve Tiesdell. Public Places, Urban Spaces: The Dimensions of Urban Design[M]. Oxford: Architectural Press, 2003.

[154] Matthew Carmona, Claudio de Magalhaes, Michael Edwards. Stakeholder Views on Value and Urban Design[J]. Journal of Urban Design, 2002, 7 (2): 145-169.

[155] Manser M. An Excuse for Lousy Buildings[J]. RIBA Journal, 1980, 87 (2): 49.

[156] Nelissen N. J. M., De Vocht C. L. M. Design Control in the Netherlands[J]. Built Environment, 1994, 20 (2): 142-156.

[157] Peter Calthorpe. The Next American Metropolis: Ecology, Community and the American Dream[M]. Princeton: Architectural Press, 1993.

[158] Peter Calthorpe. The Regional City: Planning for the End of Sprawl[M]. New York: Island Press, 2001.

[159] Pantel G. Design Control in German Planning[J]. Built Environment, 1994, 20 (2) :104-112.

[160] Peter Hall. The World Cities[M]. London: Weidenfeld & Nicolson, 1966.

[161] Rachel Kallus. From Abstract to Concrete: Subjective Reading of Urban Space[J]. Journal of Urban

Design，2001，6（2）:144.

[162] Reiko Habe. Public Design Control in American Community[J]. TPR，1989，60（2）.

[163] Richard Tseng-yu Lai. Law in Urban Design and Planning：The Invisible Web[M]. New York：Van Nostrand Reinhold Company，1988.

[164] Robert Helmreich.The Evaluation of Environments：Behavioral Research in an Undersea Habitat[M]// John Lang etal.，eds. Design for Human Behavior：Architecture and the Behavioral Sciences. Stroudsburg：Dowden Hutchinson and Ross，1974.

[165] Roger Francik. Finding Lost Space[M]. New York：Van Nostrand Reinhold,1986.

[166] Shaw D. V. The Post-Industrial City[M]// Paddison R.，eds. Handbook of Urban Studies. London：Sage，2001.

[167] Southworth Michael. Theory and Practice of Contemporary Urban Design：A Review of Urban Design in the United States[J]. TPR，1989，60（4）：369-402.

[168] Southampton City Concil. City Centre Urban Design Strategy[Z]，2001.

[169] Thomas W. Schurch. Reconsidering Urban Design：Thoughts about Its Definition and Status as a Field or Profession[J]. Journal of Urban Design，1999，4（1）：5-38.

[170] Urban Design Plan. San Francisco City Planning Department[Z]，1972.

[171] Urban Task Force. Towards an Urban Renaissance：Final Report of the Urban Task Force[M]. London：E & FN Spon，1999.

[172] Wayne Attoe，Donn Logan. American Urban Architecture—Catalysts in the Design of Cities[M]. Berkley and Los Angels：University of California Press,1989.

[173] Wekerle G. Women in the Urban Environment[M]//C. R. Stimpson，E. Dixler，M. J. Nelson，K. B. Yatrakis，eds. Women and the American City. Chicago：University of Chicago Press，1980.